法/律/法/规/精/读/本

中华人民共和国
治安管理处罚法

张润 / 编著

ZHONGHUA RENMIN GONGHEGUO
ZHI'AN GUANLI CHUFAFA

精读本

中国法治出版社
CHINA LEGAL PUBLISHING HOUSE

出 版 说 明

2025年6月27日，第十四届全国人民代表大会常务委员会第十六次会议修订通过了《治安管理处罚法》①，自2026年1月1日起施行。此次修订的主要内容包括：(1) 明确规定"治安管理工作坚持中国共产党的领导，坚持综合治理"，强调"预防和化解社会矛盾纠纷"。(2) 增列违反治安管理应予处罚的行为，即将考试作弊，组织、领导传销活动，升放携带明火的升空物体，高空抛物，无人机"黑飞"，侵犯个人信息保护，非法使用窃听装置，从事有损英雄烈士保护等行为增列为违反治安管理行为并予以处罚。(3) 加强对未成年人的保护。一是对涉及损害未成年人权益的行为，明确规定从重处罚；二是规定询问不满18周岁的违反治安管理行为人，其父母或者其他监护人不能到场的，也可以通知其他成年亲属或者合适成年人到场，并将有关情况记录在案；三是增加对未成年人违反治安管理记录封存制度的规定。(4) 增设正当防卫制度、当事人认错认罚制度。(5) 优化处罚程序。包括强化法制审核、集体决定，全程录音录像，将参加升学考试、子女出生或者近亲属病危、死亡等增加为被处罚人可以提出暂缓执行行政拘留的情形，等等。(6) 适当提升了罚款处罚幅度。

为了有效地衔接理论与实践，本书采用重点条文、法律术语注释加相关规定、案例指引的结构进行编排，从而为适用新修订的《治安管理处罚法》提供参考。

---

① 为了便于阅读，本书中相关法律文件名称中的"中华人民共和国"字样都予以省略。

1. 重点条文、法律术语注释。《治安管理处罚法》条文都是概括性的规定，在适用过程中难免会对条文本身或者条文中的一些词语产生误解，因此本书一方面对条文中的重要词语用双色标出并在侧栏进行注释，另一方面对重点条文进行解读，从而为理解条文内容提供参考。

2. 相关规定。本部分主要是将与重点条文相关的各种法律法规、司法解释等进行整合，从而更好地理解条文内容和更准确地适用《治安管理处罚法》规定解决各种疑难问题。

3. 案例指引。本部分主要是通过指导性案例、公报案例、典型案例、参考案例等的裁判要旨、典型意义或者作者对案例的分析，从而为《治安管理处罚法》的适用提供一定的指引。（1）指导性案例，是指最高人民法院、最高人民检察院以指导性案例形式分批发布的案例，各自经过最高人民法院审判委员会、最高人民检察院检察委员会讨论通过。《〈最高人民法院关于案例指导工作的规定〉实施细则》第9条规定，各级人民法院正在审理的案件，在基本案情和法律适用方面，与最高人民法院发布的指导性案例相类似的，应当参照相关指导性案例的裁判要点作出裁判。（2）公报案例，是指《最高人民法院公报》刊登的案例。（3）典型案例，是指最高人民法院、最高人民检察院以及各级地方法院发布的案例。（4）参考案例，是指由人民法院案例库收录的经最高人民法院审核认为对类案审判具有参考示范价值的案例。

为了打造一本开放性的工具书，本书将以电子版的形式定期对新出的司法解释、指导性案例、公报案例、典型案例、参考案例等提供电子增补。读者可登录中国法治出版社官网 http://www.zgfzs.com "出版服务"中的"资源下载"频道免费下载。同时，由于时间和水平有限，书中难免有不足之处，敬请广大读者批评指正。

目 录

第一章 总 则

第 1 条　立法目的和根据 …………………………………… 002

第 2 条　党的领导与综合治理 ……………………………… 002

第 3 条　违反治安管理行为与犯罪行为的界分 …………… 002

第 4 条　治安管理处罚的程序 ……………………………… 004

第 5 条　适用范围 …………………………………………… 004

第 6 条　基本原则 …………………………………………… 004

第 7 条　主管和管辖 ………………………………………… 010

第 8 条　民事责任、不得以罚代刑 ………………………… 010

第 9 条　调解 ………………………………………………… 010

第二章　处罚的种类和适用

第 10 条　处罚种类 …………………………………………… 021

第 11 条　查获违禁品、工具和违法所得财物的处理 ……… 021

第 12 条　未成年人违法的处罚 ……………………………… 021

第 13 条　精神病人、智力残疾人违法的处罚 ……………… 030

第 14 条　盲人或聋哑人违法的处罚 ………………………… 030

第 15 条　醉酒的人违法的处罚 ……………………………… 030

第 16 条　数种违法行为的并罚 ……………………………… 030

第 17 条　共同违法和教唆、胁迫、诱骗他人违法的处罚 … 036

第 18 条　单位违法行为的处罚 ……………………………… 036

第 19 条　为免受不法侵害而采取的制止行为 ·················· 036

第 20 条　从轻、减轻或者不予处罚的情形 ······················ 036

第 21 条　认错认罚从宽处理 ·· 044

第 22 条　从重处罚的情形 ··· 044

第 23 条　不执行行政拘留处罚的情形与例外 ··················· 044

第 24 条　未成年人矫治教育等措施 ·································· 045

第 25 条　追究时效 ··· 045

第三章　违反治安管理的行为和处罚

第一节　扰乱公共秩序的行为和处罚 ···································· 045

第 26 条　扰乱单位、公共场所、公共交通工具、选举等秩序 ······ 045

第 27 条　扰乱国家考试秩序 ·· 052

第 28 条　扰乱大型群众性活动秩序 ·································· 058

第 29 条　以虚构事实、投放虚假危险物质，扬言危害公共安全方式扰乱公共秩序 ·· 058

第 30 条　寻衅滋事 ··· 062

第 31 条　邪教、会道门及相关非法活动 ··························· 062

第 32 条　扰乱无线电管理秩序 ·· 065

第 33 条　危害计算机信息系统安全 ·································· 065

第 34 条　组织、领导传销活动，胁迫、诱骗他人参加传销活动 ··· 070

第 35 条　扰乱国家重要活动、亵渎英雄烈士、宣扬美化侵略战争或行为 ·· 070

第二节　妨害公共安全的行为和处罚 ···································· 074

第 36 条　非法从事与危险物质相关活动 ··························· 074

第 37 条　危险物质被盗抢、丢失不报告 ··························· 074

第 38 条	非法携带枪支、弹药、管制器具 …………………… 082
第 39 条	盗窃、损毁重要公共设施，妨碍国（边）境标志、界线走向管理 ……………………………………… 082
第 40 条	妨害航空器飞行安全，妨害公共交通工具行驶安全 … 087
第 41 条	妨害铁路、城市轨道交通运行安全 ………………… 087
第 42 条	妨害列车行车安全 …………………………………… 103
第 43 条	擅自安装使用电网、道路施工妨碍行人安全、破坏道路施工安全设施、破坏公共设施、违反规定升放升空物体、高空抛物 ………………………………… 103
第 44 条	举办大型活动违反安全规定 ………………………… 105
第 45 条	公共活动场所违反安全规定 ………………………… 105
第 46 条	违规飞行民用无人驾驶航空器、航空运动器材或者升空物体妨害空域管理 …………………………… 105

第三节 侵犯人身权利、财产权利的行为和处罚 ………… 128

第 47 条	组织、胁迫、诱骗进行恐怖表演，强迫劳动，非法限制人身自由，非法侵入住宅，非法搜查人身 …… 128
第 48 条	组织、胁迫未成年人有偿陪侍 ……………………… 128
第 49 条	胁迫、诱骗、利用他人乞讨，以滋扰他人的方式乞讨 ……………………………………………………… 128
第 50 条	恐吓、侮辱、诽谤、诬告陷害、打击报复证人、滋扰他人、侵犯隐私等侵犯人身权利行为 ……… 134
第 51 条	殴打他人、故意伤害他人身体 ……………………… 139
第 52 条	猥亵他人、故意裸露隐私部位 ……………………… 139
第 53 条	虐待家庭成员、虐待被监护人和被看护人、遗弃被抚养人 ………………………………………………… 139
第 54 条	强迫交易 ……………………………………………… 144

第 55 条	煽动民族仇恨、民族歧视,刊载民族歧视、侮辱内容	144
第 56 条	出售或者提供个人信息	144
第 57 条	侵犯通信自由	157
第 58 条	盗窃、诈骗、哄抢、抢夺、敲诈勒索	157
第 59 条	故意损毁公私财物	157
第 60 条	对学生欺凌的处理	157

第四节 妨害社会管理的行为和处罚 …… 174

第 61 条	阻碍依法执行公务	174
第 62 条	招摇撞骗	174
第 63 条	伪造、变造、买卖、出租、出借公文、证件、证明文件、印章,伪造、变造、倒卖有价票证、船舶户牌	178
第 64 条	船舶擅自进入、停靠国家禁止、限制进入的水域或者岛屿	181
第 65 条	违反社会组织管理和擅自经营特许行业	181
第 66 条	煽动、策划非法集会、游行、示威	187
第 67 条	旅馆业工作人员违反治安管理规定	187
第 68 条	房屋出租人违反治安管理规定	193
第 69 条	娱乐场所和公章刻制、机动车修理行业经营者违反登记信息制度	193
第 70 条	非法安装、使用、提供窃听、窃照专用器材	193
第 71 条	典当业、废旧物品收购业违反治安管理规定	203
第 72 条	妨害执法秩序、违反刑事监督管理规定	203
第 73 条	违反有关禁止性规定	216
第 74 条	脱逃	216
第 75 条	故意损坏文物、名胜古迹	223

第 76 条	非法驾驶交通工具	223
第 77 条	破坏他人坟墓、尸骨、骨灰，违法停放尸体	223
第 78 条	卖淫、嫖娼，拉客招嫖	234
第 79 条	引诱、容留、介绍卖淫	234
第 80 条	制作、运输、复制、出售、出租淫秽物品，传播淫秽信息	234
第 81 条	组织、参与淫秽活动	242
第 82 条	为赌博提供条件、赌博	242
第 83 条	违反毒品原植物规定的行为	242
第 84 条	非法持有、向他人提供毒品，吸毒，胁迫、欺骗开具麻醉药品、精神药品	250
第 85 条	引诱、教唆、欺骗或者强迫他人吸食、注射毒品，容留他人吸食、注射毒品，介绍买卖毒品	250
第 86 条	非法生产、经营、购买、运输毒品的原料、配剂	257
第 87 条	为吸毒、赌博、卖淫、嫖娼人员通风报信或者提供其他条件	257
第 88 条	社会生活噪声干扰他人	257
第 89 条	饲养动物违法行为	294

第四章 处罚程序

第一节	调　　查	294
第 90 条	立案调查	294
第 91 条	严禁非法收集证据	301
第 92 条	收集、调取证据	301
第 93 条	其他案件证据材料的使用	301
第 94 条	保密义务	301

第 95 条　人民警察的回避 ………………………………… 321

第 96 条　传唤与强制传唤 ………………………………… 321

第 97 条　询问查证时限和通知家属 ……………………… 328

第 98 条　制作询问笔录，询问未成年人 ………………… 328

第 99 条　询问被侵害人和其他证人 ……………………… 332

第 100 条　代为询问、远程视频询问 …………………… 332

第 101 条　询问聋哑人和不通晓当地通用的语言文字的人 …… 332

第 102 条　人身检查和提取、采集生物信息、样本 …… 335

第 103 条　场所、物品及人身的检查 …………………… 335

第 104 条　检查笔录的制作 ……………………………… 339

第 105 条　对物品的扣押 ………………………………… 339

第 106 条　鉴定 …………………………………………… 343

第 107 条　辨认 …………………………………………… 343

第 108 条　两人执法、一人执法及录音录像 …………… 343

第二节　决　　定 ………………………………………… 353

第 109 条　治安管理处罚的决定机关 …………………… 353

第 110 条　行政拘留的折抵 ……………………………… 353

第 111 条　本人陈述的证据地位 ………………………… 353

第 112 条　告知义务、陈述与申辩权 …………………… 353

第 113 条　治安案件调查结束后的处理 ………………… 358

第 114 条　法制审核 ……………………………………… 358

第 115 条　处罚决定书的内容 …………………………… 362

第 116 条　处罚决定书的宣告、通知和送达 …………… 362

第 117 条　听证 …………………………………………… 366

第 118 条　办案期限 ……………………………………… 366

第 119 条　当场处罚 ……………………………………… 375

| 第 120 条 | 当场处罚的程序 | 375 |
| 第 121 条 | 行政复议和行政诉讼 | 375 |

第三节 执 行

第 122 条	行政拘留处罚的执行	379
第 123 条	罚款处罚的执行	379
第 124 条	上交当场收缴的罚款	384
第 125 条	专用票据	384
第 126 条	暂缓行政拘留和出所	384
第 127 条	担保人的条件	389
第 128 条	担保人义务及法律责任	389
第 129 条	保证金的没收	389
第 130 条	保证金的退还	389

第五章 执法监督

第 131 条	执法原则	389
第 132 条	禁止性规定	395
第 133 条	社会监督	395
第 134 条	治安处罚与政务处分衔接	395
第 135 条	罚款决定与罚款收缴分离	395
第 136 条	治安违法记录封存	402
第 137 条	同步录音录像运行安全管理	402
第 138 条	个人信息保护	402
第 139 条	公安机关、人民警察违法行为及其处罚	402
第 140 条	赔偿责任	408

第六章 附 则

| 第 141 条 | 法律的衔接适用 | 408 |

第 142 条　海上治安管理 …………………………………… 408
第 143 条　"以上、以下、以内"的含义 …………………… 415
第 144 条　生效日期 …………………………………………… 415

案例指引速查

- 唐某诉栾川县公安局确认行政行为违法案 …………………… 019
- 黄某诉厦门市公安局思明分局、厦门市公安局治安管理行政处罚案 …………………………………………………………… 019
- 郭某兰诉宾阳县公安局行政处罚案 …………………………… 042
- 叶某朝正当防卫案 ……………………………………………… 042
- 杨某诉海南省万宁市人民政府行政复议案 …………………… 043
- 丁某诉上海铁路公安局上海公安处、上海铁路公安局行政处罚及行政复议案 …………………………………………… 051
- 田某清以危险方法危害公共安全案 …………………………… 102
- 李某仁与成武县公安局行政处罚纠纷上诉案 ………………… 138
- 区某生强制侮辱案 ……………………………………………… 142
- 商某猥亵儿童案 ………………………………………………… 156
- 邓某某组织未成年人进行违反治安管理活动案 ……………… 173
- 王某袭警案 ……………………………………………………… 177
- 李某等非法销售窃照专用器材案 ……………………………… 201
- 颜某平、颜某建非法使用窃照专用器材案 …………………… 201
- 陈某非法生产、销售窃听、窃照专用器材案 ………………… 201
- 闫某坤等非法销售窃照专用器材案 …………………………… 202
- 孟某武诉北京市公安局怀柔分局公安行政处罚纠纷案 ……… 241
- 施某兵与南通市公安局开发区分局等行政处罚纠纷上诉案 … 249
- 吴某涛与辽宁省沈阳市公安局和平分局沈水湾派出所不履行法定职责纠纷上诉案 …………………………………… 320

001

☞ 陈某诉重庆市丰都县公安局行政强制案 ………………… 327
☞ 季某霞与南通市通州区公安局等治安行政处罚行政纠纷上
  诉案 …………………………………………………………… 327
☞ 代某某诉天津市某区公安局行政处罚案 ………………… 357
☞ 司某立诉东明县公安局治安行政处罚案 ………………… 365
☞ 沈某、蔡某诉南通市公安局开发区分局行政不作为案 …… 374
☞ 潘某等与广州市公安局海珠区分局行政行为违法及行政赔
  偿纠纷上诉案 ………………………………………………… 394
☞ 宋某某与天津市公安局东丽分局万新派出所治安行政强制
  纠纷再审案 …………………………………………………… 401
☞ 马某涛、于某、路某岢、李某等敲诈勒索案 …………… 407

中华人民共和国治安管理处罚法

（2005年8月28日第十届全国人民代表大会常务委员会第十七次会议通过　根据2012年10月26日第十一届全国人民代表大会常务委员会第二十九次会议《关于修改〈中华人民共和国治安管理处罚法〉的决定》修正　2025年6月27日第十四届全国人民代表大会常务委员会第十六次会议修订　2025年6月27日中华人民共和国主席令第49号公布　自2026年1月1日起施行）

目　　录

第一章　总　　则

第二章　处罚的种类和适用

第三章　违反治安管理的行为和处罚

　　第一节　扰乱公共秩序的行为和处罚

　　第二节　妨害公共安全的行为和处罚

　　第三节　侵犯人身权利、财产权利的行为和处罚

　　第四节　妨害社会管理的行为和处罚

第四章　处罚程序

　　第一节　调　　查

　　第二节　决　　定

第三节 执 行

第五章 执法监督

第六章 附 则

第一章 总 则

第1条 立法目的和根据

为了维护社会治安秩序,保障公共安全,保护公民、法人和其他组织的合法权益,规范和保障公安机关及其人民警察依法履行治安管理职责,根据宪法,制定本法。

第2条 党的领导与综合治理

❶治安管理工作坚持中国共产党的领导,坚持综合治理。

❷各级人民政府应当加强社会治安综合治理,采取有效措施,预防和化解社会矛盾纠纷,增进社会和谐,维护社会稳定。

第3条 违反治安管理行为与犯罪行为的界分

扰乱公共秩序,妨害公共安全,侵犯人身权利、财产权利,妨害社会管理,具有社会危害性,依照《中华人民共和国刑法》的规定构成犯罪的,依法追究刑事责任;尚不够刑事处罚的,由公安机关依照本法给予治安管理处罚。

条文注释

第 3 条 【违反治安管理行为与犯罪行为的界分】

本条是关于违反治安管理行为的性质和特征的规定，对《治安管理处罚法》的适用对象和实施机关进行了明确。按照本条的规定，治安管理处罚适用于扰乱公共秩序，妨害公共安全，侵犯人身权利、财产权利，妨害社会管理，具有社会危害性，尚不够刑事处罚的行为，即违反治安管理行为。违反治安管理行为具有以下三个特征：（1）具有一定的社会危害性。行为的社会危害性，是指行为具有威胁和侵害我国社会主义社会关系和社会秩序的性质。社会危害性的内容具体包括：一是侵犯社会公共利益，即扰乱公共秩序、危害公共安全；二是侵犯公民人身权利，即公民享有的法律规定的人身安全、自由、人格、名誉等不受侵犯的权利；三是侵犯国有财产、劳动群众集体所有的财产或者公民私人所有的财产；四是妨害社会管理秩序，即法律所保护的国家对社会各个方面的正常管理秩序。（2）具有违法性。这是指行为人不遵守治安管理法律规范的要求，实施了治安管理法律规范禁止的行为，或者拒不实施治安管理法律规范命令实施的行为，违反了治安管理法律义务。（3）尚不够刑事处罚。这是违反治安管理行为区别于犯罪的特征。值得注意的是，《治安管理处罚法》规定的一些违反治安管理行为，在表现形态上与《刑法》规定的某些犯罪相同或者相似，只是存在情节或者程度的差别。

☞ **中华人民共和国领域**：包括固有的领域和流动的领域。固有的领域，或称实质的领域，包括中华人民共和国领陆、领水、领陆和领水的底土及领空。领陆包括边界以内的陆地和岛屿；领水包括领海和内水；领空是领陆和领水的上空。

除法律有特别规定的外：一是享有外交特权和豁免权的外国人在中华人民共和国领域实施违反治安管理行为的，不适用《治安管理处罚法》，其违反治安管理的法律责任通过外交途径解决。享有外交特权和豁免权的外国人，主要包括来访的外国国家元首、政府首脑、外交部长及其他具有同等身份的外国官员，外交代表，非中国公民且非在中国永久居留的使馆行政技术人员及与其共同生活的配偶、未成年子女等。二是我国香港和澳门特别行政区基本法中的例外规定，以及对我国台湾地区的例外规定。

第 4 条　治安管理处罚的程序

治安管理处罚的程序，适用本法的规定；本法没有规定的，适用《中华人民共和国行政处罚法》、《中华人民共和国行政强制法》的有关规定。

第 5 条　适用范围

❶在中华人民共和国领域内发生的违反治安管理行为，除法律有特别规定的外，适用本法。

❷在中华人民共和国船舶和航空器内发生的违反治安管理行为，除法律有特别规定的外，适用本法。

❸在外国船舶和航空器内发生的违反治安管理行为，依照中华人民共和国缔结或者参加的国际条约，中华人民共和国行使管辖权的，适用本法。

第 6 条　基本原则

❶治安管理处罚必须以事实为依据，与违反治安管理的事实、性质、情节以及社会危害程度相当。

❷实施治安管理处罚，应当公开、公正，尊重和保障人权，保护公民的人格尊严。

❸办理治安案件应当坚持教育与处罚相结合的原则，充分释法说理，教育公民、法人或者其他组织自觉守法。

第 4 条 【治安管理处罚的程序】

本条是关于治安管理处罚程序适用法律规范的规定。行政处罚是行政机关对尚未构成犯罪的违法行为经常使用的制裁手段。公安机关实施的有关治安管理的行政处罚要符合《治安管理处罚法》的规定。治安管理处罚相较于其他行政处罚具有以下四个特点：(1) 治安管理处罚涉及面较其他行政处罚要广。(2) 治安管理处罚的主体较其他行政处罚要单一。(3) 治安管理处罚在处罚程度上较其他行政处罚要严厉。(4) 治安管理处罚的时效性较其他行政处罚强。

《治安管理处罚法》与《行政处罚法》在处罚程序规定上的特点可分为以下三种情况。第一种情况是，《治安管理处罚法》中有规定，《行政处罚法》中没有相应规定或者规定不一致。这种情况有的属于该规定是为适应治安管理本身的特点而设定，或是为了进一步规范公安机关依法履行治安管理职责，增加了一些规定或者作了更为详细的规定。第二种情况是，《治安管理处罚法》的规定与《行政处罚法》的规定基本一致。这种情况主要是考虑这些规定涉及行政管理相对人的权利，当事人应当知道。虽然在《行政处罚法》中已经有规定，但在《治安管理处罚法》中予以重申，既有利于当事人知悉和保护自己的权利，监督公安机关依法行使职权，也便于公安机关执法时遵守和引用。第三种情况是，《治安管理处罚法》中没有规定，需要适用《行政处罚法》的相关规定。这种情况主要是考虑到《行政处罚法》的规定已经比较详尽，直接适用《行政处罚法》的规定更为适宜，而且在《治安管理处罚法》中再作重复性规定也无必要。

第 6 条 【基本原则】

本条是关于《治安管理处罚法》基本原则的规定。具体包括以事实为依据原则，处罚适当原则，公开原则，公正原则，尊重和保障人权原则，教育与处罚相结合原则。

(1) 以事实为依据原则。"以事实为依据"是长期以来公安机关执法办案的一条重要经验，也是正确办理案件，防止错案，保障无辜的人不受法律追究的重要原则。此处的"事实"包括如下三种类型：第一，生活事实。也就是在引起《治安管理处罚法》的调整过程中的最基本的事实，如发生了某个具体的违反《治安管理处罚法》的事实，如酗酒等。第二，法律事实。这是指法律规定的，从生活事实中抽象出来的，构成某一法律后果的事实。一般体现在法律要件中。比如，《治安管理处罚法》对各种违法事实的描述。第三，案件事实。所谓案件事实也就是经过行政机关的判断或法官的裁判，最终可用来进行法律裁判的事实依据。

(2) 处罚适当原则。处罚适当原则要求治安管理处罚必须根据存在的违法事实进行裁判，并且，设定或执行的处罚也必须与违反治安管理行为的性质、情节以及社会危害程度相当，不能过重或过轻。

(3) 公开原则。公开原则是《治安管理处罚法》的一项基本原则，主要目的是保障治安管理处罚的公开性和透明度。本原则主要体现为：处罚依据公开和处罚程序公开。处罚依据公开要求对违法行为实施治安管理处罚的法律规定要公开，要让社会公众周知。处罚程序公开要求公安机关办理治安案件的程序要公开，对违法行为人给予什么治安管理处罚，据以作出治安管理处罚的事实、理由及其法律依据都要公开，不得"暗箱操作"。依法应当举行听证的，除涉及国家秘密、商业秘密、个人隐私以外，应当公开举行，允许群众旁听。

(4) 公正原则。公正原则就是在实施治安管理处罚时,对当事人要平等对待,不得偏袒。公正包括实体公正和程序公正两个方面。实体公正要求治安管理处罚的结果不偏不倚,根据事实,考虑违法行为的情节、社会危害程度等方面的基本因素,作出适当的处罚决定。程序公正是实体公正的实现途径和表现方式,具体表现很多,如处罚机关相关人员的回避制度,被处罚人的陈述、申辩、听证、行政复议、行政诉讼等权利。

(5) 尊重和保障人权原则。尊重和保障人权是我国《宪法》确立的原则,本条规定是该原则在《治安管理处罚法》中的体现。《治安管理处罚法》强调公安机关及其人民警察实施治安管理处罚时,要尊重和保障人权,保护公民的人格尊严、保障公民的人身和财产权利等。

(6) 教育与处罚相结合原则。本条除了强调"教育与处罚相结合"的原则,同时也新增了要"充分释法说理,教育公民、法人或者其他组织自觉守法"。教育与处罚相结合是由治安管理处罚的性质所决定的。违反治安管理的行为属于一般违法行为,并未触犯《刑法》,尚未构成犯罪。治安管理处罚是人民群众自我教育、自我约束社会生活的行为准则,也是对少数违反治安管理行为的人实施处罚、进行教育的工具。在社会经济秩序平稳运行的当前,治安管理处罚不能单纯以制裁违法行为为目的,而应以处罚为手段,对违法人起到警示教育、认识错误、自觉守法防止再犯的效果。因此,充分释法说理,能够增强当事人对治安处罚的可接受度,真正实现自觉守法。

> **相关规定**

1.《行政强制法》

第34条 行政机关依法作出行政决定后，当事人在行政机关决定的期限内不履行义务的，具有行政强制执行权的行政机关依照本章规定强制执行。

第53条 当事人在法定期限内不申请行政复议或者提起行政诉讼，又不履行行政决定的，没有行政强制执行权的行政机关可以自期限届满之日起三个月内，依照本章规定申请人民法院强制执行。

2.《行政处罚法》

第5条 行政处罚遵循公正、公开的原则。

设定和实施行政处罚必须以事实为依据，与违法行为的事实、性质、情节以及社会危害程度相当。

对违法行为给予行政处罚的规定必须公布；未经公布的，不得作为行政处罚的依据。

3.《公路法》

第83条 阻碍公路建设或者公路抢修，致使公路建设或者抢修不能正常进行，尚未造成严重损失的，依照《中华人民共和国治安管理处罚法》的规定处罚。

损毁公路或者擅自移动公路标志，可能影响交通安全，尚不够刑事处罚的，适用《中华人民共和国道路交通安全法》第九十九条的处罚规定。

拒绝、阻碍公路监督检查人员依法执行职务未使用暴力、威胁方法的，依照《中华人民共和国治安管理处罚法》的规定处罚。

4.《国内水路运输管理条例》

第44条 违反本条例规定,构成违反治安管理行为的,依法给予治安管理处罚;构成犯罪的,依法追究刑事责任。

5.《公安机关办理行政案件程序规定》

第4条 办理行政案件应当遵循合法、公正、公开、及时的原则,尊重和保障人权,保护公民的人格尊严。

第5条 办理行政案件应当坚持教育与处罚相结合的原则,教育公民、法人和其他组织自觉守法。

第7条　主管和管辖

❶国务院公安部门负责全国的治安管理工作。县级以上地方各级人民政府公安机关负责本行政区域内的治安管理工作。

❷治安案件的管辖由国务院公安部门规定。

第8条　民事责任、不得以罚代刑

❶违反治安管理行为对他人造成损害的，除依照本法给予治安管理处罚外，行为人或者其监护人还应当依法承担民事责任。

❷违反治安管理行为构成犯罪，应当依法追究刑事责任的，不得以治安管理处罚代替刑事处罚。

第9条　调解

❶对于因民间纠纷引起的打架斗殴或者损毁他人财物等违反治安管理行为，情节较轻的，公安机关可以调解处理。

❷调解处理治安案件，应当查明事实，并遵循合法、公正、自愿、及时的原则，注重教育和疏导，促进化解矛盾纠纷。

❸经公安机关调解，当事人达成协议的，不予处罚。经调解未达成协议或者达成协议后不履行的，公安机关应当依照本法的规定对违反治安管理行为作出处理，并告知当事人可以就民事争议依法向人民法院提起民事诉讼。

❹对属于第一款规定的调解范围的治安案件，公安机关作出处理决定前，当事人自行和解或者经人民调解委员会调解达成协议并履行，书面申请经公安机关认可的，不予处罚。

条文注释

第 7 条　【主管和管辖】

本条第 1 款规定了治安管理工作的主管部门。全国的治安管理工作的主管部门是公安部。在地方，治安管理工作的主管部门是县级以上地方各级人民政府公安机关，具体包括各省、自治区、直辖市公安厅（局），各市、州公安局及其公安分局，各县（市）公安局等。

本条第 2 款是关于治安案件管辖的授权性规定，即由国务院公安部门规定，具体可参见《公安机关办理行政案件程序规定》第 2 章"管辖"的规定。根据《公安机关办理行政案件程序规定》的规定，（1）行政案件一般由违法行为地的公安机关管辖。由违法行为人居住地公安机关管辖更为适宜的，可以由违法行为人居住地公安机关管辖，但是涉及卖淫、嫖娼、赌博、毒品的案件除外。（2）几个公安机关都有权管辖的行政案件，由最初受理的公安机关管辖。必要时，可以由主要违法行为地公安机关管辖。（3）对管辖权发生争议的，报请共同的上级公安机关指定管辖。对于重大、复杂的案件，上级公安机关可以直接办理或指定管辖。此外，该程序规定还对铁路、交通、民航、森林公安机关、海关缉私机构的管辖作出了规定。

第 8 条　【民事责任、不得以罚代刑】

本条是关于违法行为人应承担民事责任和刑事责任的规定。治安管理处罚在法律性质上属于行政法的范畴，本条的规定是《治安管理处罚法》与民事侵权法律、刑事法律之间的衔接，是为了保证违反治安管理行为的受害人因违反治安管理行为所遭受的损害能够及时得到民事赔偿，构成犯罪的依法追究刑事责任。在《治安管理处罚法》规定的众多违法行为中，很多都兼具行政违法性和民事侵权性的双重特征。关于具体民事责任的范围、承担方式等问题，都需要依照有关民事法律来确定。值得注意的是，除《治安管理处罚法》规定的情形以外，不得以民事责任的承担替代治安管理处罚。

违反治安管理的行为构成犯罪，应当依法追究刑事责任的，不得以治安管理处罚代替刑事处罚。该规定有两层含义：一是违反治安管理的行为构成犯罪的，行为人应当依法承担刑事责任。犯罪是最严重的违法行为，为不放纵犯罪，任何违法行为人都不得以承担行政责任或者民事责任为由而逃脱应承担的刑事责任。二是禁止以罚代刑，即不能用治安管理处罚来代替追究刑事责任。

第9条 【调解】

治安调解，是指对于因民间纠纷引起的打架斗殴或者损毁他人财物等违反治安管理、情节较轻的治安案件，在公安机关的主持下，以国家法律法规和规章为依据，在查清事实、分清责任的基础上，劝说、教育并促使双方交换意见，达成协议，对治安案件作出处理的活动。调解处理治安案件，应当查明事实，并遵循合法、公正、自愿、及时的原则，注重教育和疏导，促进化解矛盾纠纷。

"情节较轻"是指违反治安管理行为的性质较轻、手段不恶劣、后果不严重、社会危害性比较小。对公安机关已经立案侦查的因民间纠纷引起的轻伤害刑事案件，一般不宜治安调解处理。但是，如果经公安机关侦查，查明伤害他人"情节显著轻微、危害不大，不认为是犯罪"，当事人提出自愿调解处理的，公安机关可以调解处理。

治安调解的目的就是化解矛盾，促进社会和解，对治安案件申请人民调解或者自行和解，达成协议并履行的，只要符合治安调解条件且是双方自愿达成的，公安机关应当依照治安调解的相关法律规定办理，即认可人民调解协议、和解协议，对违反治安管理行为人不再处罚。

 相关规定

1.《行政处罚法》

第22条 行政处罚由违法行为发生地的行政机关管辖。法律、行政法规、部门规章另有规定的,从其规定。

第23条 行政处罚由县级以上地方人民政府具有行政处罚权的行政机关管辖。法律、行政法规另有规定的,从其规定。

第24条 省、自治区、直辖市根据当地实际情况,可以决定将基层管理迫切需要的县级人民政府部门的行政处罚权交由能够有效承接的乡镇人民政府、街道办事处行使,并定期组织评估。决定应当公布。

承接行政处罚权的乡镇人民政府、街道办事处应当加强执法能力建设,按照规定范围、依照法定程序实施行政处罚。

有关地方人民政府及其部门应当加强组织协调、业务指导、执法监督,建立健全行政处罚协调配合机制,完善评议、考核制度。

第25条 两个以上行政机关都有管辖权的,由最先立案的行政机关管辖。

对管辖发生争议的,应当协商解决,协商不成的,报请共同的上一级行政机关指定管辖;也可以直接由共同的上一级行政机关指定管辖。

第26条 行政机关因实施行政处罚的需要,可以向有关机关提出协助请求。协助事项属于被请求机关职权范围内的,应当依法予以协助。

第27条 违法行为涉嫌犯罪的,行政机关应当及时将案件移送司法机关,依法追究刑事责任。对依法不需要追究刑事责任或者免予

刑事处罚，但应当给予行政处罚的，司法机关应当及时将案件移送有关行政机关。

行政处罚实施机关与司法机关之间应当加强协调配合，建立健全案件移送制度，加强证据材料移交、接收衔接，完善案件处理信息通报机制。

2.《民法典》

第 1179 条　侵害他人造成人身损害的，应当赔偿医疗费、护理费、交通费、营养费、住院伙食补助费等为治疗和康复支出的合理费用，以及因误工减少的收入。造成残疾的，还应当赔偿辅助器具费和残疾赔偿金；造成死亡的，还应当赔偿丧葬费和死亡赔偿金。

第 1183 条　侵害自然人人身权益造成严重精神损害的，被侵权人有权请求精神损害赔偿。

因故意或者重大过失侵害自然人具有人身意义的特定物造成严重精神损害的，被侵权人有权请求精神损害赔偿。

3.《人民调解法》

第 18 条　基层人民法院、公安机关对适宜通过人民调解方式解决的纠纷，可以在受理前告知当事人向人民调解委员会申请调解。

第 25 条　人民调解员在调解纠纷过程中，发现纠纷有可能激化的，应当采取有针对性的预防措施；对有可能引起治安案件、刑事案件的纠纷，应当及时向当地公安机关或者其他有关部门报告。

4.《公安机关办理行政案件程序规定》

第 10 条　行政案件由违法行为地的公安机关管辖。由违法行为人居住地公安机关管辖更为适宜的，可以由违法行为人居住地公安机关管辖，但是涉及卖淫、嫖娼、赌博、毒品的案件除外。

违法行为地包括违法行为发生地和违法结果发生地。违法行为发生地，包括违法行为的实施地以及开始地、途经地、结束地等与违法行为有关的地点；违法行为有连续、持续或者继续状态的，违法行为连续、持续或者继续实施的地方都属于违法行为发生地。违法结果发生地，包括违法对象被侵害地、违法所得的实际取得地、藏匿地、转移地、使用地、销售地。

居住地包括户籍所在地、经常居住地。经常居住地是指公民离开户籍所在地最后连续居住一年以上的地方，但在医院住院就医的除外。

移交违法行为人居住地公安机关管辖的行政案件，违法行为地公安机关在移交前应当及时收集证据，并配合违法行为人居住地公安机关开展调查取证工作。

第11条　针对或者利用网络实施的违法行为，用于实施违法行为的网站服务器所在地、网络接入地以及网站建立者或者管理者所在地，被侵害的网络及其运营者所在地，违法过程中违法行为人、被侵害人使用的网络及其运营者所在地，被侵害人被侵害时所在地，以及被侵害人财产遭受损失地公安机关可以管辖。

第12条　行驶中的客车上发生的行政案件，由案发后客车最初停靠地公安机关管辖；必要时，始发地、途经地、到达地公安机关也可以管辖。

第13条　行政案件由县级公安机关及其公安派出所、依法具有独立执法主体资格的公安机关业务部门以及出入境边防检查站按照法律、行政法规、规章授权和管辖分工办理，但法律、行政法规、规章规定由设区的市级以上公安机关办理的除外。

第14条　几个公安机关都有权管辖的行政案件，由最初受理的公安机关管辖。必要时，可以由主要违法行为地公安机关管辖。

第15条　对管辖权发生争议的，报请共同的上级公安机关指定管辖。

对于重大、复杂的案件，上级公安机关可以直接办理或者指定管辖。

上级公安机关直接办理或者指定管辖的，应当书面通知被指定管辖的公安机关和其他有关的公安机关。

原受理案件的公安机关自收到上级公安机关书面通知之日起不再行使管辖权，并立即将案卷材料移送被指定管辖的公安机关或者办理的上级公安机关，及时书面通知当事人。

第16条 铁路公安机关管辖列车上，火车站工作区域内，铁路系统的机关、厂、段、所、队等单位内发生的行政案件，以及在铁路线上放置障碍物或者损毁、移动铁路设施等可能影响铁路运输安全、盗窃铁路设施的行政案件。对倒卖、伪造、变造火车票案件，由最初受理的铁路或者地方公安机关管辖。必要时，可以移送主要违法行为发生地的铁路或者地方公安机关管辖。

第178条 对于因民间纠纷引起的殴打他人、故意伤害、侮辱、诽谤、诬告陷害、故意损毁财物、干扰他人正常生活、侵犯隐私、非法侵入住宅等违反治安管理行为，情节较轻，且具有下列情形之一的，可以调解处理：

（一）亲友、邻里、同事、在校学生之间因琐事发生纠纷引起的；

（二）行为人的侵害行为系由被侵害人事前的过错行为引起的；

（三）其他适用调解处理更易化解矛盾的。

对不构成违反治安管理行为的民间纠纷，应当告知当事人向人民法院或者人民调解组织申请处理。

对情节轻微、事实清楚、因果关系明确，不涉及医疗费用、物品损失或者双方当事人对医疗费用和物品损失的赔付无争议，符合治安调解条件，双方当事人同意当场调解并当场履行的治安案件，可以当场调解,并制作调解协议书。当事人基本情况、主要违法事实和协议内容在现场录音录像中明确记录的,不再制作调解协议书。

5.《最高人民法院关于确定民事侵权精神损害赔偿责任若干问题的解释》

第1条 因人身权益或者具有人身意义的特定物受到侵害,自然人或者其近亲属向人民法院提起诉讼请求精神损害赔偿的,人民法院应当依法予以受理。

第5条 精神损害的赔偿数额根据以下因素确定:

(一)侵权人的过错程度,但是法律另有规定的除外;

(二)侵权行为的目的、方式、场合等具体情节;

(三)侵权行为所造成的后果;

(四)侵权人的获利情况;

(五)侵权人承担责任的经济能力;

(六)受理诉讼法院所在地的平均生活水平。

> 案例指引

1. 唐某诉栾川县公安局确认行政行为违法案①

（1）公安机关是否有权对涉嫌吸毒人员采取强制检测措施的问题。《禁毒法》和《公安机关办理行政案件程序规定》规定，公安机关可以对涉嫌吸毒的人员进行必要的检测，被检测人员应当予以配合；对拒绝接受检测的，经县级以上人民政府公安机关或者其派出机构负责人批准，可以强制检测。根据上述规定，警方对涉嫌吸毒的人员不配合检测的情况下，确有强制传唤、强制检测的权力。

（2）公安机关对异地的涉嫌吸毒案件是否有管辖权，程序是否违法问题。《公安机关办理行政案件程序规定》第10条第1款规定，行政案件由违法行为地的公安机关管辖。由违法行为人居住地公安机关管辖更为适宜的，可以由违法行为人居住地公安机关管辖，但是涉及卖淫、嫖娼、赌博、毒品的案件除外。第15条第2、3款规定，对于重大、复杂的案件，上级公安机关可以直接办理或者指定管辖。上级公安机关直接办理或者指定管辖的，应当书面通知被指定管辖的公安机关和其他有关的公安机关。

2. 黄某诉厦门市公安局思明分局、厦门市公安局治安管理行政处罚案②

刑行交叉案件是指刑事法律关系与行政法律关系相互交织、冲突的案件。从刑事案件与行政案件的关系看，如果涉及的刑事案件与行政案件虽然存在同时调查，且部分刑事程序中搜集的证据作为

---

① 载人民法院案例库，案例编号：2024-12-3-007-004，最后访问日期：2025年7月5日。
② 载人民法院案例库，案例编号：2023-12-3-001-008，最后访问日期：2025年7月5日。

行政案件使用的情形，但是刑事案件与行政案件的关联仅仅是事实与证据上的关联，并不存在刑事案件需作为前提的情形。根据行政法理论，通过设定办案期限，能够督促行政机关及时调查取证并及时高效地作出处理，避免行政相对人的权益长期处于不确定状态。公安机关作出行政处罚决定时关于办案期限应适用的规定为《治安管理处罚法》第99条（现为第118条）及《公安部关于公安机关执行〈中华人民共和国治安管理处罚法〉有关问题的解释》中关于办理治安案件期限问题的规定，根据前述规定，鉴定期间不计入办案期限，治安管理行为人逃跑等客观原因造成案件不能在法定期限内办结的，公安机关仍应当继续进行调查取证，及时依法作出处理决定。因违反治安管理行为人在逃，导致无法查清案件事实，无法收集足够证据而结不了案的，公安机关还应当向被害人说明原因。据此，因关联刑事案件尚在办理并不当然构成行政案件超期的免责事由，人民法院需结合具体案情作出判断。

第二章 处罚的种类和适用

第 10 条　处罚种类

❶治安管理处罚的种类分为：

（一）警告；
（二）罚款；
（三）行政拘留；
（四）吊销公安机关发放的许可证件。

❷对违反治安管理的外国人，可以附加适用限期出境或者驱逐出境。

第 11 条　查获违禁品、工具和违法所得财物的处理

❶办理治安案件所查获的毒品、淫秽物品等违禁品，赌具、赌资，吸食、注射毒品的用具以及直接用于实施违反治安管理行为的本人所有的工具，应当收缴，按照规定处理。

❷违反治安管理所得的财物，追缴退还被侵害人；没有被侵害人的，登记造册，公开拍卖或者按照国家有关规定处理，所得款项上缴国库。

第 12 条　未成年人违法的处罚

已满十四周岁不满十八周岁的人违反治安管理的，从轻或者减轻处罚；不满十四周岁的人违反治安管理的，不予处罚，但是应当责令其监护人严加管教。

☞ 警告：公安机关对违反治安管理的公民、法人和其他组织提出的警示和告诫，使其认识到所应负责任的一种处罚。

罚款：公安机关对违反治安管理的公民、法人和其他组织进行的一种经济上的处罚，是公安机关强制违法者承担一定的金钱给付义务的处罚方式。

行政拘留：公安机关依法对违反治安管理的公民采取的限制其人身自由的处罚方式。

吊销公安机关发放的许可证件：公安机关依法对违反治安管理的公民依法收回其已获得的从事某项活动的权利或者资格的证件，从而禁止相对人从事某种特许权利或者资格的处罚方式。

限期出境：公安机关责令违反治安管理的外国人在规定的时限内离开境内的一种处罚方式。限期出境属于责令自行离境，但负责执行的公安机关可以监督其离开，确保外国人在规定期限内离境。

驱逐出境：公安机关将违反治安管理的外国人（包括享有外交特权与豁免权的）驱逐出中国国（边）境的处罚方式。

条文注释

第 10 条 【处罚种类】

本条分为两款，第 1 款主要规定了治安管理处罚的种类，包括警告、罚款、行政拘留、吊销公安机关发放的许可证件；第 2 款是关于对违反《治安管理处罚法》的外国人附加适用限期出境或者驱逐出境的规定。

第 1 款规定的治安管理处罚种类中，警告属于申诫罚，通常用于情节轻微、认错态度较好、危害性不大的违法行为，体现了《治安管理处罚法》处罚与教育相结合的原则。罚款属于财产罚，本条对罚款幅度未作具体规定，《治安管理处罚法》第 3 章对罚款幅度分别作了规定。公安机关在决定作出罚款处罚时，应根据违法行为的性质、情节、后果及违反治安管理行为人的主观态度等因素，分别适用不同的罚款档次，在法定幅度内合理确定数额。行政拘留一般适用于严重的治安违法行为，属于人身罚。行政拘留期限为 1 日以上 15 日以下，合并执行的最长期限不超过 20 日。本款未对拘留期限作出具体规定，《治安管理处罚法》第 3 章在具体违法行为部分规定了相应的拘留期限。吊销公安机关发放的许可证件属于资格罚。《治安管理处罚法》第 65 条第 3 款规定了吊销公安机关发放的许可证件的适用情形。

本条第 2 款规定的驱逐出境通常适用于严重违反治安管理的外国人。这里的"外国人"是指依照《国籍法》不具有中国国籍的人，包括具有外国国籍的人与无国籍人。驱逐出境与限期出境不同，一旦作出决定，公安机关立即执行。

第 11 条 【查获违禁品、工具和违法所得财物的处理】

"非法财物"包括毒品、淫秽物品等违禁品、赌具、赌资,吸食、注射毒品的用具以及直接用于实施违反治安管理行为的本人所有的工具,即涉案物品和工具。

对于办理治安管理案件收缴的涉案物品、工具和财物主要规定了三种处理方式:一是对于违禁品、违禁用具和直接用于实施违反治安管理行为的本人所有的工具,收缴后按照规定处理;二是对于被处罚人因违反治安管理非法所得的财物,应当予以追缴并且将其退还给被侵害人;三是如果找不到被侵害人,则将追缴财物登记后,拍卖或按国家有关规定处理,所得款项上缴国库。

第 12 条 【未成年人违法的处罚】

本条是关于责任年龄的规定。所谓责任年龄,就是相对人因违反《治安管理处罚法》需要承担法律责任的年龄要求。责任年龄的设定应当考虑法律对责任分担的公平与慎重,需要考虑特殊人群的责任承担能力问题。对于已满 18 周岁的人违反治安管理的,是完全负治安法律责任能力者,应当承当责任。对于已满 14 周岁不满 18 周岁的人违反治安管理的,因其已基本具备与成年人相当的理解和判断力,故在其有违反治安管理的行为时,应当负法律责任。对于不满 14 周岁的人违法治安管理的,本条规定对其不予治安处罚,同时规定加强其监护人的管教责任。

相关规定

1.《刑法》

第 35 条 【驱逐出境】对于犯罪的外国人，可以独立适用或者附加适用驱逐出境。

2.《行政处罚法》

第 9 条 行政处罚的种类：

（一）警告、通报批评；

（二）罚款、没收违法所得、没收非法财物；

（三）暂扣许可证件、降低资质等级、吊销许可证件；

（四）限制开展生产经营活动、责令停产停业、责令关闭、限制从业；

（五）行政拘留；

（六）法律、行政法规规定的其他行政处罚。

第 10 条 法律可以设定各种行政处罚。

限制人身自由的行政处罚，只能由法律设定。

3.《出境入境管理法》

第 81 条 外国人从事与停留居留事由不相符的活动，或者有其他违反中国法律、法规规定，不适宜在中国境内继续停留居留情形的，可以处限期出境。

外国人违反本法规定，情节严重，尚不构成犯罪的，公安部可以处驱逐出境。公安部的处罚决定为最终决定。

被驱逐出境的外国人，自被驱逐出境之日起十年内不准入境。

4.《公安机关办理行政案件程序规定》

第 6 条 办理未成年人的行政案件，应当根据未成年人的身心特点，保障其合法权益。

第 157 条　不满十四周岁的人有违法行为的，不予行政处罚，但是应当责令其监护人严加管教，并在不予行政处罚决定书中载明。已满十四周岁不满十八周岁的人有违法行为的，从轻或者减轻行政处罚。

第 187 条　对于依法扣押、扣留、查封、抽样取证、追缴、收缴的财物以及由公安机关负责保管的先行登记保存的财物，公安机关应当妥善保管，不得使用、挪用、调换或者损毁。造成损失的，应当承担赔偿责任。

涉案财物的保管费用由作出决定的公安机关承担。

第 188 条　县级以上公安机关应当指定一个内设部门作为涉案财物管理部门，负责对涉案财物实行统一管理，并设立或者指定专门保管场所，对涉案财物进行集中保管。涉案财物集中保管的范围，由地方公安机关根据本地区实际情况确定。

对价值较低、易于保管，或者需要作为证据继续使用，以及需要先行返还被侵害人的涉案财物，可以由办案部门设置专门的场所进行保管。办案部门应当指定不承担办案工作的民警负责本部门涉案财物的接收、保管、移交等管理工作；严禁由办案人员自行保管涉案财物。

对查封的场所、设施、财物，可以委托第三人保管，第三人不得损毁或者擅自转移、处置。因第三人的原因造成的损失，公安机关先行赔付后，有权向第三人追偿。

第 189 条　公安机关涉案财物管理部门和办案部门应当建立电子台账，对涉案财物逐一编号登记，载明案由、来源、保管状态、场所和去向。

第 190 条　办案人民警察应当在依法提取涉案财物后的二十四小时内将财物移交涉案财物管理人员，并办理移交手续。对查封、冻结、先行登记保存的涉案财物，应当在采取措施后的二十四小时内，将法律文书复印件及涉案财物的情况送交涉案财物管理人员予以登记。

在异地或者在偏远、交通不便地区提取涉案财物的，办案人民警察应当在返回单位后的二十四小时内移交。

对情况紧急，需要在提取涉案财物后的二十四小时内进行鉴定、辨认、检验、检查等工作的，经办案部门负责人批准，可以在完成上述工作后的二十四小时内移交。

在提取涉案财物后的二十四小时内已将涉案财物处理完毕的，不再移交，但应当将处理涉案财物的相关手续附卷保存。

因询问、鉴定、辨认、检验、检查等办案需要，经办案部门负责人批准，办案人民警察可以调用涉案财物，并及时归还。

第191条 对容易腐烂变质及其他不易保管的物品、危险物品，经公安机关负责人批准，在拍照或者录像后依法变卖或者拍卖，变卖或者拍卖的价款暂予保存，待结案后按有关规定处理。

对易燃、易爆、毒害性、放射性等危险物品应当存放在符合危险物品存放条件的专门场所。

对属于被侵害人或者善意第三人合法占有的财物，应当在登记、拍照或者录像、估价后及时返还，并在案卷中注明返还的理由，将原物照片、清单和领取手续存卷备查。

对不宜入卷的物证，应当拍照入卷，原物在结案后按照有关规定处理。

第192条 有关违法行为查证属实后，对有证据证明权属明确且无争议的被侵害人合法财物及其孳息，凡返还不损害其他被侵害人或者利害关系人的利益，不影响案件正常办理的，应当在登记、拍照或者录像和估价后，及时发还被侵害人。办案人民警察应当在案卷材料中注明返还的理由，并将原物照片、清单和被侵害人的领取手续附卷。

第193条　在作出行政处理决定时，应当对涉案财物一并作出处理。

第194条　对在办理行政案件中查获的下列物品应当依法收缴：

（一）毒品、淫秽物品等违禁品；

（二）赌具和赌资；

（三）吸食、注射毒品的用具；

（四）伪造、变造的公文、证件、证明文件、票证、印章等；

（五）倒卖的车船票、文艺演出票、体育比赛入场券等有价票证；

（六）主要用于实施违法行为的本人所有的工具以及直接用于实施毒品违法行为的资金；

（七）法律、法规规定可以收缴的其他非法财物。

前款第六项所列的工具，除非有证据表明属于他人合法所有，可以直接认定为违法行为人本人所有。对明显无价值的，可以不作出收缴决定，但应当在证据保全文书中注明处理情况。

违法所得应当依法予以追缴或者没收。

多名违法行为人共同实施违法行为，违法所得或者非法财物无法分清所有人的，作为共同违法所得或者非法财物予以处理。

第195条　收缴由县级以上公安机关决定。但是，违禁品，管制器具，吸食、注射毒品的用具以及非法财物价值在五百元以下且当事人对财物价值无异议的，公安派出所可以收缴。

追缴由县级以上公安机关决定。但是，追缴的财物应当退还被侵害人的，公安派出所可以追缴。

第 196 条　对收缴和追缴的财物，经原决定机关负责人批准，按照下列规定分别处理：

（一）属于被侵害人或者善意第三人的合法财物，应当及时返还；

（二）没有被侵害人的，登记造册，按照规定上缴国库或者依法变卖、拍卖后，将所得款项上缴国库；

（三）违禁品、没有价值的物品，或者价值轻微、无法变卖、拍卖的物品，统一登记造册后销毁；

（四）对无法变卖或者拍卖的危险物品，由县级以上公安机关主管部门组织销毁或者交有关厂家回收。

第 197 条　对应当退还原主或者当事人的财物，通知原主或者当事人在六个月内来领取；原主不明确的，应当采取公告方式告知原主认领。在通知原主、当事人或者公告后六个月内，无人认领的，按无主财物处理，登记后上缴国库，或者依法变卖或者拍卖后，将所得款项上缴国库。遇有特殊情况的，可酌情延期处理，延长期限最长不超过三个月。

第 224 条　被处罚人具有下列情形之一的，应当作出不暂缓执行行政拘留的决定，并告知申请人：（一）暂缓执行行政拘留后可能逃跑的；

（二）有其他违法犯罪嫌疑，正在被调查或者侦查的；

（三）不宜暂缓执行行政拘留的其他情形。

第 225 条　行政拘留并处罚款的，罚款不因暂缓执行行政拘留而暂缓执行。

第 226 条　在暂缓执行行政拘留期间，被处罚人应当遵守下列规定：

（一）未经决定机关批准不得离开所居住的市、县；

（二）住址、工作单位和联系方式发生变动的，在二十四小时以内向决定机关报告；

（三）在行政复议和行政诉讼中不得干扰证人作证、伪造证据或者串供；

（四）不得逃避、拒绝或者阻碍处罚的执行。

在暂缓执行行政拘留期间，公安机关不得妨碍被处罚人依法行使行政复议和行政诉讼权利。

第13条　精神病人、智力残疾人违法的处罚

精神病人、智力残疾人在不能辨认或者不能控制自己行为的时候违反治安管理的，不予处罚，但是应当责令其监护人加强看护管理和治疗。间歇性的精神病人在精神正常的时候违反治安管理的，应当给予处罚。尚未完全丧失辨认或者控制自己行为能力的精神病人、智力残疾人违反治安管理的，应当给予处罚，但是可以从轻或者减轻处罚。

第14条　盲人或聋哑人违法的处罚

盲人或者又聋又哑的人违反治安管理的，可以从轻、减轻或者不予处罚。

第15条　醉酒的人违法的处罚

❶醉酒的人违反治安管理的，应当给予处罚。

❷醉酒的人在醉酒状态中，对本人有危险或者对他人的人身、财产或者公共安全有威胁的，应当对其采取保护性措施约束至酒醒。

第16条　数种违法行为的并罚

有两种以上违反治安管理行为的，分别决定，合并执行处罚。行政拘留处罚合并执行的，最长不超过二十日。

条文注释

第 13 条 【精神病人、智力残疾人违法的处罚】

本条是对修订前的《治安管理处罚法》第 13 条的修改和补充。与修订前的《治安管理处罚法》第 13 条相比，本条在精神病人之外增加了关于"智力残疾人"的规定；在末尾处新增了"尚未完全丧失辨认或者控制自己行为能力的精神病人、智力残疾人违反治安管理的，应当给予处罚，但是可以从轻或者减轻处罚"的规定。

责任能力是指一个人能够辨认和控制自己的行为并能对自己的行为负责的能力。在确定责任能力时，要考虑两个方面因素：一是责任年龄；二是行为人精神状态。完全性的精神病人因为行为时完全不能辨认、不能控制自己的行为，其实施对社会有危害的违反治安管理的行为，不追究其法律责任。间歇性精神病人，是指一个人的精神并非一直处于错乱状态而完全丧失辨认或者不能控制自己的行为能力的精神病人。

判断对违反治安管理的精神病患者是否要给予行政处罚，关键看发生违法行为时，行为人是否处于病态。所谓精神病人处于病态，是指精神病人在不能辨认和不能控制自己行为时，由于病症的驱使在客观上造成了行政违法。精神病人是在不能辨认或者不能控制自己的行为的时候违反治安管理，对他人造成损害的，行为人或者其监护人应当依法承担民事责任。

智力残疾人是指智力明显低于一般人的水平并显示具有适应行为障碍的人，包括在智力发育期间由各种有害因素导致的精神发育不全、智力迟钝或智力发育成熟后由各种有害因素导致的智力损害或老年期的智力明显衰退。

第 14 条 【盲人或聋哑人违法的处罚】

本条是关于盲人和又聋又哑的人违反治安管理的处罚规定。《刑法》第 19 条规定了相应的刑事责任，《行政处罚法》对此没有作出相应的规定。本条在适用的时候，要注意以下三点：首先，由于盲人、又聋又哑的人本身精神是健全的，并不会因自身残疾而完全丧失分辨是非和控制行为的能力，所以当其实施违反治安管理行为，给社会造成危害时，应当承担相应的法律责任。其次，这类特殊人群由于具有明显的生理缺陷，接受教育、了解事物等方面都会受到一定的限制和影响，其辨认事物和控制行为的能力可能会受到生理缺陷的影响，故对其可以从轻、减轻或不予处罚，注意这里是"可以"而非"应当"。最后，此处的"不予处罚"，主要是指盲人或者又聋又哑的人因生理原因违反治安管理的，应当不予处罚。

第 15 条 【醉酒的人违法的处罚】

醉酒是行为人在清醒状态时不控制自己的饮酒量，放纵自己所致，完全是个人行为导致的辨别、控制能力下降的状态。醉酒的人控制自己行为的能力减弱，是因为在酒精作用下其神经系统发生一定程度的暂时性紊乱，与精神病人的发病原理完全不同。所以醉酒的人违反《治安管理处罚法》，依然要予以处罚，不能从轻、减轻或免予追究其法律责任。对醉酒的人采取的"保护性措施"，主要是指采用软布、绳索等将醉酒的人固定在椅子上、床上等措施，既要防止其继续闹事，对他人的生命、健康和公共秩序构成威胁，也要防止其伤害自身。

第 16 条 【数种违法行为的并罚】

对于不同的违法行为，要分别决定，即公安机关对违反治安管行为人所实施的数种违反治安管理行为要一种一种地分别进行决定,有几种违法行为就作出几个决定书。分别决定的前提是违反治安管理行为人实施了不同的违法行为,如果实施的是同种行为,则不能适用分别决定的规定,也不存在合并拘留处罚问题。

合并执行也不是所有的处罚种类都可以合并到一起执行,如不同种类的行政处罚无法合并执行、两个警告也无法合并执行。只有同是罚款或同是行政拘留的处罚才可以合并执行。

相关规定

1.《民法典》

第21条 不能辨认自己行为的成年人为无民事行为能力人,由其法定代理人代理实施民事法律行为。

八周岁以上的未成年人不能辨认自己行为的,适用前款规定。

第22条 不能完全辨认自己行为的成年人为限制民事行为能力人,实施民事法律行为由其法定代理人代理或者经其法定代理人同意、追认;但是,可以独立实施纯获利益的民事法律行为或者与其智力、精神健康状况相适应的民事法律行为。

2.《刑法》

第18条 精神病人在不能辨认或者不能控制自己行为的时候造成危害结果,经法定程序鉴定确认的,不负刑事责任,但是应当责令他的家属或者监护人严加看管和医疗;在必要的时候,由政府强制医疗。

间歇性的精神病人在精神正常的时候犯罪,应当负刑事责任。

尚未完全丧失辨认或者控制自己行为能力的精神病人犯罪的,应当负刑事责任,但是可以从轻或者减轻处罚。

醉酒的人犯罪,应当负刑事责任。

第19条 又聋又哑的人或者盲人犯罪,可以从轻、减轻或者免除处罚。

3.《行政处罚法》

第31条 精神病人、智力残疾人在不能辨认或者不能控制自己行为时有违法行为的,不予行政处罚,但应当责令其监护人严加看管和治疗。间歇性精神病人在精神正常时有违法行为的,应当给予行政处罚。尚未完全丧失辨认或者控制自己行为能力的精神病人、智力残疾人有违法行为的，可以从轻或者减轻行政处罚。

4.《公安机关办理行政案件程序规定》

第 58 条　违法嫌疑人在醉酒状态中，对本人有危险或者对他人的人身、财产或者公共安全有威胁的，可以对其采取保护性措施约束至酒醒，也可以通知其家属、亲友或者所属单位将其领回看管，必要时，应当送医院醒酒。对行为举止失控的醉酒人，可以使用约束带或者警绳等进行约束，但是不得使用手铐、脚镣等警械。

约束过程中，应当指定专人严加看护。确认醉酒人酒醒后，应当立即解除约束，并进行询问。约束时间不计算在询问查证时间内。

第 158 条　精神病人在不能辨认或者不能控制自己行为时有违法行为的，不予行政处罚，但应当责令其监护人严加看管和治疗，并在不予行政处罚决定书中载明。间歇性精神病人在精神正常时有违法行为的，应当给予行政处罚。尚未完全丧失辨认或者控制自己行为能力的精神病人有违法行为的，应当予以行政处罚，但可以从轻或者减轻行政处罚。

第 161 条　一人有两种以上违法行为的，分别决定，合并执行，可以制作一份决定书，分别写明对每种违法行为的处理内容和合并执行的内容。

一个案件有多个违法行为人的，分别决定，可以制作一式多份决定书，写明给予每个人的处理决定，分别送达每一个违法行为人。

> **情节轻微的**：是指行为人实施的违反治安管理行为情节轻微，其社会危害性尚未达到应当受治安管理处罚的程度。
>
> **主动消除或者减轻违法后果的**：是指行为人认识到自己实施违反治安管理行为的社会危害后果，从而主动地、积极地去消除或者减轻违法后果，如积极将被殴打的被侵害人送往医院治疗等。
>
> **取得被侵害人谅解的**：是指行为人通过主动做工作，承认自己的错误，取得被侵害人的谅解。
>
> **出于他人胁迫或者诱骗的**："胁迫"是指行为人受到他人以立即实施暴力或其他有损身心健康的行为的压力，如以冻饿、罚跪等相要挟，具体可以分为暴力胁迫和非暴力胁迫两种。"诱骗"是指行为人被他人诱导、欺骗而实施违反治安管理的行为。
>
> **主动投案**：是指行为人自觉主动地向公安机关如实陈述自己的违法行为，并积极配合公安机关的查处工作。
>
> **有立功表现的**：一般是指揭发、检举其他违法行为人的违法行为，或者提供重要线索、证据等情形。

第17条　共同违法和教唆、胁迫、诱骗他人违法的处罚

❶共同违反治安管理的，根据行为人在违反治安管理行为中所起的作用，分别处罚。

❷教唆、胁迫、诱骗他人违反治安管理的，按照其教唆、胁迫、诱骗的行为处罚。

第18条　单位违法行为的处罚

单位违反治安管理的，对其直接负责的主管人员和其他直接责任人员依照本法的规定处罚。其他法律、行政法规对同一行为规定给予单位处罚的，依照其规定处罚。

第19条　为免受不法侵害而采取的制止行为

为了免受正在进行的不法侵害而采取的制止行为，造成损害的，不属于违反治安管理行为，不受处罚；制止行为明显超过必要限度，造成较大损害的，依法给予处罚，但是应当减轻处罚；情节较轻的，不予处罚。

第20条　从轻、减轻或者不予处罚的情形

违反治安管理有下列情形之一的，从轻、减轻或者不予处罚：

（一）情节轻微的；

（二）主动消除或者减轻违法后果的；

（三）取得被侵害人谅解的；

（四）出于他人胁迫或者诱骗的；

（五）主动投案，向公安机关如实陈述自己的违法行为的；

（六）有立功表现的。

条文注释

第 17 条 【共同违法和教唆、胁迫、诱骗他人违法的处罚】

共同违反治安管理，是指两人或两人以上共同违反治安管理的行为。其特点包括：在主观方面，各个违反治安管理的主体都有共同实施违反治安管理行为的故意；在客观方面，共同违反治安管理的主体必须共同实施违反治安管理的行为。分别处罚，是指对共同违反治安管理行为人，根据他们在同一违反治安管理行为中的违法情节，明确应承担的法律责任，分别给予不同的处罚。分别处罚是对自己行为负责原则的必然要求。对其中起主要作用的组织者、策划者和起次要作用、辅助作用的行为人应当区别对待。

教唆是指以劝说、挑拨、煽动等多种方法故意实施的唆使他人违反治安管理的行为；胁迫是指用威逼、强制的手段迫使他人实施违反治安管理的行为，包括暴力胁迫和非暴力胁迫；诱骗是指用引诱、欺骗的方法使他人上当受骗而实施违反治安管理的行为。以上三种行为，只要实施了其中一种即可处罚，即按照其教唆、胁迫、诱骗的行为处罚。

第 18 条 【单位违法行为的处罚】

单位违反治安管理是指公司、企业、事业单位、机关、团体实施了依法应当给予治安管理处罚的危害社会的行为。关于"单位"的范围，应当与《刑法》的规定相一致，即包括公司、企业、事业单位、机关、团体。关于单位违反治安管理的处罚，采取对自然人处罚为主，对单位处罚为辅的原则（双罚制），即主要针对直接负责的主管人员和其他直接责任人员进行处罚。如果有其他法律、行政

> 法规对同一行为规定对单位给予处罚的，则依照其规定处罚，即原则上对单位不予处罚，只有当法律、行政法规规定对单位给予处罚时，才对单位进行处罚。

> **相关规定**

1.《刑法》

第20条　为了使国家、公共利益、本人或者他人的人身、财产和其他权利免受正在进行的不法侵害，而采取的制止不法侵害的行为，对不法侵害人造成损害的，属于正当防卫，不负刑事责任。

正当防卫明显超过必要限度造成重大损害的，应当负刑事责任，但是应当减轻或者免除处罚。

对正在进行行凶、杀人、抢劫、强奸、绑架以及其他严重危及人身安全的暴力犯罪，采取防卫行为，造成不法侵害人伤亡的，不属于防卫过当，不负刑事责任。

第25条　共同犯罪是指二人以上共同故意犯罪。

二人以上共同过失犯罪，不以共同犯罪论处；应当负刑事责任的，按照他们所犯的罪分别处罚。

第26条　组织、领导犯罪集团进行犯罪活动的或者在共同犯罪中起主要作用的，是主犯。

三人以上为共同实施犯罪而组成的较为固定的犯罪组织，是犯罪集团。

对组织、领导犯罪集团的首要分子，按照集团所犯的全部罪行处罚。

对于第三款规定以外的主犯，应当按照其所参与的或者组织、指挥的全部犯罪处罚。

第27条　在共同犯罪中起次要或者辅助作用的，是从犯。

对于从犯，应当从轻、减轻处罚或者免除处罚。

第28条　对于被胁迫参加犯罪的，应当按照他的犯罪情节减轻处罚或者免除处罚。

第 29 条 教唆他人犯罪的，应当按照他在共同犯罪中所起的作用处罚。教唆不满十八周岁的人犯罪的，应当从重处罚。

如果被教唆的人没有犯被教唆的罪，对于教唆犯，可以从轻或者减轻处罚。

第 30 条 公司、企业、事业单位、机关、团体实施的危害社会的行为，法律规定为单位犯罪的，应当负刑事责任。

第 31 条 单位犯罪的，对单位判处罚金，并对其直接负责的主管人员和其他直接责任人员判处刑罚。本法分则和其他法律另有规定的，依照规定。

2.《行政处罚法》

第 32 条 当事人有下列情形之一，应当从轻或者减轻行政处罚：

（一）主动消除或者减轻违法行为危害后果的；

（二）受他人胁迫或者诱骗实施违法行为的；

（三）主动供述行政机关尚未掌握的违法行为的；

（四）配合行政机关查处违法行为有立功表现的；

（五）法律、法规、规章规定其他应当从轻或者减轻行政处罚的。

第 33 条 违法行为轻微并及时改正，没有造成危害后果的，不予行政处罚。初次违法且危害后果轻微并及时改正的，可以不予行政处罚。

当事人有证据足以证明没有主观过错的，不予行政处罚。法律、行政法规另有规定的，从其规定。

对当事人的违法行为依法不予行政处罚的，行政机关应当对当事人进行教育。

3.《公安机关办理行政案件程序规定》

第 159 条　违法行为人有下列情形之一的，应当从轻、减轻处罚或者不予行政处罚：

（一）主动消除或者减轻违法行为危害后果，并取得被侵害人谅解的；

（二）受他人胁迫或者诱骗的；

（三）有立功表现的；

（四）主动投案，向公安机关如实陈述自己的违法行为的；

（五）其他依法应当从轻、减轻或者不予行政处罚的。

违法行为轻微并及时纠正，没有造成危害后果的，不予行政处罚。

盲人或者又聋又哑的人违反治安管理的，可以从轻、减轻或者不予行政处罚；醉酒的人违反治安管理的，应当给予处罚。

> 案例指引

1. 郭某兰诉宾阳县公安局行政处罚案①

在当事人因琐事引发争执、导致双方动手的案件中，应当准确区分互殴和正当防卫的界限，避免简单机械地将任何形式的肢体冲突都认定为互殴。在区分时，需要全面考量案件的各种客观情节，包括事情的起因、对冲突的升级是否有过错、是否采取了明显不相当的暴力等情节。一方当事人在无过错的情况下，面对他人不合理怀疑和过激攻击，采取的反应手段在适度范围内，情节和损害后果等方面没有超过合理限度，属于正当防卫的范畴。

2. 叶某朝正当防卫案②

（1）特殊防卫的前提必须是严重危及公民人身安全的暴力犯罪，即这种危害有可能造成人身严重伤害，甚至危及生命。对一些充其量只能造成轻伤害的轻微暴力侵害，则不能适用特殊防卫。本案中，被告人叶某朝在防卫行为开始前和开始防卫后，身受犯罪分子行凶伤害致轻伤，应当认定王某友等人的行为系"严重危及人身安全的暴力犯罪"。王某友等人手持东洋刀，且已砍在防卫人身上，如不对其进行有力的反击，无法制止其犯罪行为，故应当允许防卫人进行特殊防卫。

（2）根据《刑法》第20条第3款的规定，防卫人采取的防卫手段、造成的结果没有限制，即使造成不法侵害人伤亡的，依法也不属防卫过当，不负刑事责任。这是特殊防卫区别于一般防卫在防

---

① 载人民法院案例库，案例编号：2024-12-3-001-022，最后访问日期：2025年7月5日。
② 载人民法院案例库，案例编号：2024-18-1-177-001，最后访问日期：2025年7月5日。

卫后果上的本质特征。这一规定，是针对这类严重危及人身安全的暴力犯罪具有侵害性质严重、手段凶残的特点作出的，旨在鼓励人民群众同犯罪行为作斗争。本案中，被告人叶某朝在受到严重人身侵害的情况下进行防卫，是法律允许的，具有正义性，虽造成两人死亡的严重后果，但仍符合《刑法》第 20 条第 3 款的规定，故不负刑事责任。

（3）特殊防卫所涉案件往往情况复杂、造成的后果严重，因此要注意案件发生的前因后果，把握住正当防卫的正义性这一基本要素，排除防卫挑拨、假想防卫等情况，既要保护人民群众依法维护公民合法权利的行为，又要防止假借防卫而犯罪，以准确体现立法精神。本案中，被告人叶某朝向王某友追索饭款是合理、合法的行为，王某友吃饭后不但不还欠款，在被合理追索欠款后，还寻衅报复滋事，在本案的起因上负有责任。叶某朝虽准备了尖刀随身携带，但从未主动使用，且其是在王某友等人不甘罢休、还会滋事的情况下，为防身而准备，符合情理，并非准备斗殴。叶某朝是被迫进行防卫，其在防卫的时间、对象上均符合法律的规定，应当认定为正当防卫。

3. 杨某诉海南省万宁市人民政府行政复议案[①]

当事人达成和解固然有利于化解社会矛盾，可以作为不予处罚和减轻处罚的酌定情节。但即便当事人没有达成和解，行为人违反《治安管理处罚法》的行为属于该法第 19 条（现为第 20 条）规定的不予处罚或减轻处罚的情形，依法应当不予处罚或减轻处罚，而不能以未达成和解为由予以处罚或不减轻处罚。

---

① 载人民法院案例库，案例编号：2025-12-3-001-007，最后访问日期：2025 年 7 月 5 日。

> 从重处罚：是指公安机关在法律法规和规章规定的处罚方式和处罚幅度内，对违反治安管理行为人给予较重的处罚。
>
> 有较严重后果：主要是从违反治安管理行为所造成的间接危害角度考虑其后果比较严重。
>
> 一年内曾受过治安管理处罚：包括因违反治安管理而受到过警告、罚款、行政拘留等任何一种处罚，不论其是否属于同类处罚，是否由同一公安机关作出。
>
> 初次违反治安管理：是指行为人违反治安管理的行为第一次被公安机关发现或者查处。

第21条　认错认罚从宽处理

违反治安管理行为人自愿向公安机关如实陈述自己的违法行为，承认违法事实，愿意接受处罚的，可以依法从宽处理。

第22条　从重处罚的情形

违反治安管理有下列情形之一的，从重处罚：

（一）有较严重后果的；

（二）教唆、胁迫、诱骗他人违反治安管理的；

（三）对报案人、控告人、举报人、证人打击报复的；

（四）一年以内曾受过治安管理处罚的。

第23条　不执行行政拘留处罚的情形与例外

❶违反治安管理行为人有下列情形之一，依照本法应当给予行政拘留处罚的，不执行行政拘留处罚：

（一）已满十四周岁不满十六周岁的；

（二）已满十六周岁不满十八周岁，初次违反治安管理的；

（三）七十周岁以上的；

（四）怀孕或者哺乳自己不满一周岁婴儿的。

❷前款第一项、第二项、第三项规定的行为人违反治安管理情节严重、影响恶劣的，或者第一项、第三项规定的行为人在一年以内二次以上违反治安管理的，不受前款规定的限制。

第 24 条　未成年人矫治教育等措施

对依照本法第十二条规定不予处罚或者依照本法第二十三条规定不执行行政拘留处罚的未成年人，公安机关依照《中华人民共和国预防未成年人犯罪法》的规定采取相应矫治教育等措施。

第 25 条　追究时效

❶违反治安管理行为在六个月以内没有被公安机关发现的，不再处罚。

❷前款规定的期限，从违反治安管理行为发生之日起计算；违反治安管理行为有连续或者继续状态的，从行为终了之日起计算。

☞ **没有被公安机关发现**：（1）被公安机关发现，不能仅仅理解为公安机关直接发现，需由公安机关人民警察亲眼所见，还包括间接发现，如受害人向公安机关报告，单位或者群众举报等。（2）未被发现，既包括违反治安管理行为没有被发现，也包括虽然发现了违反治安管理行为，但不知该行为是由何人实施的两种情形。

第三章　违反治安管理的行为和处罚

第一节　扰乱公共秩序的行为和处罚

第 26 条　扰乱单位、公共场所、公共交通工具、选举等秩序

❶有下列行为之一的，处警告或者五百元以下罚款；情节较重的，处五日以上十日以下拘留，可以并处一千元以下罚款：

（一）扰乱机关、团体、企业、事业单位秩序，致使工作、生产、营业、医疗、教学、科研不能正常进行，尚未造成严重损失的；

（二）扰乱车站、港口、码头、机场、商场、公园、展览馆或者其他公共场所秩序的；

条文注释

第24条 【未成年人矫治教育等措施】

我国《刑法》《预防未成年人犯罪法》确立了专门的矫治教育制度，对因不满16周岁不予刑事处罚的未成年人予以专门矫治教育。通过在封闭场所内对未成年人进行矫治和教育，改变未成年人的不良思想和行为习惯，提升未成年人的自我管理、自我教育能力，以最大限度预防和减少未成年人犯罪。

第26条 【扰乱单位、公共场所、公共交通工具、选举等秩序】

（1）扰乱单位秩序的行为。主要表现为实施扰乱机关、团体、企业、事业单位秩序的行为，并造成这些单位的工作、生产、营业、医疗、教学、科研不能正常进行，尚未造成严重损失。行为人扰乱单位秩序的具体手段是多种多样的，既可以是暴力性的扰乱，也可以是非暴力性的扰乱。

（2）扰乱公共场所秩序的行为。所谓公共场所，是指具有公共性的特点，对公众开放，供不特定多数人出入、停留、使用的场所。具体表现为在公共场所内打架斗殴、损毁财物、制造混乱、阻碍干扰维持秩序人员依法履行职务，影响活动的正常进行等，一般是尚未达到情节严重的程度。

（3）扰乱公共交通工具上的秩序的行为。此类行为侵犯的客体是公共交通工具上的秩序，而非交通管理秩序。公共交通工具是指正在运营的公共汽车、电车、火车、城市轨道交通车辆、船舶、航空器或其他公共交通工具。

（4）妨碍交通工具正常行驶的行为。具体表现为采用非法拦截或者强登、扒乘等方法影响机动车、船舶、航空器以及其他交通工具正常行驶的行为。

（5）破坏选举秩序的行为。此处的选举是广义的法律规定的各类选举。既包括选举各级人民代表大会代表或者国家机关领导人，也包括农村村民委员会、城市居民委员会的选举等。破坏选举秩序的行为不要求"情节严重"，只要使得选举无法正常进行或者影响正常的选举结果即可。

（6）聚众实施上述五类行为，是指组织、纠集他人实施。所谓首要分子，主要是指在行为过程中起组织、策划、指挥作用的人。

相关规定

1.《刑法》

第17条 已满十六周岁的人犯罪，应当负刑事责任。

已满十四周岁不满十六周岁的人，犯故意杀人、故意伤害致人重伤或者死亡、强奸、抢劫、贩卖毒品、放火、爆炸、投放危险物质罪的，应当负刑事责任。

已满十二周岁不满十四周岁的人，犯故意杀人、故意伤害罪，致人死亡或者以特别残忍手段致人重伤造成严重残疾，情节恶劣，经最高人民检察院核准追诉的，应当负刑事责任。

对依照前三款规定追究刑事责任的不满十八周岁的人，应当从轻或者减轻处罚。

因不满十六周岁不予刑事处罚的，责令其父母或者其他监护人加以管教；在必要的时候，依法进行专门矫治教育。

第256条　【破坏选举罪】在选举各级人民代表大会代表和国家机关领导人员时，以暴力、威胁、欺骗、贿赂、伪造选举文件、虚报选举票数等手段破坏选举或者妨害选民和代表自由行使选举权和被选举权，情节严重的，处三年以下有期徒刑、拘役或者剥夺政治权利。

第290条　【聚众扰乱社会秩序罪】聚众扰乱社会秩序，情节严重，致使工作、生产、营业和教学、科研、医疗无法进行，造成严重损失的，对首要分子，处三年以上七年以下有期徒刑；对其他积极参加的，处三年以下有期徒刑、拘役、管制或者剥夺政治权利。

【聚众冲击国家机关罪】聚众冲击国家机关，致使国家机关工作无法进行，造成严重损失的，对首要分子，处五年以上十年以下有期徒刑；对其他积极参加的，处五年以下有期徒刑、拘役、管制或者剥夺政治权利。

【扰乱国家机关工作秩序罪】多次扰乱国家机关工作秩序，经行政处罚后仍不改正，造成严重后果的，处三年以下有期徒刑、拘役或者管制。

【组织、资助非法聚集罪】多次组织、资助他人非法聚集，扰乱社会秩序，情节严重的，依照前款的规定处罚。

第291条 【聚众扰乱公共场所秩序、交通秩序罪】聚众扰乱车站、码头、民用航空站、商场、公园、影剧院、展览会、运动场或者其他公共场所秩序，聚众堵塞交通或者破坏交通秩序，抗拒、阻碍国家治安管理工作人员依法执行职务，情节严重的，对首要分子，处五年以下有期徒刑、拘役或者管制。

2.《预防未成年人犯罪法》

第17条 教育行政部门、学校应当将预防犯罪教育纳入学校教学计划，指导教职员工结合未成年人的特点，采取多种方式对未成年学生进行有针对性的预防犯罪教育。

第45条 未成年人实施刑法规定的行为、因不满法定刑事责任年龄不予刑事处罚的，经专门教育指导委员会评估同意，教育行政部门会同公安机关可以决定对其进行专门矫治教育。

省级人民政府应当结合本地的实际情况，至少确定一所专门学校按照分校区、分班级等方式设置专门场所，对前款规定的未成年人进行专门矫治教育。

前款规定的专门场所实行闭环管理，公安机关、司法行政部门负责未成年人的矫治工作，教育行政部门承担未成年人的教育工作。

第47条 专门学校应当对接受专门教育的未成年人分级分类进行教育和矫治，有针对性地开展道德教育、法治教育、心理健康教育，并根据实际情况进行职业教育；对没有完成义务教育的未成年人，应当保证其继续接受义务教育。

专门学校的未成年学生的学籍保留在原学校，符合毕业条件的，原学校应当颁发毕业证书。

3.《公安机关办理行政案件程序规定》

第154条　违反治安管理行为在六个月内没有被公安机关发现，其他违法行为在二年内没有被公安机关发现的，不再给予行政处罚。

前款规定的期限，从违法行为发生之日起计算，违法行为有连续、继续或者持续状态的，从行为终了之日起计算。

被侵害人在违法行为追究时效内向公安机关控告，公安机关应当受理而不受理的，不受本条第一款追究时效的限制。

> **案例指引**

丁某诉上海铁路公安局上海公安处、上海铁路公安局行政处罚及行政复议案[1]

(1) 火车站候车厅和检票口属于供不特定人群停留、等候的公共场所，进入该场所的人员应当自觉遵守车站管理秩序，听从工作人员指挥和安排。故意违反安检规定，不听从工作人员现场指挥，造成公共秩序混乱的，属于《治安管理处罚法》第23条（现为第26条）规定的"扰乱公共场所秩序"的行为。

(2) 认定扰乱公共场所秩序"情节较重"，可以从行为方式和危害结果等方面综合考虑。从行为方面看，采用推搡、拉扯等方式试图冲闯关卡，与工作人员发生肢体碰撞，手段和方式较为激烈的；从结果方面来看，引起通道挤占、岗位瘫痪，导致车站秩序失控，社会影响恶劣的，应当认定为扰乱公共场所秩序"情节较重"的情形。

---

[1] 载人民法院案例库，案例编号：2024-12-3-001-021，最后访问日期：2025年7月5日。

☞ **国家考试**：(1) 普通高等学校招生考试、研究生招生考试、高等教育自学考试、成人高等学校招生考试等国家教育考试；(2) 中央和地方公务员录用考试；(3) 国家统一法律职业资格考试、国家教师资格考试、注册会计师全国统一考试、会计专业技术资格考试、资产评估师资格考试、医师资格考试、执业药师职业资格考试、注册建筑师考试、建造师执业资格考试等专业技术资格考试；(4) 其他依照法律由中央或者地方主管部门以及行业组织的国家考试。

（三）扰乱公共汽车、电车、城市轨道交通车辆、火车、船舶、航空器或者其他公共交通工具上的秩序的；

（四）非法拦截或者强登、扒乘机动车、船舶、航空器以及其他交通工具，影响交通工具正常行驶的；

（五）破坏依法进行的选举秩序的。

❷ 聚众实施前款行为的，对首要分子处十日以上十五日以下拘留，可以并处二千元以下罚款。

第27条　扰乱国家考试秩序

在法律、行政法规规定的<u>国家考试</u>中，有下列行为之一，扰乱考试秩序的，处违法所得一倍以上五倍以下罚款，没有违法所得或者违法所得不足一千元的，处一千元以上三千元以下罚款；情节较重的，处五日以上十五日以下拘留：

（一）组织作弊的；

（二）为他人组织作弊提供作弊器材或者其他帮助的；

（三）为实施考试作弊行为，向他人非法出售、提供考试试题、答案的；

（四）代替他人或者让他人代替自己参加考试的。

> **相关规定**

1. 《刑法》

第 284 条之一 【组织考试作弊罪】在法律规定的国家考试中,组织作弊的,处三年以下有期徒刑或者拘役,并处或者单处罚金;情节严重的,处三年以上七年以下有期徒刑,并处罚金。

【组织考试作弊罪】为他人实施前款犯罪提供作弊器材或者其他帮助的,依照前款的规定处罚。

【非法出售、提供试题、答案罪】为实施考试作弊行为,向他人非法出售或者提供第一款规定的考试的试题、答案的,依照第一款的规定处罚。

【代替考试罪】代替他人或者让他人代替自己参加第一款规定的考试的,处拘役或者管制,并处或者单处罚金。

2. 《教育法》

第 80 条 任何组织或者个人在国家教育考试中有下列行为之一,有违法所得的,由公安机关没收违法所得,并处违法所得一倍以上五倍以下罚款;情节严重的,处五日以上十五日以下拘留;构成犯罪的,依法追究刑事责任;属于国家机关工作人员的,还应当依法给予处分:

(一)组织作弊的;

(二)通过提供考试作弊器材等方式为作弊提供帮助或者便利的;

(三)代替他人参加考试的;

(四)在考试结束前泄露、传播考试试题或者答案的;

(五)其他扰乱考试秩序的行为。

3.《最高人民法院、最高人民检察院关于办理组织考试作弊等刑事案件适用法律若干问题的解释》

为依法惩治组织考试作弊、非法出售、提供试题、答案、代替考试等犯罪，维护考试公平与秩序，根据《中华人民共和国刑法》《中华人民共和国刑事诉讼法》的规定，现就办理此类刑事案件适用法律的若干问题解释如下：

第 1 条　刑法第二百八十四条之一规定的"法律规定的国家考试"，仅限于全国人民代表大会及其常务委员会制定的法律所规定的考试。

根据有关法律规定，下列考试属于"法律规定的国家考试"：

（一）普通高等学校招生考试、研究生招生考试、高等教育自学考试、成人高等学校招生考试等国家教育考试；

（二）中央和地方公务员录用考试；

（三）国家统一法律职业资格考试、国家教师资格考试、注册会计师全国统一考试、会计专业技术资格考试、资产评估师资格考试、医师资格考试、执业药师职业资格考试、注册建筑师考试、建造师执业资格考试等专业技术资格考试；

（四）其他依照法律由中央或者地方主管部门以及行业组织的国家考试。

前款规定的考试涉及的特殊类型招生、特殊技能测试、面试等考试，属于"法律规定的国家考试"。

第 2 条　在法律规定的国家考试中，组织作弊，具有下列情形之一的，应当认定为刑法第二百八十四条之一第一款规定的"情节严重"：

（一）在普通高等学校招生考试、研究生招生考试、公务员录用考试中组织考试作弊的；

（二）导致考试推迟、取消或者启用备用试题的；

（三）考试工作人员组织考试作弊的；

（四）组织考生跨省、自治区、直辖市作弊的；

（五）多次组织考试作弊的；

（六）组织三十人次以上作弊的；

（七）提供作弊器材五十件以上的；

（八）违法所得三十万元以上的；

（九）其他情节严重的情形。

第 3 条 具有避开或者突破考场防范作弊的安全管理措施，获取、记录、传递、接收、存储考试试题、答案等功能的程序、工具，以及专门设计用于作弊的程序、工具，应当认定为刑法第二百八十四条之一第二款规定的"作弊器材"。

对于是否属于刑法第二百八十四条之一第二款规定的"作弊器材"难以确定的，依据省级以上公安机关或者考试主管部门出具的报告，结合其他证据作出认定；涉及专用间谍器材、窃听、窃照专用器材、"伪基站"等器材的，依照相关规定作出认定。

第 4 条 组织考试作弊，在考试开始之前被查获，但已经非法获取考试试题、答案或者具有其他严重扰乱考试秩序情形的，应当认定为组织考试作弊罪既遂。

第 5 条 为实施考试作弊行为，非法出售或者提供法律规定的国家考试的试题、答案，具有下列情形之一的，应当认定为刑法第二百八十四条之一第三款规定的"情节严重"：

（一）非法出售或者提供普通高等学校招生考试、研究生招生考试、公务员录用考试的试题、答案的；

（二）导致考试推迟、取消或者启用备用试题的；

（三）考试工作人员非法出售或者提供试题、答案的；

（四）多次非法出售或者提供试题、答案的；

（五）向三十人次以上非法出售或者提供试题、答案的；

（六）违法所得三十万元以上的；

（七）其他情节严重的情形。

第6条　为实施考试作弊行为，向他人非法出售或者提供法律规定的国家考试的试题、答案，试题不完整或者答案与标准答案不完全一致的，不影响非法出售、提供试题、答案罪的认定。

第7条　代替他人或者让他人代替自己参加法律规定的国家考试的，应当依照刑法第二百八十四条之一第四款的规定，以代替考试罪定罪处罚。

对于行为人犯罪情节较轻，确有悔罪表现，综合考虑行为人替考情况以及考试类型等因素，认为符合缓刑适用条件的，可以宣告缓刑；犯罪情节轻微的，可以不起诉或者免予刑事处罚；情节显著轻微危害不大的，不以犯罪论处。

第8条　单位实施组织考试作弊、非法出售、提供试题、答案等行为的，依照本解释规定的相应定罪量刑标准，追究组织者、策划者、实施者的刑事责任。

第9条　以窃取、刺探、收买方法非法获取法律规定的国家考试的试题、答案，又组织考试作弊或者非法出售、提供试题、答案，分别符合刑法第二百八十二条和刑法第二百八十四条之一规定的，以非法获取国家秘密罪和组织考试作弊罪或者非法出售、提供试题、答案罪数罪并罚。

第 10 条　在法律规定的国家考试以外的其他考试中，组织作弊，为他人组织作弊提供作弊器材或者其他帮助，或者非法出售、提供试题、答案，符合非法获取国家秘密罪、非法生产、销售窃听、窃照专用器材罪、非法使用窃听、窃照专用器材罪、非法利用信息网络罪、扰乱无线电通讯管理秩序罪等犯罪构成要件的，依法追究刑事责任。

第 11 条　设立用于实施考试作弊的网站、通讯群组或者发布有关考试作弊的信息，情节严重的，应当依照刑法第二百八十七条之一的规定，以非法利用信息网络罪定罪处罚；同时构成组织考试作弊罪、非法出售、提供试题、答案罪、非法获取国家秘密罪等其他犯罪的，依照处罚较重的规定定罪处罚。

第 12 条　对于实施本解释规定的犯罪被判处刑罚的，可以根据犯罪情况和预防再犯罪的需要，依法宣告职业禁止；被判处管制、宣告缓刑的，可以根据犯罪情况，依法宣告禁止令。

第 13 条　对于实施本解释规定的行为构成犯罪的，应当综合考虑犯罪的危害程度、违法所得数额以及被告人的前科情况、认罪悔罪态度等，依法判处罚金。

第 14 条　本解释自 2019 年 9 月 4 日起施行。

☞ **大型群众性活动**：是指法人或者其他组织面向社会公众举办的每场次预计参加人数达到1000人以上的下列活动：（1）体育比赛活动；（2）演唱会、音乐会等文艺演出活动；（3）展览、展销等活动；（4）游园、灯会、庙会、花会、焰火晚会等活动；（5）人才招聘会、现场开奖的彩票销售等活动。

散布谣言：是指捏造并散布没有事实根据的谎言用以迷惑不明真相的群众，扰乱社会公共秩序的行为。

谎报险情、疫情、灾情、警情：是指编造火灾、水灾、地质灾害、其他危险情况、传染病传播的情况以及有违法犯罪行为发生或明知是虚假的险情、疫情、灾情、警情而向有关部门报告的行为。

第28条　扰乱大型群众性活动秩序

❶有下列行为之一，扰乱体育、文化等大型群众性活动秩序的，处警告或者五百元以下罚款；情节严重的，处五日以上十日以下拘留，可以并处一千元以下罚款：

（一）强行进入场内的；

（二）违反规定，在场内燃放烟花爆竹或者其他物品的；

（三）展示侮辱性标语、条幅等物品的；

（四）围攻裁判员、运动员或者其他工作人员的；

（五）向场内投掷杂物，不听制止的；

（六）扰乱大型群众性活动秩序的其他行为。

❷因扰乱体育比赛、文艺演出活动秩序被处以拘留处罚的，可以同时责令其六个月至一年以内不得进入体育场馆、演出场馆观看同类比赛、演出；违反规定进入体育场馆、演出场馆的，强行带离现场，可以处五日以下拘留或者一千元以下罚款。

第29条　以虚构事实、投放虚假危险物质，扬言危害公共安全方式扰乱公共秩序

有下列行为之一的，处五日以上十日以下拘留，可以并处一千元以下罚款；情节较轻的，处五日以下拘留或者一千元以下罚款：

（一）故意散布谣言、谎报险情、疫情、灾情、警情或者以其他方法故意扰乱公共秩序的；

> **相关规定**

1.《刑法》

第291条之一 【投放虚假危险物质罪】【编造、故意传播虚假恐怖信息罪】投放虚假的爆炸性、毒害性、放射性、传染病病原体等物质，或者编造爆炸威胁、生化威胁、放射威胁等恐怖信息，或者明知是编造的恐怖信息而故意传播，严重扰乱社会秩序的，处五年以下有期徒刑、拘役或者管制；造成严重后果的，处五年以上有期徒刑。

【编造、故意传播虚假信息罪】编造虚假的险情、疫情、灾情、警情，在信息网络或者其他媒体上传播，或者明知是上述虚假信息，故意在信息网络或者其他媒体上传播，严重扰乱社会秩序的，处三年以下有期徒刑、拘役或者管制；造成严重后果的，处三年以上七年以下有期徒刑。

2.《烟花爆竹安全管理条例》

第3条 国家对烟花爆竹的生产、经营、运输和举办焰火晚会以及其他大型焰火燃放活动，实行许可证制度。

未经许可，任何单位或者个人不得生产、经营、运输烟花爆竹，不得举办焰火晚会以及其他大型焰火燃放活动。

第5条 公安部门、安全生产监督管理部门、质量监督检验部门、工商行政管理部门应当按照职责分工，组织查处非法生产、经营、储存、运输、邮寄烟花爆竹以及非法燃放烟花爆竹的行为。

第28条 燃放烟花爆竹，应当遵守有关法律、法规和规章的规定。县级以上地方人民政府可以根据本行政区域的实际情况，确定限制或者禁止燃放烟花爆竹的时间、地点和种类。

第29条　各级人民政府和政府有关部门应当开展社会宣传活动，教育公民遵守有关法律、法规和规章，安全燃放烟花爆竹。

广播、电视、报刊等新闻媒体，应当做好安全燃放烟花爆竹的宣传、教育工作。

未成年人的监护人应当对未成年人进行安全燃放烟花爆竹的教育。

第30条　禁止在下列地点燃放烟花爆竹：

（一）文物保护单位；

（二）车站、码头、飞机场等交通枢纽以及铁路线路安全保护区内；

（三）易燃易爆物品生产、储存单位；

（四）输变电设施安全保护区内；

（五）医疗机构、幼儿园、中小学校、敬老院；

（六）山林、草原等重点防火区；

（七）县级以上地方人民政府规定的禁止燃放烟花爆竹的其他地点。

第31条　燃放烟花爆竹，应当按照燃放说明燃放，不得以危害公共安全和人身、财产安全的方式燃放烟花爆竹。

第32条　举办焰火晚会以及其他大型焰火燃放活动，应当按照举办的时间、地点、环境、活动性质、规模以及燃放烟花爆竹的种类、规格和数量，确定危险等级，实行分级管理。分级管理的具体办法，由国务院公安部门规定。

第33条　申请举办焰火晚会以及其他大型焰火燃放活动，主办单位应当按照分级管理的规定，向有关人民政府公安部门提出申请，并提交下列有关材料：

（一）举办焰火晚会以及其他大型焰火燃放活动的时间、地点、环境、活动性质、规模；

（二）燃放烟花爆竹的种类、规格、数量；

（三）燃放作业方案；

（四）燃放作业单位、作业人员符合行业标准规定条件的证明。

受理申请的公安部门应当自受理申请之日起 20 日内对提交的有关材料进行审查，对符合条件的，核发《焰火燃放许可证》；对不符合条件的，应当说明理由。

第 34 条　焰火晚会以及其他大型焰火燃放活动燃放作业单位和作业人员，应当按照焰火燃放安全规程和经许可的燃放作业方案进行燃放作业。

第 35 条　公安部门应当加强对危险等级较高的焰火晚会以及其他大型焰火燃放活动的监督检查。

👉 **投放虚假的爆炸性、毒害性、放射性、腐蚀性物质或者传染病病原体等危险物质**：是指明知是虚假的危险物质而以邮寄、放置等方式将虚假的类似于爆炸性、毒害性、放射性、腐蚀性物质或者传染病病原体等危险物质置于他人或者公众面前或者周围的行为。

结伙斗殴或者随意殴打他人：一般是指出于私仇宿怨、争霸一方或者其他动机而以结成团伙的方式打群架或随意殴打他人。

追逐、拦截他人：是指出于取乐、寻求精神刺激等不健康动机，无故追赶、拦挡、侮辱、谩骂他人，以及追逐、拦截异性等。

强拿硬要或者任意损毁、占用公私财物：是指以蛮不讲理的流氓手段，强行索要市场、商店的商品以及他人的财物，或者随心所欲地损坏、毁灭、占用公私财物。

邪教：是指冒用宗教教义而建立的，不受国家法律承认和保护的非法组织。

（二）投放虚假的爆炸性、毒害性、放射性、腐蚀性物质或者传染病病原体等危险物质扰乱公共秩序的；

（三）扬言实施放火、爆炸、投放危险物质等危害公共安全犯罪行为扰乱公共秩序的。

第30条　寻衅滋事

有下列行为之一的，处五日以上十日以下拘留或者一千元以下罚款；情节较重的，处十日以上十五日以下拘留，可以并处二千元以下罚款：

（一）结伙斗殴或者随意殴打他人的；

（二）追逐、拦截他人的；

（三）强拿硬要或者任意损毁、占用公私财物的；

（四）其他无故侵扰他人、扰乱社会秩序的寻衅滋事行为。

第31条　邪教、会道门及相关非法活动

有下列行为之一的，处十日以上十五日以下拘留，可以并处二千元以下罚款；情节较轻的，处五日以上十日以下拘留，可以并处一千元以下罚款：

（一）组织、教唆、胁迫、诱骗、煽动他人从事邪教活动、会道门活动、非法的宗教活动或者利用邪教组织、会道门、迷信活动，扰乱社会秩序、损害他人身体健康的；

相关规定

1. 《刑法》

第293条 【寻衅滋事罪】有下列寻衅滋事行为之一，破坏社会秩序的，处五年以下有期徒刑、拘役或者管制：

（一）随意殴打他人，情节恶劣的；

（二）追逐、拦截、辱骂、恐吓他人，情节恶劣的；

（三）强拿硬要或者任意损毁、占用公私财物，情节严重的；

（四）在公共场所起哄闹事，造成公共场所秩序严重混乱的。

纠集他人多次实施前款行为，严重破坏社会秩序的，处五年以上十年以下有期徒刑，可以并处罚金。

第300条 【组织、利用会道门、邪教组织、利用迷信破坏法律实施罪】组织、利用会道门、邪教组织或者利用迷信破坏国家法律、行政法规实施的，处三年以上七年以下有期徒刑，并处罚金；情节特别严重的，处七年以上有期徒刑或者无期徒刑，并处罚金或者没收财产；情节较轻的，处三年以下有期徒刑、拘役、管制或者剥夺政治权利，并处或者单处罚金。

【组织、利用会道门、邪教组织、利用迷信致人重伤、死亡罪】组织、利用会道门、邪教组织或者利用迷信蒙骗他人，致人重伤、死亡的，依照前款的规定处罚。

犯第一款罪又有奸淫妇女、诈骗财物等犯罪行为的，依照数罪并罚的规定处罚。

2. 《邮政法》

第37条 任何单位和个人不得利用邮件寄递含有下列内容的物品：

（一）煽动颠覆国家政权、推翻社会主义制度或者分裂国家、破坏国家统一，危害国家安全的；

（二）泄露国家秘密的；

（三）散布谣言扰乱社会秩序，破坏社会稳定的；

（四）煽动民族仇恨、民族歧视，破坏民族团结的；

（五）宣扬邪教或者迷信的；

（六）散布淫秽、赌博、恐怖信息或者教唆犯罪的；

（七）法律、行政法规禁止的其他内容。

3.《国家安全法》

第27条　国家依法保护公民宗教信仰自由和正常宗教活动，坚持宗教独立自主自办的原则，防范、制止和依法惩治利用宗教名义进行危害国家安全的违法犯罪活动，反对境外势力干涉境内宗教事务，维护正常宗教活动秩序。

国家依法取缔邪教组织，防范、制止和依法惩治邪教违法犯罪活动。

（二）冒用宗教、气功名义进行扰乱社会秩序、损害他人身体健康活动的；
（三）制作、传播宣扬邪教、会道门内容的<u>物品、信息、资料</u>的。

第32条 扰乱无线电管理秩序

违反国家规定，有下列行为之一的，处五日以上十日以下拘留；情节严重的，处十日以上十五日以下拘留：
（一）故意干扰无线电业务正常进行的；
（二）对正常运行的无线电台（站）产生有害干扰，经有关主管部门指出后，拒不采取有效措施消除的；
（三）未经批准设置无线电广播电台、通信基站等无线电台（站）的，或者非法使用、占用无线电频率，从事违法活动的。

第33条 危害计算机信息系统安全

有下列行为之一，造成危害的，处五日以下拘留；情节较重的，处五日以上十五日以下拘留：
（一）违反国家规定，侵入<u>计算机信息系统</u>或者采用其他技术手段，获取计算机信息系统中存储、处理或者传输的数据，或者对计算机信息系统实施非法控制的；
（二）违反国家规定，对计算机信息系统功能进行删除、修改、增加、干扰的；

☞ **物品、信息、资料**：主要包括宣扬邪教、会道门内容的传单、喷图、图片、标语、报纸、书籍、刊物、音像制品（录音带、录像带等）、标识、标志物、移动存储介质（光盘、储存卡、移动硬盘等）、横幅、条幅等。

计算机信息系统：是指由计算机及其相关的和配套的设备、设施（含网络）构成的，按照一定的应用目标和规则对信息进行采集、加工、存储、传输、检索等处理的人机系统。计算机信息系统的安全保护，应当保障计算机及其相关的和配套的设备、设施（含网络）的安全，运行环境的安全，保障信息的安全，保障计算机功能的正常发挥，以维护计算机信息系统的安全运行。

相关规定

1.《刑法》

第285条 【非法侵入计算机信息系统罪】违反国家规定,侵入国家事务、国防建设、尖端科学技术领域的计算机信息系统的,处三年以下有期徒刑或者拘役。

【非法获取计算机信息系统数据、非法控制计算机信息系统罪】违反国家规定,侵入前款规定以外的计算机信息系统或者采用其他技术手段,获取该计算机信息系统中存储、处理或者传输的数据,或者对该计算机信息系统实施非法控制,情节严重的,处三年以下有期徒刑或者拘役,并处或者单处罚金;情节特别严重的,处三年以上七年以下有期徒刑,并处罚金。

【提供侵入、非法控制计算机信息系统程序、工具罪】提供专门用于侵入、非法控制计算机信息系统的程序、工具,或者明知他人实施侵入、非法控制计算机信息系统的违法犯罪行为而为其提供程序、工具,情节严重的,依照前款的规定处罚。

单位犯前三款罪的,对单位判处罚金,并对其直接负责的主管人员和其他直接责任人员,依照各该款的规定处罚。

第286条 【破坏计算机信息系统罪】违反国家规定,对计算机信息系统功能进行删除、修改、增加、干扰,造成计算机信息系统不能正常运行,后果严重的,处五年以下有期徒刑或者拘役;后果特别严重的,处五年以上有期徒刑。

违反国家规定,对计算机信息系统中存储、处理或者传输的数据和应用程序进行删除、修改、增加的操作,后果严重的,依照前款的规定处罚。

故意制作、传播计算机病毒等破坏性程序，影响计算机系统正常运行，后果严重的，依照第一款的规定处罚。

单位犯前三款罪的，对单位判处罚金，并对其直接负责的主管人员和其他直接责任人员，依照第一款的规定处罚。

第 288 条 【扰乱无线电通讯管理秩序罪】违反国家规定，擅自设置、使用无线电台（站），或者擅自使用无线电频率，干扰无线电通讯秩序，情节严重的，处三年以下有期徒刑、拘役或者管制，并处或者单处罚金；情节特别严重的，处三年以上七年以下有期徒刑，并处罚金。

单位犯前款罪的，对单位判处罚金，并对其直接负责的主管人员和其他直接责任人员，依照前款的规定处罚。

2.《计算机信息系统安全保护条例》

第 7 条 任何组织或者个人，不得利用计算机信息系统从事危害国家利益、集体利益和公民合法利益的活动，不得危害计算机信息系统的安全。

第 20 条 违反本条例的规定，有下列行为之一的，由公安机关处以警告或者停机整顿：

（一）违反计算机信息系统安全等级保护制度，危害计算机信息系统安全的；

（二）违反计算机信息系统国际联网备案制度的；

（三）不按照规定时间报告计算机信息系统中发生的案件的；

（四）接到公安机关要求改进安全状况的通知后，在限期内拒不改进的；

（五）有危害计算机信息系统安全的其他行为的。

第 23 条　故意输入计算机病毒以及其他有害数据危害计算机信息系统安全的，或者未经许可出售计算机信息系统安全专用产品的，由公安机关处以警告或者对个人处以 5000 元以下的罚款、对单位处以 1.5 万元以下的罚款；有违法所得的，除予以没收外，可以处以违法所得 1 至 3 倍的罚款。

第 24 条　违反本条例的规定，构成违反治安管理行为的，依照《中华人民共和国治安管理处罚法》的有关规定处罚；构成犯罪的，依法追究刑事责任。

第 26 条　当事人对公安机关依照本条例所作出的具体行政行为不服的，可以依法申请行政复议或者提起行政诉讼。

3.《互联网上网服务营业场所管理条例》

第 15 条　互联网上网服务营业场所经营单位和上网消费者不得进行下列危害信息网络安全的活动：

（一）故意制作或者传播计算机病毒以及其他破坏性程序的；

（二）非法侵入计算机信息系统或者破坏计算机信息系统功能、数据和应用程序的；

（三）进行法律、行政法规禁止的其他活动的。

4.《计算机信息网络国际联网安全保护管理办法》

第 6 条　任何单位和个人不得从事下列危害计算机信息网络安全的活动：

（一）未经允许，进入计算机信息网络或者使用计算机信息网络资源的；

（二）未经允许，对计算机信息网络功能进行删除、修改或者增加的；

（三）未经允许，对计算机信息网络中存储、处理或者传输的数据和应用程序进行删除、修改或者增加的；

（四）故意制作、传播计算机病毒等破坏性程序的；

（五）其他危害计算机信息网络安全的。

第20条　违反法律、行政法规，有本办法第五条、第六条所列行为之一的，由公安机关给予警告，有违法所得的，没收违法所得，对个人可以并处5000元以下的罚款，对单位可以并处1.5万元以下的罚款；情节严重的，并可以给予6个月以内停止联网、停机整顿的处罚，必要时可以建议原发证、审批机构吊销经营许可证或者取消联网资格；构成违反治安管理行为的，依照治安管理处罚法的规定处罚；构成犯罪的，依法追究刑事责任。

☞ **传销**：是指组织者或者经营者发展人员，通过对被发展人员以其直接或者间接发展的人员数量或者销售业绩为依据计算和给付报酬，或者要求被发展人员以交纳一定费用为条件取得加入资格等方式牟取非法利益，扰乱经济秩序，影响社会稳定的行为。传销活动往往以虚假宣传、欺诈等手段骗取群众钱财，严重扰乱市场经济秩序，破坏社会稳定。将组织、领导传销行为和胁迫、诱骗他人参加传销活动增列为扰乱公共秩序的行为并给予处罚，能够有效打击传销活动，保护人民群众的财产安全，维护社会经济秩序。

（三）违反国家规定，对计算机信息系统中存储、处理、传输的数据和应用程序进行删除、修改、增加的；

（四）故意制作、传播计算机病毒等破坏性程序的；

（五）提供专门用于侵入、非法控制计算机信息系统的程序、工具，或者明知他人实施侵入、非法控制计算机信息系统的违法犯罪行为而为其提供程序、工具的。

第34条 组织、领导传销活动，胁迫、诱骗他人参加传销活动

❶ 组织、领导传销活动的，处十日以上十五日以下拘留；情节较轻的，处五日以上十日以下拘留。

❷ 胁迫、诱骗他人参加传销活动的，处五日以上十日以下拘留；情节较重的，处十日以上十五日以下拘留。

第35条 扰乱国家重要活动、亵渎英雄烈士、宣扬美化侵略战争或行为

有下列行为之一的，处五日以上十日以下拘留或者一千元以上三千元以下罚款；情节较重的，处十日以上十五日以下拘留，可以并处五千元以下罚款：

（一）在国家举行庆祝、纪念、缅怀、公祭等重要活动的场所及周边管控区域，故意从事与活动主题和氛围相违背的行为，不听劝阻，造成不良社会影响的；

> 相关规定

1.《刑法》

第 224 条之一 【组织、领导传销活动罪】组织、领导以推销商品、提供服务等经营活动为名，要求参加者以缴纳费用或者购买商品、服务等方式获得加入资格，并按照一定顺序组成层级，直接或者间接以发展人员的数量作为计酬或者返利依据，引诱、胁迫参加者继续发展他人参加，骗取财物，扰乱经济社会秩序的传销活动的，处五年以下有期徒刑或者拘役，并处罚金；情节严重的，处五年以上有期徒刑，并处罚金。

第 299 条 【侮辱国旗、国徽、国歌罪】在公共场合，故意以焚烧、毁损、涂划、玷污、践踏等方式侮辱中华人民共和国国旗、国徽的，处三年以下有期徒刑、拘役、管制或者剥夺政治权利。

在公共场合，故意篡改中华人民共和国国歌歌词、曲谱，以歪曲、贬损方式奏唱国歌，或者以其他方式侮辱国歌，情节严重的，依照前款的规定处罚。

2.《英雄烈士保护法》

第 10 条 英雄烈士纪念设施保护单位应当健全服务和管理工作规范，方便瞻仰、悼念英雄烈士，保持英雄烈士纪念设施庄严、肃穆、清净的环境和氛围。

任何组织和个人不得在英雄烈士纪念设施保护范围内从事有损纪念英雄烈士环境和氛围的活动，不得侵占英雄烈士纪念设施保护范围内的土地和设施，不得破坏、污损英雄烈士纪念设施。

3.《爱国主义教育法》

第 6 条 爱国主义教育的主要内容是：

（一）马克思列宁主义、毛泽东思想、邓小平理论、"三个代表"重要思想、科学发展观、习近平新时代中国特色社会主义思想；

（二）中国共产党史、新中国史、改革开放史、社会主义发展史、中华民族发展史；

（三）中国特色社会主义制度，中国共产党带领人民团结奋斗的重大成就、历史经验和生动实践；

（四）中华优秀传统文化、革命文化、社会主义先进文化；

（五）国旗、国歌、国徽等国家象征和标志；

（六）祖国的壮美河山和历史文化遗产；

（七）宪法和法律，国家统一和民族团结、国家安全和国防等方面的意识和观念；

（八）英雄烈士和先进模范人物的事迹及体现的民族精神、时代精神；

（九）其他富有爱国主义精神的内容。

4.《禁止传销条例》

第 7 条　下列行为，属于传销行为：

（一）组织者或者经营者通过发展人员，要求被发展人员发展其他人员加入，对发展的人员以其直接或者间接滚动发展的人员数量为依据计算和给付报酬（包括物质奖励和其他经济利益，下同），牟取非法利益的；

（二）组织者或者经营者通过发展人员，要求被发展人员交纳费用或者以认购商品等方式变相交纳费用，取得加入或者发展其他人员加入的资格，牟取非法利益的；

（三）组织者或者经营者通过发展人员，要求被发展人员发展其他人员加入，形成上下线关系，并以下线的销售业绩为依据计算和给付上线报酬，牟取非法利益的。

第10条　在传销中以介绍工作、从事经营活动等名义欺骗他人离开居所地非法聚集并限制其人身自由的，由公安机关会同工商行政管理部门依法查处。

☞ **未按规定报告**：是指有关单位或者个人，未按照规定的时间或者规定的程序及时向主管部门或者本单位报告危险物质被盗、被抢或者丢失的情形。"未按规定报告"中的"规定"是广义概念，包括法律、法规、规章、各级人民政府颁布的规范性文件、命令以及有关行业主管部门、行业协会、企事业单位自身制定的规章制度等。

故意隐瞒不报：是指发生危险物质被盗、被抢或者丢失后，责任人意图通过自身的努力将危险物质追回而不报告，或者隐瞒实际情况，意图逃避责任，而不如实报告的行为。

（二）在英雄烈士纪念设施保护范围内从事有损纪念英雄烈士环境和氛围的活动，不听劝阻的，或者侵占、破坏、污损英雄烈士纪念设施的；

（三）以侮辱、诽谤或者其他方式侵害英雄烈士的姓名、肖像、名誉、荣誉，损害社会公共利益的；

（四）亵渎、否定英雄烈士事迹和精神，或者制作、传播、散布宣扬、美化侵略战争、侵略行为的言论或者图片、音视频等物品，扰乱公共秩序的；

（五）在公共场所或者强制他人在公共场所穿着、佩戴宣扬、美化侵略战争、侵略行为的服饰、标志，不听劝阻，造成不良社会影响的。

第二节 妨害公共安全的行为和处罚

第36条 非法从事与危险物质相关活动

违反国家规定，制造、买卖、储存、运输、邮寄、携带、使用、提供、处置爆炸性、毒害性、放射性、腐蚀性物质或者传染病病原体等危险物质的，处十日以上十五日以下拘留；情节较轻的，处五日以上十日以下拘留。

第37条 危险物质被盗抢、丢失不报告

爆炸性、毒害性、放射性、腐蚀性物质或者传染病病原体等危险物质被盗、被抢或者丢失，**未按规定报告**的，处五日以下拘留；**故意隐瞒不报**的，处五日以上十日以下拘留。

> 相关规定

1.《民用爆炸物品安全管理条例》

第44条 非法制造、买卖、运输、储存民用爆炸物品，构成犯罪的，依法追究刑事责任；尚不构成犯罪，有违反治安管理行为的，依法给予治安管理处罚。

违反本条例规定，在生产、储存、运输、使用民用爆炸物品中发生重大事故，造成严重后果或者后果特别严重，构成犯罪的，依法追究刑事责任。

违反本条例规定，未经许可生产、销售民用爆炸物品的，由民用爆炸物品行业主管部门责令停止非法生产、销售活动，处10万元以上50万元以下的罚款，并没收非法生产、销售的民用爆炸物品及其违法所得。

违反本条例规定，未经许可购买、运输民用爆炸物品或者从事爆破作业的，由公安机关责令停止非法购买、运输、爆破作业活动，处5万元以上20万元以下的罚款，并没收非法购买、运输以及从事爆破作业使用的民用爆炸物品及其违法所得。

民用爆炸物品行业主管部门、公安机关对没收的非法民用爆炸物品，应当组织销毁。

第46条 违反本条例规定，有下列情形之一的，由公安机关责令限期改正，处5万元以上20万元以下的罚款；逾期不改正的，责令停产停业整顿：

（一）未按照规定对民用爆炸物品做出警示标识、登记标识或者未对雷管编码打号的；

（二）超出购买许可的品种、数量购买民用爆炸物品的；

（三）使用现金或者实物进行民用爆炸物品交易的；

（四）未按照规定保存购买单位的许可证、银行账户转账凭证、经办人的身份证明复印件的；

（五）销售、购买、进出口民用爆炸物品，未按照规定向公安机关备案的；

（六）未按照规定建立民用爆炸物品登记制度，如实将本单位生产、销售、购买、运输、储存、使用民用爆炸物品的品种、数量和流向信息输入计算机系统的；

（七）未按照规定将《民用爆炸物品运输许可证》交回发证机关核销的。

第47条　违反本条例规定，经由道路运输民用爆炸物品，有下列情形之一的，由公安机关责令改正，处5万元以上20万元以下的罚款：

（一）违反运输许可事项的；

（二）未携带《民用爆炸物品运输许可证》的；

（三）违反有关标准和规范混装民用爆炸物品的；

（四）运输车辆未按照规定悬挂或者安装符合国家标准的易燃易爆危险物品警示标志的；

（五）未按照规定的路线行驶，途中经停没有专人看守或者在许可以外的地点经停的；

（六）装载民用爆炸物品的车厢载人的；

（七）出现危险情况未立即采取必要的应急处置措施、报告当地公安机关的。

2.《危险化学品安全管理条例》

第 23 条 生产、储存剧毒化学品或者国务院公安部门规定的可用于制造爆炸物品的危险化学品（以下简称易制爆危险化学品）的单位，应当如实记录其生产、储存的剧毒化学品、易制爆危险化学品的数量、流向，并采取必要的安全防范措施，防止剧毒化学品、易制爆危险化学品丢失或者被盗；发现剧毒化学品、易制爆危险化学品丢失或者被盗的，应当立即向当地公安机关报告。

生产、储存剧毒化学品、易制爆危险化学品的单位，应当设置治安保卫机构，配备专职治安保卫人员。

第 51 条 剧毒化学品、易制爆危险化学品在道路运输途中丢失、被盗、被抢或者出现流散、泄漏等情况的，驾驶人员、押运人员应当立即采取相应的警示措施和安全措施，并向当地公安机关报告。公安机关接到报告后，应当根据实际情况立即向安全生产监督管理部门、环境保护主管部门、卫生主管部门通报。有关部门应当采取必要的应急处置措施。

第 55 条 国务院交通运输主管部门应当根据危险化学品的危险特性，对通过内河运输本条例第五十四条规定以外的危险化学品（以下简称通过内河运输危险化学品）实行分类管理，对各类危险化学品的运输方式、包装规范和安全防护措施等分别作出规定并监督实施。

第 56 条 通过内河运输危险化学品，应当由依法取得危险货物水路运输许可的水路运输企业承运，其他单位和个人不得承运。托运人应当委托依法取得危险货物水路运输许可的水路运输企业承运，不得委托其他单位和个人承运。

第 57 条 通过内河运输危险化学品，应当使用依法取得危险货物适装证书的运输船舶。水路运输企业应当针对所运输的危险化学品的危险特性，制定运输船舶危险化学品事故应急救援预案，并为运输船舶配备充足、有效的应急救援器材和设备。

通过内河运输危险化学品的船舶，其所有人或者经营人应当取得船舶污染损害责任保险证书或者财务担保证明。船舶污染损害责任保险证书或者财务担保证明的副本应当随船携带。

第58条　通过内河运输危险化学品，危险化学品包装物的材质、型式、强度以及包装方法应当符合水路运输危险化学品包装规范的要求。国务院交通运输主管部门对单船运输的危险化学品数量有限制性规定的，承运人应当按照规定安排运输数量。

第59条　用于危险化学品运输作业的内河码头、泊位应当符合国家有关安全规范，与饮用水取水口保持国家规定的距离。有关管理单位应当制定码头、泊位危险化学品事故应急预案，并为码头、泊位配备充足、有效的应急救援器材和设备。

用于危险化学品运输作业的内河码头、泊位，经交通运输主管部门按照国家有关规定验收合格后方可投入使用。

第60条　船舶载运危险化学品进出内河港口，应当将危险化学品的名称、危险特性、包装以及进出港时间等事项，事先报告海事管理机构。海事管理机构接到报告后，应当在国务院交通运输主管部门规定的时间内作出是否同意的决定，通知报告人，同时通报港口行政管理部门。定船舶、定航线、定货种的船舶可以定期报告。

在内河港口内进行危险化学品的装卸、过驳作业，应当将危险化学品的名称、危险特性、包装和作业的时间、地点等事项报告港口行政管理部门。港口行政管理部门接到报告后，应当在国务院交通运输主管部门规定的时间内作出是否同意的决定，通知报告人，同时通报海事管理机构。

载运危险化学品的船舶在内河航行，通过过船建筑物的，应当提前向交通运输主管部门申报，并接受交通运输主管部门的管理。

第 61 条 载运危险化学品的船舶在内河航行、装卸或者停泊，应当悬挂专用的警示标志，按照规定显示专用信号。

载运危险化学品的船舶在内河航行，按照国务院交通运输主管部门的规定需要引航的，应当申请引航。

第 62 条 载运危险化学品的船舶在内河航行，应当遵守法律、行政法规和国家其他有关饮用水水源保护的规定。内河航道发展规划应当与依法经批准的饮用水水源保护区划定方案相协调。

第 63 条 托运危险化学品的，托运人应当向承运人说明所托运的危险化学品的种类、数量、危险特性以及发生危险情况的应急处置措施，并按照国家有关规定对所托运的危险化学品妥善包装，在外包装上设置相应的标志。

运输危险化学品需要添加抑制剂或者稳定剂的，托运人应当添加，并将有关情况告知承运人。

第 64 条 托运人不得在托运的普通货物中夹带危险化学品，不得将危险化学品匿报或者谎报为普通货物托运。

任何单位和个人不得交寄危险化学品或者在邮件、快件内夹带危险化学品，不得将危险化学品匿报或者谎报为普通物品交寄。邮政企业、快递企业不得收寄危险化学品。

对涉嫌违反本条第一款、第二款规定的，交通运输主管部门、邮政管理部门可以依法开拆查验。

第 65 条 通过铁路、航空运输危险化学品的安全管理，依照有关铁路、航空运输的法律、行政法规、规章的规定执行。

第 66 条　国家实行危险化学品登记制度，为危险化学品安全管理以及危险化学品事故预防和应急救援提供技术、信息支持。

第 67 条　危险化学品生产企业、进口企业，应当向国务院安全生产监督管理部门负责危险化学品登记的机构（以下简称危险化学品登记机构）办理危险化学品登记。

危险化学品登记包括下列内容：

（一）分类和标签信息；

（二）物理、化学性质；

（三）主要用途；

（四）危险特性；

（五）储存、使用、运输的安全要求；

（六）出现危险情况的应急处置措施。

对同一企业生产、进口的同一品种的危险化学品，不进行重复登记。危险化学品生产企业、进口企业发现其生产、进口的危险化学品有新的危险特性的，应当及时向危险化学品登记机构办理登记内容变更手续。

危险化学品登记的具体办法由国务院安全生产监督管理部门制定。

第 68 条　危险化学品登记机构应当定期向工业和信息化、环境保护、公安、卫生、交通运输、铁路、质量监督检验检疫等部门提供危险化学品登记的有关信息和资料。

第 69 条　县级以上地方人民政府安全生产监督管理部门应当会同工业和信息化、环境保护、公安、卫生、交通运输、铁路、质量监督检验检疫等部门，根据本地区实际情况，制定危险化学品事故应急预案，报本级人民政府批准。

第 70 条　危险化学品单位应当制定本单位危险化学品事故应急

预案，配备应急救援人员和必要的应急救援器材、设备，并定期组织应急救援演练。

危险化学品单位应当将其危险化学品事故应急预案报所在地设区的市级人民政府安全生产监督管理部门备案。

☞ 进入公共场所或者公共交通工具：进入公共场所是指进入中心广场、影剧院、体育运动场、公园、车站等大众进行公开活动的地方；进入公共交通工具，是指进入火车、公共汽车、轮船、电车、民用航空器等的规定。

第38条　非法携带枪支、弹药、管制器具

❶非法携带枪支、弹药或者弩、匕首等国家规定的管制器具的，处五日以下拘留，可以并处一千元以下罚款；情节较轻的，处警告或者五百元以下罚款。

❷非法携带枪支、弹药或者弩、匕首等国家规定的管制器具<u>进入公共场所或者公共交通工具</u>的，处五日以上十日以下拘留，可以并处一千元以下罚款。

第39条　盗窃、损毁重要公共设施，妨碍国（边）境标志、界线走向管理

有下列行为之一的，处十日以上十五日以下拘留；情节较轻的，处五日以下拘留：

（一）盗窃、损毁油气管道设施、电力电信设施、广播电视设施、水利工程设施、公共供水设施、公路及附属设施或者水文监测、测量、气象测报、生态环境监测、地质监测、地震监测等公共设施，危及公共安全的；

（二）移动、损毁国家边境的界碑、界桩以及其他边境标志、边境设施或者领土、领海基点标志设施的；

（三）非法进行影响国（边）界线走向的活动或者修建有碍国（边）境管理的设施的。

条文注释

第39条 【盗窃、损毁重要公共设施，妨碍国（边）境标志、界线走向管理】

（1）盗窃、损毁公共设施的行为。公共设施是为国民经济运行、产业发展、居民生活提供交通、通信、能源、税务、教育、医疗、文化体育等公共性服务的设施。"盗窃"是指以非法占有为目的，采用秘密窃取等手段取得，尚不构成刑事处罚的行为。"损毁"是指行为人出于故意或过失损坏或毁坏公私财物的行为。

（2）移动、损毁国家边境的界碑、界桩以及其他边境标志、边境设施或者领土、领海基点标志设施的行为。界碑、界桩以及其他边境标志等是我国领土范围的重要标志，不能随意被移动或损坏。对于违反本条规定，移动、损坏界碑、界桩及其他边境标志等的行为，应当予以处罚。

（3）非法进行影响国（边）界线走向的活动或者修建有碍国（边）境管理设施的行为。该行为是指行为人的行为已经影响了国（边）界线的走向或妨碍了国（边）境管理。例如，在临近国（边）境线附近挖沙、耕种、采伐树木等，或者在国（边）境位置修建房屋、挖鱼塘等。

相关规定

1.《刑法》

第118条 【破坏电力设备罪】【破坏易燃易爆设备罪】破坏电力、燃气或者其他易燃易爆设备,危害公共安全,尚未造成严重后果的,处三年以上十年以下有期徒刑。

第124条 【破坏广播电视设施、公用电信设施罪】破坏广播电视设施、公用电信设施,危害公共安全的,处三年以上七年以下有期徒刑;造成严重后果的,处七年以上有期徒刑。

【过失损坏广播电视设施、公用电信设施罪】过失犯前款罪的,处三年以上七年以下有期徒刑;情节较轻的,处三年以下有期徒刑或者拘役。

第130条 【非法携带枪支、弹药、管制刀具、危险物品危及公共安全罪】非法携带枪支、弹药、管制刀具或者爆炸性、易燃性、放射性、毒害性、腐蚀性物品,进入公共场所或者公共交通工具,危及公共安全,情节严重的,处三年以下有期徒刑、拘役或者管制。

第323条 【破坏界碑、界桩罪】【破坏永久性测量标志罪】故意破坏国家边境的界碑、界桩或永久性测量标志的,处三年以下有期徒刑或者拘役。

2.《最高人民法院关于审理非法制造、买卖、运输枪支、弹药、爆炸物等刑事案件具体应用法律若干问题的解释》

第6条 非法携带枪支、弹药、爆炸物进入公共场所或者公共交通工具,危及公共安全,具有下列情形之一的,属于刑法第一百三十条规定的"情节严重":

(一)携带枪支或者手榴弹的;

（二）携带爆炸装置的；

（三）携带炸药、发射药、黑火药五百克以上或者烟火药一千克以上、雷管二十枚以上或者导火索、导爆索二十米以上的；

（四）携带的弹药、爆炸物在公共场所或者公共交通工具上发生爆炸或者燃烧，尚未造成严重后果的；

（五）具有其他严重情节的。

行为人非法携带本条第一款第（三）项规定的爆炸物进入公共场所或者公共交通工具，虽未达到上述数量标准，但拒不交出的，依照刑法第一百三十条的规定定罪处罚；携带的数量达到最低数量标准，能够主动、全部交出的，可不以犯罪论处。

3.《最高人民检察院、公安部关于公安机关管辖的刑事案件立案追诉标准的规定（一）》

第7条 ［非法携带枪支、弹药、管制刀具、危险物品危及公共安全案（刑法第一百三十条）］ 非法携带枪支、弹药、管制刀具或者爆炸性、易燃性、放射性、毒害性、腐蚀性物品，进入公共场所或者公共交通工具，危及公共安全，涉嫌下列情形之一的，应予立案追诉：

（一）携带枪支一支以上或者手榴弹、炸弹、地雷、手雷等具有杀伤性弹药一枚以上的；

（二）携带爆炸装置一套以上的；

（三）携带炸药、发射药、黑火药五百克以上或者烟火药一千克以上、雷管二十枚以上或者导火索、导爆索二十米以上，或者虽未达到上述数量标准，但拒不交出的；

（四）携带的弹药、爆炸物在公共场所或者公共交通工具上发生爆炸或者燃烧，尚未造成严重后果的；

（五）携带管制刀具二十把以上，或者虽未达到上述数量标准，但拒不交出，或者用来进行违法活动尚未构成其他犯罪的；

（六）携带的爆炸性、易燃性、放射性、毒害性、腐蚀性物品在公共场所或者公共交通工具上发生泄漏、遗洒，尚未造成严重后果的；

（七）其他情节严重的情形。

第 40 条　妨害航空器飞行安全，妨害公共交通工具行驶安全

❶盗窃、损坏、擅自移动使用中的航空设施，或者强行进入航空器驾驶舱的，处十日以上十五日以下拘留。

❷在使用中的航空器上使用可能影响导航系统正常功能的器具、工具，不听劝阻的，处五日以下拘留或者一千元以下罚款。

❸盗窃、损坏、擅自移动使用中的其他公共交通工具设施、设备，或者以抢控驾驶操纵装置、拉扯、殴打驾驶人员等方式，干扰公共交通工具正常行驶的，处五日以下拘留或者一千元以下罚款；情节较重的，处五日以上十日以下拘留。

第 41 条　妨害铁路、城市轨道交通运行安全

有下列行为之一的，处五日以上十日以下拘留，可以并处一千元以下罚款；情节较轻的，处五日以下拘留或者一千元以下罚款：

（一）盗窃、损毁、擅自移动铁路、城市轨道交通设施、设备、机车车辆配件或者安全标志的；

（二）在铁路、城市轨道交通线路上放置障碍物，或者故意向列车投掷物品的；

（三）在铁路、城市轨道交通线路、桥梁、隧道、涵洞处挖掘坑穴、采石取沙的；

（四）在铁路、城市轨道交通线路上私设道口或者平交过道的。

☞ 城市轨道交通设施、设备：城市轨道交通设施，是指投入运营的土建设施及附属软硬件监测设备，包括桥梁、隧道、轨道、路基、车站、控制中心和车辆基地等。城市轨道交通设备，是指投入运营的各类机械、电气、自动化设备及软件系统，包括车辆、通风空调与供暖、给水与排水、供电、通信、信号、自动售检票、综合监控、环境与设备监控、乘客信息、门禁、站台门、车辆基地检修设备、工程车和相关检测监测设备等。

条文注释

第 40 条 【妨害航空器飞行安全，妨害公共交通工具行驶安全】

（1）针对使用中的航空器的违法行为包括盗窃、损坏、擅自移动、强行进入舱内。"使用中的航空器"是指在行为时正处于营运状态的航空器，如正在空中飞行或已经准备完毕等待起飞的客机。

（2）在使用中的航空器上经乘务人员的劝阻，仍然坚持自己的意愿，故意使用可能影响航空飞行安全的禁止在航空器上使用的器具、工具，如移动电话、游戏机等，将受到拘留或罚款的行政处罚。

（3）以抢控驾驶操纵装置、拉扯、殴打驾驶人等方式妨碍公共交通工具驾驶。对于实施干扰公共交通工具正常行驶的行为人，根据其行为程度、危害后果、主观心态等因素可能承担民事、行政、刑事等法律责任。

第 41 条 【妨害铁路、城市轨道交通运行安全】

（1）在铁路、城市轨道交通线路上放置障碍物，或者故意向列车投掷物品的。这种行为要求没有造成现实危害或者不足以构成现实危险，尚不构成犯罪。如果在铁路线路上放置障碍物足以使列车发生倾覆危险，则要按照《刑法》的相关规定定罪处刑。

（2）在铁路、城市轨道交通线路、桥梁、隧道、城市轨道交通运行、涵洞处挖掘坑穴、采石取沙的。这种行为的主观心态既包括故意，也包括过失，有的行为人明知在铁路、城市轨道交通线路、桥梁、隧道、涵洞处挖掘坑穴、采石取沙会危及铁路、城市轨道交通运行安全，但仍从事该行为。至于挖掘坑穴、采石取沙的目的如何，不影响本项规定的违反治安管理行为的构成。

（3）在铁路、城市轨道交通线路上私设道口或者平交过道的。实践中，设道口或者平交过道，往往要依据铁路、城市轨道交通线路两侧居民数量、聚集区情况、生产生活的实际、地形地势等因素综合确定。出于自身便利考虑，个别人在铁路、城市轨道交通线路上私设道口或者平交过道，这种行为的危害较大，既影响到铁路、城市轨道交通运行安全，也关系到过往机动车、非机动车和行人的生命安全，必须予以相应的惩处。

相关规定

1.《刑法》

第 114 条 【放火罪】【决水罪】【爆炸罪】【投放危险物质罪】【以危险方法危害公共安全罪】放火、决水、爆炸以及投放毒害性、放射性、传染病病原体等物质或者以其他危险方法危害公共安全，尚未造成严重后果的，处三年以上十年以下有期徒刑。

第 115 条 【放火罪】【决水罪】【爆炸罪】【投放危险物质罪】【以危险方法危害公共安全罪】放火、决水、爆炸以及投放毒害性、放射性、传染病病原体等物质或者以其他危险方法致人重伤、死亡或者使公私财产遭受重大损失的，处十年以上有期徒刑、无期徒刑或者死刑。

【失火罪】【过失决水罪】【过失爆炸罪】【过失投放危险物质罪】【过失以危险方法危害公共安全罪】过失犯前款罪的，处三年以上七年以下有期徒刑；情节较轻的，处三年以下有期徒刑或者拘役。

第 116 条 【破坏交通工具罪】破坏火车、汽车、电车、船只、航空器，足以使火车、汽车、电车、船只、航空器发生倾覆、毁坏危险，尚未造成严重后果的，处三年以上十年以下有期徒刑。

第 117 条 【破坏交通设施罪】破坏轨道、桥梁、隧道、公路、机场、航道、灯塔、标志或者进行其他破坏活动，足以使火车、汽车、电车、船只、航空器发生倾覆、毁坏危险，尚未造成严重后果的，处三年以上十年以下有期徒刑。

2.《城市轨道交通设施设备运行维护管理办法》

第一章 总 则

第 1 条 为规范城市轨道交通设施设备运行维护（以下简称设

施设备运行维护）工作，更好地保障城市轨道交通安全运行，根据《中华人民共和国安全生产法》《城市公共交通条例》《国务院办公厅关于保障城市轨道交通安全运行的意见》《城市轨道交通运营管理规定》等有关要求，制定本办法。

第2条 地铁、轻轨的设施设备运行维护工作适用本办法。单轨、磁浮、有轨电车等参照本办法执行。

本办法所称城市轨道交通设施是指投入运营的土建设施及附属软硬件监测设备，包括桥梁、隧道、轨道、路基、车站、控制中心和车辆基地等。

本办法所称城市轨道交通设备是指投入运营的各类机械、电气、自动化设备及软件系统，包括车辆、通风空调与供暖、给水与排水、供电、通信、信号、自动售检票、综合监控、环境与设备监控、乘客信息、门禁、站台门、车辆基地检修设备、工程车和相关检测监测设备等。

第3条 设施设备运行维护应当贯穿城市轨道交通运营全生命周期，遵循安全第一、动态监测、规范管理、标准作业的原则。

第4条 城市轨道交通所在地城市交通运输主管部门或者城市人民政府指定的城市轨道交通运营主管部门（以下统称城市轨道交通运营主管部门）负责本行政区域内设施设备运行维护的监督管理工作。

对跨城市运营的城市轨道交通线路，由线路所在城市的城市轨道交通运营主管部门按职责协商实施设施设备运行维护的监督管理工作。

城市轨道交通运营单位（以下简称运营单位）负责设施设备运行维护工作，制定设施设备运行维护管理制度和作业规程，组织开展设施设备运行监测、维护及更新改造等工作。

第二章 设施设备运行监测

第 5 条 运营单位应组织编制各类设备的操作手册,操作手册的发布、修订及废止应经充分技术论证后方可实施。操作手册应至少包括启用前的状态检查、启停程序、操作流程、异常情况处置程序、安全作业管理规定等内容。

第 6 条 运营单位应根据运营实际,合理制定设备运行计划。每日运营前,应对轨行区行车环境,车辆、供电、通信、信号、自动售检票、乘客信息、站台门等直接影响行车安全和客运服务的设备,以及其他重新开机启用的设备进行检查,确认正常后方可投入运营。鼓励采用智能化手段进行状态检查。

第 7 条 运营单位应密切监控设施设备运行状态,对于异常情况报警,应进行分级分类,及时检查确认并处理。无法继续维持运营或继续运营将危及行车安全的,应停运抢修并尽快恢复运营。可继续维持运营的,应视情采取区间限速、添乘检查、安全防护等措施,尽快完成修复。

第 8 条 运营单位应定期组织对桥梁、隧道、轨道、路基等设施进行巡查和监测工作,并符合以下要求:

(一)桥梁。混凝土桥梁巡查频率不应低于 1 次/3 月,钢桥、钢混组合桥梁、钢混混合桥梁巡查频率不应低于 1 次/月。桥梁墩台基础沉降与梁体竖向变形等在交付运营后的第一年内监测频率不应低于 1 次/6 月,第二、三年监测频率不应低于 1 次/年,第三年之后频率不应低于 1 次/3 年。

(二)隧道。巡查频率不应低于 1 次/月。隧道结构变形、联络通道等地下区间附属设施变形等第一年内监测频率不应低于 1 次/6 月,第二年监测频率不应低于 1 次/年,第二年之后频率不应低于 1 次/3 年。

（三）轨道。对轨道静态几何尺寸的监测频率不应低于 1 次/3 月，定期对轨道动态几何尺寸、车体垂向加速度和横向加速度等进行监测。正线常规钢轨探伤频率不应低于 1 次/2 月，车辆基地常规钢轨探伤频率不应低于 1 次/年，铝热焊焊接接头的探伤频率不应低于 1 次/6 月，闪光接触焊焊接接头的探伤频率不应低于 1 次/2 年。

（四）路基。路基本体、排水设施以及防护加固设施的巡查频率不应低于 1 次/月。

（五）接触网（轨）。巡查频率不应低于 1 次/月，定期对接触网导高、拉出值、磨耗等进行监测。

设施存在病害、遇不良地质地段、发现变形较大地段及其他需要重点关注的地段，应根据实际情况加密监测点并加密监测次数。

第 9 条　运营单位应利用车辆、供电、信号等设备自有的监测和诊断功能，对以下关键部位进行实时监控：

（一）车辆。牵引系统、制动系统、受流装置、走行系统、车门、蓄电池等。

（二）供电。断路器、继电保护装置、变压器、再生储能（能馈）装置、不间断电源（UPS）等。

（三）信号。区域控制器、联锁、车载信号、数据通信（DCS）、转辙机、电源等。

（四）通信。电源、传输设备、网络设备等。

（五）机电。通风空调与供暖、给水与排水、自动售检票、乘客信息系统、站台门等系统的关键部件。

运营单位认为有必要、确需在运营阶段增设在线监测设备的，应经过充分论证、评审后加装，但加装的设备不得影响设施设备正常运行。

第 10 条　运营单位应定期对供电、通信、信号、车辆、自动售检票、综合监控、环境与设备监控、站台门等存在接口关系设备的系统时钟进行监测和校准，确保各系统与主时钟服务器同步。

第 11 条　运营单位应做好下列设施设备的运行测试、管理和安全防护，具体包括：

（一）对区间应急照明、区间联络通道、区间疏散平台、车站、区间重点水泵和防淹门等设施设备，至少每年进行一次检查和功能测试。

（二）对通信传输核心设备、信号联锁设备和区域控制器、列车自动监视（ATS）服务器、电力监控等具备主备冗余功能的设备，至少每年进行一次切换测试；对信号系统降级功能、接触网（轨）单边供电和大双边供电、主变电所支援供电功能至少每年进行一次测试。

（三）设有备用控制中心的，应定期检查相关设施设备的完好性，至少每年进行一次倒切测试。

（四）对列车门紧急解锁装置、站台紧急关闭按钮、站台门应急解锁装置以及电扶梯紧急停梯按钮等紧急操作设备，以及站台门间隙探测、车门和站台门防夹等安全保护功能，至少每半年进行一次测试，并通过粘贴警示标签、视频监控、安排巡查等方式加强防护。

（五）根据系统运行状态开展车辆动力学响应等轮轨关系测试和动态接触力、燃弧、垂向加速度（硬点）等弓网关系测试。

第三章　设施设备维护

第 12 条　运营单位应组织编制设施设备维护规程和维护作业工艺文件，维护规程和维护作业工艺文件的发布、修订、废止等应经充分技术论证后方可实施。维护规程应报城市轨道交通运营主管部门备案。

设施设备维护规程应至少包括设施设备维护项目、维护周期、维护流程、技术标准、相关专业协同等内容，维护作业工艺文件应对关键工序的作业程序、质量与安全控制要求、注意事项及检查标准等作详细规定。

第13条　设施设备维护应符合以下要求：

（一）车辆维修分为列检、月检、架修和大修。设计最高运行速度小于等于120km/h的列车列检间隔不超过15天，月检间隔不超过3个月，架修间隔不超过6年或80万车公里（时间和里程以先到者为准，下同），大修间隔不超过12年或160万车公里，整体使用寿命一般不超过30年或480万车公里。

（二）信号系统维修分为巡检、月检、年检、中修和大修。其中，巡检间隔不超过7天，月检间隔不超过3个月，年检间隔不超过1年，中修间隔不超过5年，大修间隔不超过10年，整体使用寿命一般不超过20年。

（三）通信系统维修分为巡检、月检、年检、中修和大修。其中，巡检间隔不超过7天，月检间隔不超过3个月，年检间隔不超过1年，中修间隔不超过5年，大修间隔不超过10年，整体使用寿命一般不超过20年。

（四）轨道设施养护维修分为巡检、月检、年检和大修。巡检间隔不超过7天，月检间隔不超过3个月，年检间隔不超过1年，大修间隔依据状态确定。

（五）桥梁、隧道和路基等设施的大修间隔依据状态确定。

第14条　运营单位应根据维护规程编制设施设备维护计划并组织实施，其中正线或车辆基地咽喉区关键道岔、正线接触网（轨）、正线轨道，以及车辆、信号、通信关键部件等重要设施设备的维护工作应严格按照维护计划执行。

运营单位应合理制定运营计划，保障设施设备维护工作时间，运营线路每天非运营时间内的设施设备检修施工预留时间不宜少于4小时。除抢修外，运营时间内不应安排可能影响运营的维修作业。

第15条　运营单位应制定并落实施工检修制度，做好设施设备维护施工管理，施工过程中应严格落实施工区域管理、请销点登记等要求，加强安全防护和监控。轨行区等重点区域或关键设施设备施工作业应有专业人员监督。施工过程中动用其他设施设备的，施工完毕后应及时恢复原本状态并进行检查确认。

其中，由外单位（含委托开展维护服务的单位）进行施工作业的，运营单位应加强安全培训教育、作业交底等安全管理，由运营单位办理相关施工手续后，方可进行施工；在轨行区等重点区域开展的可能影响行车安全的施工作业，运营单位应安排专人旁站监督。

关键设施设备维护及关键作业步骤应有自检互检、功能测试、质量验收或其他质量检查措施。设施设备维护应有记录并存档，其中检修记录应保存至土建设施或运营设备的使用寿命终止。

第16条　运营单位应建立备品备件及周转件管理制度，明确备品备件采购、存放、验收、领用和维护保养等要求，并结合设施设备故障统计分析情况，合理配备和维护备品备件，避免因存放过久导致功能失效。

运营单位应将维修返回的周转件与备品备件区分管理，建立周转件履历资料，对其维修和流转使用情况进行跟踪记录。

第17条　运营单位应建立维护使用的工具、装备、仪器仪表管理制度，对工具、装备、仪器仪表进行定期检查、试验、校准和保养。禁止使用未经检测或检测不合格的工具、装备、仪器仪表对设施设备进行检测和维护。涉及强制检定的工具、装备、仪器仪表等设施设备，必须按照有关规定执行。

第四章　更新改造管理

第 18 条　更新改造是指以新建、新购固定资产替换需报废、拆除的原固定资产，或对既有设施设备进行的综合性技术改造和采取的重大技术措施升级更新。更新改造范围主要包括：

（一）设施设备到达使用寿命或为消除重大隐患而进行的更新改造；

（二）为实施线网挖潜扩能、提升运力和改善服务水平而进行的更新改造；

（三）为提高自动化、智能化水平或采用新技术、新材料、新产品而进行的更新改造；

（四）因环境保护、劳动保护、节能、综合利用原材料等需要而进行的更新改造；

（五）落实国家和地方相关政策要求而进行的更新改造。

第 19 条　运营单位应组织编制设施设备更新改造制度，明确更新改造流程、实施条件、质量控制等要求，并报城市轨道交通运营主管部门备案。

鼓励运营单位以五年为周期滚动编制线网更新改造规划，统筹考虑互联互通、线网整体效率、资源共享、与其他交通方式衔接、资金保障等要求。

第 20 条　运营单位应根据设施设备使用时间、运行状况监测评估结果、备品备件供应以及维护成本等情况，确定设施设备的更新改造项目。

对于车辆、供电、通信、信号等涉及行车安全的关键设备，到达使用寿命的应及时更新改造。未经充分技术评估论证，不能确保运行安全的，不得延期使用。未达使用寿命，但符合下列条件之一的设施设备，可提前更新改造：

（一）故障率较高，严重影响运营安全和客运服务的；

（二）设施设备存在重大隐患经维修后仍无法消除的，或安全评估认定状态无法满足安全运营的；

（三）原设计功能、性能与当前运营要求严重不符的；

（四）产品或设备供应商已退出市场，无法保障备品备件供应或服务质量的；

（五）法律法规或强制性标准规定淘汰或功能需要提升的；

（六）遭受事故或自然灾害破坏，不具备维修价值的。

第21条　运营单位应编制设施设备更新改造项目的方案，包含可行性论证、设计文件、运营组织调整方案和安全保障措施等内容。运营单位应组织设计单位、设备供应商等对更新改造项目有关设施设备能力、资源共享、接口兼容、测试验证内容等进行系统性充分论证。在确保运营安全的前提下，尽量采用不中断行车、不降低乘客出行体验的更新改造方案。

城市轨道交通运营主管部门应加强对运营单位更新改造方案有关运营技术规范和标准落实情况、对既有线运营影响情况等内容的监督，以满足安全运营需求。

第22条　对于购置列车（含转厂生产）或经过重大技术改造的首列车，应先行开展型式试验验证车辆性能。

购置列车或经过重大技术改造列车均应开展动态功能测试，测试应先在试车线进行，并做好安全防护措施。在满足冲突点防护、车门与动车互锁、溜车防护和超速防护等安全功能要求后，方可进行正线测试。测试合格后，应开展不少于2000列公里的不载客运行后，方可投入运营。正线测试应在非运营时段施行。

第 23 条 信号系统整体更新前，运营单位应组织设计单位、设备供应商等对更新工程的可行性进行充分论证，确保新信号系统与车辆、供电、通信、综合监控、站台门、乘客信息系统等设备接口兼容。

信号系统更新改造应根据影响分析开展实验室和现场测试，并具有完整的测试报告，测试范围应覆盖影响列车运行的全部路径，测试内容应涵盖联锁关系、列车自动防护（ATP）等安全功能。新旧车载信号系统兼容运行的，在对两列列车进行升级并上线试用不少于 1 个月后，方可开展对其他列车分批次更新升级。

涉及新旧信号系统倒切的应提前开展不少于 3 次的倒切实战演练。每次倒切前应做好数据和在用软件备份，恢复运营前应进行既有系统验证测试，确保不影响正常运营。

新信号系统经过累计不少于 144 小时的不载客运行后方可投入运营。144 小时不载客运行应覆盖全部列车、所有运行交路和开展折返能力等压力测试。

第 24 条 对于关键设施设备运行过程中暴露出来的软件安全隐患或缺陷，运营单位应及时组织供应商升级修复。对于新增功能或其他优化性的软件升级需求，应对功能变化和其它功能模块受影响情况进行充分论证后方可施行。

软件升级前，运营单位应要求供应商在实验室进行充分试验，并进行技术交底。升级时应组织供应商共同做好安全防护。升级后应要求供应商移交软件维护手册、使用手册等技术资料。

第 25 条 城市轨道交通项目改建、扩建时，运营单位应对改扩建设计方案、技术方案、施工方案、安全保障方案等文件进行事前审核后，办理施工手续。实施过程中应采取安全和检查措施保障运营安全。

改扩建工程涉及到既有设施设备且影响正常行车或运营服务的，应在非运营时段进行，并做好施工安全防护。施工结束后，运营单位应对影响到的设施设备的使用功能进行检查确认，不得影响正常运行。

第26条 运营单位应加强对更新改造实施过程的监控管理，对设备安装工艺、系统功能验证、作业标准等进行检查卡控。更新改造期间出现可能影响运营安全的故障或突发事件时，应立即停止，待故障或突发事件处理完毕后方可继续进行。

更新改造过程中，关键设施设备的主要部件批量采用新技术、新材料或新产品的，运营单位应在更新改造前对其安全性、可靠性、可维护性等进行充分评估，并小范围试用不少于3个月，确认满足设施设备功能和性能要求后方可逐步推广应用。

第27条 运营单位应加强对关键设施设备更新改造投入运营后的运行监测，重点关注可靠性、可用性、可维护性和安全性相关指标表现。项目验收、安全评估和运行监测发现的产品质量问题和工程缺陷，应及时组织设备供应商和设计施工单位等做好整改。

第五章 监督管理

第28条 运营单位具体负责并组织开展设施设备运行维护工作，制定并落实运行维护制度和规程，确保设施设备性能良好、状态稳定。

确需委托外单位开展设施设备运行维护服务工作（以下简称委外服务）的，运营单位应选择具备相应安全管理条件和技术能力的服务商。运营单位应与服务商签订书面协议，明确服务项目、监测及维护周期、需求响应时间、质量要求、安全作业要求和违约责任等。委外服务不免除或减轻运营单位应承担的主体责任,委外服务商依据委外服务合同承担相应责任。

运营单位应加强对委外服务商作业安全、维护质量等的监督检查,建立委外服务评价体系,对委外服务商响应及时性、故障处理速度、维护计划完成率、监测和维护质量等进行综合评价,加强委外服务管理。

第29条 运营单位应加强关键设施设备运行状态评估,并按月统计设施设备故障情况,定期开展设施设备故障发生次数、平均无故障运行时间、故障发生率等重点指标分析,对设施设备运行状况和服役能力进行持续评估,为设施设备维护及更新改造提供支持。

第30条 运营单位应当依托城市轨道交通智能管理系统,对设施设备运行维护工作实施全生命周期的信息化、痕迹化管理,实现设施设备履历管理、运行监测、运维工单流转、故障记录和统计分析等智能运维功能,提高设施设备运行维护的科学管理水平。

第31条 城市轨道交通运营主管部门应对运营单位设施设备运行维护情况开展监督检查,对监督检查中发现的问题要及时督促整改并纳入相关考核。

第六章 附 则

第32条 自动扶梯、电梯、起重设备等特种设备,以及消防、人防设施设备的运行维护工作按照有关规定执行。

第33条 本办法所称关键设施设备是指桥梁、隧道、轨道和路基、车辆、供电、通信、信号、站台门、自动售检票等直接影响行车安全和严重影响服务质量的设施设备。

第34条 本办法自印发之日起施行。《交通运输部关于印发〈城市轨道交通设施设备运行维护管理办法〉的通知》(交运规〔2019〕8号)同时废止。

> **案例指引**
>
> **田某清以危险方法危害公共安全案**[1]
> 　　对于抢夺公交车方向盘的行为如何定罪，不能一概而论，而应区分情况对待。如果具有导致车损人伤等侵害公共安全的具体危险，且行为人存在主观故意，应认定为以危险方法危害公共安全罪；如果行为人没有预见自己行为的高度危险性，或者已经预见但轻信可以避免，应认定为过失以危险方法危害公共安全罪；如果行为不具有侵害公共安全的具体危险，则应认定为扰乱公共交通工具秩序的违法行为，予以治安处罚即可。

---

[1] 参见聂昭伟：《抢夺公交车方向盘致车损人伤的行为定性》，载《人民司法·案例》2019年第8期。

第 42 条 妨害列车行车安全

擅自进入铁路、城市轨道交通防护网或者火车、城市轨道交通列车来临时在铁路、城市轨道交通线路上行走坐卧，抢越铁路、城市轨道，影响行车安全的，处警告或者五百元以下罚款。

第 43 条 擅自安装使用电网、道路施工妨碍行人安全、破坏道路施工安全设施、破坏公共设施、违反规定升放升空物体、高空抛物

有下列行为之一的，处五日以下拘留或者一千元以下罚款；情节严重的，处十日以上十五日以下拘留，可以并处一千元以下罚款：

（一）未经批准，安装、使用电网的，或者安装、使用电网不符合安全规定的；

（二）在车辆、行人通行的地方施工，对沟井坎穴不设覆盖物、防围和警示标志的，或者故意损毁、移动覆盖物、防围和警示标志的；

（三）盗窃、损毁路面井盖、照明等公共设施的；

（四）违反有关法律法规规定，升放携带明火的升空物体，有发生火灾事故危险，不听劝阻的；

（五）从建筑物或者其他高空抛掷物品，有危害他人人身安全、公私财产安全或者公共安全危险的。

☞ **未经批准**：是指未依照法定程序向相关部门提出申请，未经相关部门批准私设电网。

不符合安全规定：是指虽然经过批准，但安装、使用电网不符合警示装置、保险设备、电压标准等安全要求。

覆盖物、防围：是指在道路施工中为了防止非机动车、行人跌落或者机动车损毁，用于遮拦开凿挖掘的沟井坎穴的铁板、帆布、毡布、护栏、塑料布等。

警示标志：是指道路施工中用于提示施工情况、警示行人注意安全的警示灯、警告牌、旗帜、标志杆等。

相关规定

1.《刑法》

第115条 【放火罪】【决水罪】【爆炸罪】【投放危险物质罪】【以危险方法危害公共安全罪】放火、决水、爆炸以及投放毒害性、放射性、传染病病原体等物质或者以其他危险方法致人重伤、死亡或者使公私财产遭受重大损失的，处十年以上有期徒刑、无期徒刑或者死刑。

【失火罪】【过失决水罪】【过失爆炸罪】【过失投放危险物质罪】【过失以危险方法危害公共安全罪】过失犯前款罪的，处三年以上七年以下有期徒刑；情节较轻的，处三年以下有期徒刑或者拘役。

第291条之二 【高空抛物罪】从建筑物或者其他高空抛掷物品，情节严重的，处一年以下有期徒刑、拘役或者管制，并处或者单处罚金。

有前款行为，同时构成其他犯罪的，依照处罚较重的规定定罪处罚。

2.《高速铁路安全防护管理办法》

第24条 在高速铁路电力线路导线两侧各500米范围内，不得升放风筝、气球、孔明灯等飘浮物体，不得使用弓弩、弹弓、汽枪等攻击性器械从事可能危害高速铁路安全的行为。在高速铁路电力线路导线两侧升放无人机的，应当遵守国家有关规定。

对高速铁路线路两侧的塑料大棚、彩钢棚、广告牌、防尘网等轻质建筑物、构筑物，其所有权人或者实际控制人应当采取加固防护措施，并对塑料薄膜、锡箔纸、彩钢瓦、铁皮等建造、构造材料及时清理，防止大风天气条件下危害高速铁路安全。

第 44 条　举办大型活动违反安全规定

举办体育、文化等大型群众性活动，违反有关规定，有发生安全事故危险，经公安机关责令改正而拒不改正或者无法改正的，责令停止活动，立即疏散；对其直接负责的主管人员和其他直接责任人员处五日以上十日以下拘留，并处一千元以上三千元以下罚款；情节较重的，处十日以上十五日以下拘留，并处三千元以上五千元以下罚款，可以同时责令六个月至一年以内不得举办大型群众性活动。

第 45 条　公共活动场所违反安全规定

旅馆、饭店、影剧院、娱乐场、体育场馆、展览馆或者其他供社会公众活动的场所违反安全规定，致使该场所有发生安全事故危险，经公安机关责令改正而拒不改正的，对其直接负责的主管人员和其他直接责任人员处五日以下拘留；情节较重的，处五日以上十日以下拘留。

第 46 条　违规飞行民用无人驾驶航空器、航空运动器材或者升空物体妨害空域管理

❶违反有关法律法规关于飞行空域管理规定，飞行民用无人驾驶航空器、航空运动器材，或者升放无人驾驶自由气球、系留气球等升空物体，情节较重的，处五日以上十日以下拘留。

❷飞行、升放前款规定的物体非法穿越国（边）境的，处十日以上十五日以下拘留。

☞ **有发生安全事故危险**：是指因举办场所违反安全规定、相关设施设备安全标准不达标，有发生重特大火灾等重大安全事故的风险，危及不特定的多数人的生命、健康和财产安全。

情节较重：要从行为的主客观层面综合认定。具体可以从活动涉及的人数、造成的社会影响、拒不改正的主观恶性等方面进行认定。

其他直接责任人员：是指对场所活动的具体工作具体落实、执行职责的人员，对场所活动的正常开展也起到重要推动作用。

无人驾驶自由气球：是指无动力驱动、无人操纵、轻于空气、总质量大于 4000 克自由漂移的充气物体。

系留气球：是指系留于地面物体上、直径大于 1.8 米或者体积容量大于 3.2 立方米、轻于空气的充气物体。

> **相关规定**
>
> **1.《消防法》**
>
> 第 28 条　任何单位、个人不得损坏、挪用或者擅自拆除、停用消防设施、器材,不得埋压、圈占、遮挡消火栓或者占用防火间距,不得占用、堵塞、封闭疏散通道、安全出口、消防车通道。人员密集场所的门窗不得设置影响逃生和灭火救援的障碍物。
>
> **2.《大型群众性活动安全管理条例》**
>
> 第 5 条　大型群众性活动的承办者(以下简称承办者)对其承办活动的安全负责,承办者的主要负责人为大型群众性活动的安全责任人。
>
> 第 6 条　举办大型群众性活动,承办者应当制订大型群众性活动安全工作方案。
>
> 大型群众性活动安全工作方案包括下列内容:
>
> (一)活动的时间、地点、内容及组织方式;
>
> (二)安全工作人员的数量、任务分配和识别标志;
>
> (三)活动场所消防安全措施;
>
> (四)活动场所可容纳的人员数量以及活动预计参加人数;
>
> (五)治安缓冲区域的设定及其标识;
>
> (六)入场人员的票证查验和安全检查措施;
>
> (七)车辆停放、疏导措施;
>
> (八)现场秩序维护、人员疏导措施;
>
> (九)应急救援预案。
>
> 第 7 条　承办者具体负责下列安全事项:
>
> (一)落实大型群众性活动安全工作方案和安全责任制度,明确

安全措施、安全工作人员岗位职责，开展大型群众性活动安全宣传教育；

（二）保障临时搭建的设施、建筑物的安全，消除安全隐患；

（三）按照负责许可的公安机关的要求，配备必要的安全检查设备，对参加大型群众性活动的人员进行安全检查，对拒不接受安全检查的，承办者有权拒绝其进入；

（四）按照核准的活动场所容纳人员数量、划定的区域发放或者出售门票；

（五）落实医疗救护、灭火、应急疏散等应急救援措施并组织演练；

（六）对妨碍大型群众性活动安全的行为及时予以制止，发现违法犯罪行为及时向公安机关报告；

（七）配备与大型群众性活动安全工作需要相适应的专业保安人员以及其他安全工作人员；

（八）为大型群众性活动的安全工作提供必要的保障。

第8条　大型群众性活动的场所管理者具体负责下列安全事项：

（一）保障活动场所、设施符合国家安全标准和安全规定；

（二）保障疏散通道、安全出口、消防车通道、应急广播、应急照明、疏散指示标志符合法律、法规、技术标准的规定；

（三）保障监控设备和消防设施、器材配置齐全、完好有效；

（四）提供必要的停车场地，并维护安全秩序。

第9条　参加大型群众性活动的人员应当遵守下列规定：

（一）遵守法律、法规和社会公德，不得妨碍社会治安、影响社会秩序；

（二）遵守大型群众性活动场所治安、消防等管理制度，接受安全检查，不得携带爆炸性、易燃性、放射性、毒害性、腐蚀性等危险物质或者非法携带枪支、弹药、管制器具；

（三）服从安全管理，不得展示侮辱性标语、条幅等物品，不得围攻裁判员、运动员或者其他工作人员，不得投掷杂物。

第 10 条 公安机关应当履行下列职责：

（一）审核承办者提交的大型群众性活动申请材料，实施安全许可；

（二）制订大型群众性活动安全监督方案和突发事件处置预案；

（三）指导对安全工作人员的教育培训；

（四）在大型群众性活动举办前，对活动场所组织安全检查，发现安全隐患及时责令改正；

（五）在大型群众性活动举办过程中，对安全工作的落实情况实施监督检查，发现安全隐患及时责令改正；

（六）依法查处大型群众性活动中的违法犯罪行为，处置危害公共安全的突发事件。

第 11 条 公安机关对大型群众性活动实行安全许可制度。《营业性演出管理条例》对演出活动的安全管理另有规定的，从其规定。

举办大型群众性活动应当符合下列条件：

（一）承办者是依照法定程序成立的法人或者其他组织；

（二）大型群众性活动的内容不得违反宪法、法律、法规的规定，不得违反社会公德；

（三）具有符合本条例规定的安全工作方案，安全责任明确、措施有效；

（四）活动场所、设施符合安全要求。

第 12 条 大型群众性活动的预计参加人数在 1000 人以上 5000

人以下的，由活动所在地县级人民政府公安机关实施安全许可；预计参加人数在 5000 人以上的，由活动所在地设区的市级人民政府公安机关或者直辖市人民政府公安机关实施安全许可；跨省、自治区、直辖市举办大型群众性活动的，由国务院公安部门实施安全许可。

第 13 条　承办者应当在活动举办日的 20 日前提出安全许可申请，申请时，应当提交下列材料：

（一）承办者合法成立的证明以及安全责任人的身份证明；

（二）大型群众性活动方案及其说明，2 个或者 2 个以上承办者共同承办大型群众性活动的，还应当提交联合承办的协议；

（三）大型群众性活动安全工作方案；

（四）活动场所管理者同意提供活动场所的证明。

依照法律、行政法规的规定，有关主管部门对大型群众性活动的承办者有资质、资格要求的，还应当提交有关资质、资格证明。

第 14 条　公安机关收到申请材料应当依法做出受理或者不予受理的决定。对受理的申请，应当自受理之日起 7 日内进行审查，对活动场所进行查验，对符合安全条件的，做出许可的决定；对不符合安全条件的，做出不予许可的决定，并书面说明理由。

第 15 条　对经安全许可的大型群众性活动，承办者不得擅自变更活动的时间、地点、内容或者扩大大型群众性活动的举办规模。

承办者变更大型群众性活动时间的，应当在原定举办活动时间之前向做出许可决定的公安机关申请变更，经公安机关同意方可变更。

承办者变更大型群众性活动地点、内容以及扩大大型群众性活动举办规模的，应当依照本条例的规定重新申请安全许可。

承办者取消举办大型群众性活动的，应当在原定举办活动时间之前书面告知做出安全许可决定的公安机关，并交回公安机关颁发的准予举办大型群众性活动的安全许可证件。

第 16 条　对经安全许可的大型群众性活动，公安机关根据安全需要组织相应警力，维持活动现场周边的治安、交通秩序，预防和处置突发治安事件，查处违法犯罪活动。

第 17 条　在大型群众性活动现场负责执行安全管理任务的公安机关工作人员，凭值勤证件进入大型群众性活动现场，依法履行安全管理职责。

公安机关和其他有关主管部门及其工作人员不得向承办者索取门票。

第 18 条　承办者发现进入活动场所的人员达到核准数量时，应当立即停止验票；发现持有划定区域以外的门票或者持假票的人员，应当拒绝其入场并向活动现场的公安机关工作人员报告。

第 19 条　在大型群众性活动举办过程中发生公共安全事故、治安案件的，安全责任人应当立即启动应急救援预案，并立即报告公安机关。

第 20 条　承办者擅自变更大型群众性活动的时间、地点、内容或者擅自扩大大型群众性活动的举办规模的，由公安机关处 1 万元以上 5 万元以下罚款；有违法所得的，没收违法所得。

未经公安机关安全许可的大型群众性活动由公安机关予以取缔，对承办者处 10 万元以上 30 万元以下罚款。

第 21 条　承办者或者大型群众性活动场所管理者违反本条例规定致使发生重大伤亡事故、治安案件或者造成其他严重后果构成犯罪的，依法追究刑事责任；尚不构成犯罪的，对安全责任人和其他直接责任人员依法给予处分、治安管理处罚，对单位处 1 万元以上 5

万元以下罚款。

第 22 条　在大型群众性活动举办过程中发生公共安全事故，安全责任人不立即启动应急救援预案或者不立即向公安机关报告的，由公安机关对安全责任人和其他直接责任人员处 5000 元以上 5 万元以下罚款。

第 23 条　参加大型群众性活动的人员有违反本条例第九条规定行为的，由公安机关给予批评教育；有危害社会治安秩序、威胁公共安全行为的，公安机关可以将其强行带离现场，依法给予治安管理处罚；构成犯罪的，依法追究刑事责任。

第 24 条　有关主管部门的工作人员和直接负责的主管人员在履行大型群众性活动安全管理职责中，有滥用职权、玩忽职守、徇私舞弊行为的，依法给予处分；构成犯罪的，依法追究刑事责任。

3.《娱乐场所管理条例》

第 20 条　娱乐场所的法定代表人或者主要负责人应当对娱乐场所的消防安全和其他安全负责。

娱乐场所应当确保其建筑、设施符合国家安全标准和消防技术规范，定期检查消防设施状况，并及时维护、更新。

娱乐场所应当制定安全工作方案和应急疏散预案。

第 21 条　营业期间，娱乐场所应当保证疏散通道和安全出口畅通，不得封堵、锁闭疏散通道和安全出口，不得在疏散通道和安全出口设置栅栏等影响疏散的障碍物。

娱乐场所应当在疏散通道和安全出口设置明显指示标志，不得遮挡、覆盖指示标志。

第 22 条　任何人不得非法携带枪支、弹药、管制器具或者携带爆炸性、易燃性、毒害性、放射性、腐蚀性等危险物品和传染病病

111

原体进入娱乐场所。

迪斯科舞厅应当配备安全检查设备，对进入营业场所的人员进行安全检查。

第44条 娱乐场所违反本条例规定，有下列情形之一的，由县级公安部门责令改正，给予警告；情节严重的，责令停业整顿1个月至3个月：

（一）照明设施、包厢、包间的设置以及门窗的使用不符合本条例规定的；

（二）未按照本条例规定安装闭路电视监控设备或者中断使用的；

（三）未按照本条例规定留存监控录像资料或者删改监控录像资料的；

（四）未按照本条例规定配备安全检查设备或者未对进入营业场所的人员进行安全检查的；

（五）未按照本条例规定配备保安人员的。

4.《互联网上网服务营业场所管理条例》

第24条 互联网上网服务营业场所经营单位应当依法履行信息网络安全、治安和消防安全职责，并遵守下列规定：

（一）禁止明火照明和吸烟并悬挂禁止吸烟标志；

（二）禁止带入和存放易燃、易爆物品；

（三）不得安装固定的封闭门窗栅栏；

（四）营业期间禁止封堵或者锁闭门窗、安全疏散通道和安全出口；

（五）不得擅自停止实施安全技术措施。

5.《无人驾驶航空器飞行管理暂行条例》

第 2 条　在中华人民共和国境内从事无人驾驶航空器飞行以及有关活动，应当遵守本条例。

本条例所称无人驾驶航空器，是指没有机载驾驶员、自备动力系统的航空器。

无人驾驶航空器按照性能指标分为微型、轻型、小型、中型和大型。

第 18 条　划设无人驾驶航空器飞行空域应当遵循统筹配置、安全高效原则，以隔离飞行为主，兼顾融合飞行需求，充分考虑飞行安全和公众利益。

划设无人驾驶航空器飞行空域应当明确水平、垂直范围和使用时间。

空中交通管理机构应当为无人驾驶航空器执行军事、警察、海关、应急管理飞行任务优先划设空域。

第 19 条　国家根据需要划设无人驾驶航空器管制空域（以下简称管制空域）。

真高 120 米以上空域，空中禁区、空中限制区以及周边空域，军用航空超低空飞行空域，以及下列区域上方的空域应当划设为管制空域：

（一）机场以及周边一定范围的区域；

（二）国界线、实际控制线、边境线向我方一侧一定范围的区域；

（三）军事禁区、军事管理区、监管场所等涉密单位以及周边一定范围的区域；

（四）重要军工设施保护区域、核设施控制区域、易燃易爆等危险品的生产和仓储区域，以及可燃重要物资的大型仓储区域；

（五）发电厂、变电站、加油（气）站、供水厂、公共交通枢纽、航电枢纽、重大水利设施、港口、高速公路、铁路电气化线路等公共基础设施以及周边一定范围的区域和饮用水水源保护区；

（六）射电天文台、卫星测控（导航）站、航空无线电导航台、雷达站等需要电磁环境特殊保护的设施以及周边一定范围的区域；

（七）重要革命纪念地、重要不可移动文物以及周边一定范围的区域；

（八）国家空中交通管理领导机构规定的其他区域。

管制空域的具体范围由各级空中交通管理机构按照国家空中交通管理领导机构的规定确定，由设区的市级以上人民政府公布，民用航空管理部门和承担相应职责的单位发布航行情报。

未经空中交通管理机构批准，不得在管制空域内实施无人驾驶航空器飞行活动。

管制空域范围以外的空域为微型、轻型、小型无人驾驶航空器的适飞空域（以下简称适飞空域）。

第20条 遇有特殊情况，可以临时增加管制空域，由空中交通管理机构按照国家有关规定确定有关空域的水平、垂直范围和使用时间。

保障国家重大活动以及其他大型活动的，在临时增加的管制空域生效24小时前，由设区的市级以上地方人民政府发布公告，民用航空管理部门和承担相应职责的单位发布航行情报。

保障执行军事任务或者反恐维稳、抢险救灾、医疗救护等其他紧急任务的，在临时增加的管制空域生效30分钟前，由设区的市级以上地方人民政府发布紧急公告，民用航空管理部门和承担相应职责的单位发布航行情报。

第21条 按照国家空中交通管理领导机构的规定需要设置管制空域的地面警示标志的，设区的市级人民政府应当组织设置并加强日常巡查。

第22条 无人驾驶航空器通常应当与有人驾驶航空器隔离飞行。

属于下列情形之一的，经空中交通管理机构批准，可以进行融合飞行：

（一）根据任务或者飞行课目需要，警察、海关、应急管理部门辖有的无人驾驶航空器与本部门、本单位使用的有人驾驶航空器在同一空域或者同一机场区域的飞行；

（二）取得适航许可的大型无人驾驶航空器的飞行；

（三）取得适航许可的中型无人驾驶航空器不超过真高300米的飞行；

（四）小型无人驾驶航空器不超过真高300米的飞行；

（五）轻型无人驾驶航空器在适飞空域上方不超过真高300米的飞行。

属于下列情形之一的，进行融合飞行无需经空中交通管理机构批准：

（一）微型、轻型无人驾驶航空器在适飞空域内的飞行；

（二）常规农用无人驾驶航空器作业飞行活动。

第23条 国家空中交通管理领导机构统筹建设无人驾驶航空器一体化综合监管服务平台，对全国无人驾驶航空器实施动态监管与服务。

空中交通管理机构和民用航空、公安、工业和信息化等部门、单位按照职责分工采集无人驾驶航空器生产、登记、使用的有关信息，依托无人驾驶航空器一体化综合监管服务平台共享，并采取相应措施保障信息安全。

第 24 条　除微型以外的无人驾驶航空器实施飞行活动，操控人员应当确保无人驾驶航空器能够按照国家有关规定向无人驾驶航空器一体化综合监管服务平台报送识别信息。

微型、轻型、小型无人驾驶航空器在飞行过程中应当广播式自动发送识别信息。

第 25 条　组织无人驾驶航空器飞行活动的单位或者个人应当遵守有关法律法规和规章制度，主动采取事故预防措施，对飞行安全承担主体责任。

第 26 条　除本条例第三十一条另有规定外，组织无人驾驶航空器飞行活动的单位或者个人应当在拟飞行前 1 日 12 时前向空中交通管理机构提出飞行活动申请。空中交通管理机构应当在飞行前 1 日 21 时前作出批准或者不予批准的决定。

按照国家空中交通管理领导机构的规定在固定空域内实施常态飞行活动的，可以提出长期飞行活动申请，经批准后实施，并应当在拟飞行前 1 日 12 时前将飞行计划报空中交通管理机构备案。

第 27 条　无人驾驶航空器飞行活动申请应当包括下列内容：

（一）组织飞行活动的单位或者个人、操控人员信息以及有关资质证书；

（二）无人驾驶航空器的类型、数量、主要性能指标和登记管理信息；

（三）飞行任务性质和飞行方式，执行国家规定的特殊通用航空飞行任务的还应当提供有效的任务批准文件；

（四）起飞、降落和备降机场（场地）；

（五）通信联络方法；

（六）预计飞行开始、结束时刻；

（七）飞行航线、高度、速度和空域范围，进出空域方法；

（八）指挥控制链路无线电频率以及占用带宽；

（九）通信、导航和被监视能力；

（十）安装二次雷达应答机或者有关自动监视设备的，应当注明代码申请；

（十一）应急处置程序；

（十二）特殊飞行保障需求；

（十三）国家空中交通管理领导机构规定的与空域使用和飞行安全有关的其他必要信息。

第28条　无人驾驶航空器飞行活动申请按照下列权限批准：

（一）在飞行管制分区内飞行的，由负责该飞行管制分区的空中交通管理机构批准；

（二）超出飞行管制分区在飞行管制区内飞行的，由负责该飞行管制区的空中交通管理机构批准；

（三）超出飞行管制区飞行的，由国家空中交通管理领导机构授权的空中交通管理机构批准。

第29条　使用无人驾驶航空器执行反恐维稳、抢险救灾、医疗救护等紧急任务的，应当在计划起飞30分钟前向空中交通管理机构提出飞行活动申请。空中交通管理机构应当在起飞10分钟前作出批准或者不予批准的决定。执行特别紧急任务的，使用单位可以随时提出飞行活动申请。

第30条　飞行活动已获得批准的单位或者个人组织无人驾驶航

空器飞行活动的，应当在计划起飞1小时前向空中交通管理机构报告预计起飞时刻和准备情况，经空中交通管理机构确认后方可起飞。

第31条 组织无人驾驶航空器实施下列飞行活动，无需向空中交通管理机构提出飞行活动申请：

（一）微型、轻型、小型无人驾驶航空器在适飞空域内的飞行活动；

（二）常规农用无人驾驶航空器作业飞行活动；

（三）警察、海关、应急管理部门辖有的无人驾驶航空器，在其驻地、地面（水面）训练场、靶场等上方不超过真高120米的空域内的飞行活动；但是，需在计划起飞1小时前经空中交通管理机构确认后方可起飞；

（四）民用无人驾驶航空器在民用运输机场管制地带内执行巡检、勘察、校验等飞行任务；但是，需定期报空中交通管理机构备案，并在计划起飞1小时前经空中交通管理机构确认后方可起飞。

前款规定的飞行活动存在下列情形之一的，应当依照本条例第二十六条的规定提出飞行活动申请：

（一）通过通信基站或者互联网进行无人驾驶航空器中继飞行；

（二）运载危险品或者投放物品（常规农用无人驾驶航空器作业飞行活动除外）；

（三）飞越集会人群上空；

（四）在移动的交通工具上操控无人驾驶航空器；

（五）实施分布式操作或者集群飞行。

微型、轻型无人驾驶航空器在适飞空域内飞行的，无需取得特殊通用航空飞行任务批准文件。

第32条 操控无人驾驶航空器实施飞行活动，应当遵守下列行为规范：

（一）依法取得有关许可证书、证件，并在实施飞行活动时随身携带备查；

（二）实施飞行活动前做好安全飞行准备，检查无人驾驶航空器状态，并及时更新电子围栏等信息；

（三）实时掌握无人驾驶航空器飞行动态，实施需经批准的飞行活动应当与空中交通管理机构保持通信联络畅通，服从空中交通管理，飞行结束后及时报告；

（四）按照国家空中交通管理领导机构的规定保持必要的安全间隔；

（五）操控微型无人驾驶航空器的，应当保持视距内飞行；

（六）操控小型无人驾驶航空器在适飞空域内飞行的，应当遵守国家空中交通管理领导机构关于限速、通信、导航等方面的规定；

（七）在夜间或者低能见度气象条件下飞行的，应当开启灯光系统并确保其处于良好工作状态；

（八）实施超视距飞行的，应当掌握飞行空域内其他航空器的飞行动态，采取避免相撞的措施；

（九）受到酒精类饮料、麻醉剂或者其他药物影响时，不得操控无人驾驶航空器；

（十）国家空中交通管理领导机构规定的其他飞行活动行为规范。

第33条 操控无人驾驶航空器实施飞行活动，应当遵守下列避让规则：

（一）避让有人驾驶航空器、无动力装置的航空器以及地面、水上交通工具；

（二）单架飞行避让集群飞行；

（三）微型无人驾驶航空器避让其他无人驾驶航空器；

（四）国家空中交通管理领导机构规定的其他避让规则。

第34条 禁止利用无人驾驶航空器实施下列行为：

（一）违法拍摄军事设施、军工设施或者其他涉密场所；

（二）扰乱机关、团体、企业、事业单位工作秩序或者公共场所秩序；

（三）妨碍国家机关工作人员依法执行职务；

（四）投放含有违反法律法规规定内容的宣传品或者其他物品；

（五）危及公共设施、单位或者个人财产安全；

（六）危及他人生命健康，非法采集信息，或者侵犯他人其他人身权益；

（七）非法获取、泄露国家秘密，或者违法向境外提供数据信息；

（八）法律法规禁止的其他行为。

第35条 使用民用无人驾驶航空器从事测绘活动的单位依法取得测绘资质证书后，方可从事测绘活动。

外国无人驾驶航空器或者由外国人员操控的无人驾驶航空器不得在我国境内实施测绘、电波参数测试等飞行活动。

第36条 模型航空器应当在空中交通管理机构为航空飞行营地划定的空域内飞行，但国家空中交通管理领导机构另有规定的除外。

第62条 本条例下列用语的含义：

（一）空中交通管理机构，是指军队和民用航空管理部门内负责有关责任区空中交通管理的机构。

（二）微型无人驾驶航空器，是指空机重量小于0.25千克，最大飞行真高不超过50米，最大平飞速度不超过40千米/小时，无线电发射设备符合微功率短距离技术要求，全程可以随时人工介入操控的无人驾驶航空器。

（三）轻型无人驾驶航空器，是指空机重量不超过4千克且最大起飞重量不超过7千克，最大平飞速度不超过100千米/小时，具备符合空域管理要求的空域保持能力和可靠被监视能力，全程可以随时人工介入操控的无人驾驶航空器，但不包括微型无人驾驶航空器。

（四）小型无人驾驶航空器，是指空机重量不超过15千克且最大起飞重量不超过25千克，具备符合空域管理要求的空域保持能力和可靠被监视能力，全程可以随时人工介入操控的无人驾驶航空器，但不包括微型、轻型无人驾驶航空器。

（五）中型无人驾驶航空器，是指最大起飞重量不超过150千克的无人驾驶航空器，但不包括微型、轻型、小型无人驾驶航空器。

（六）大型无人驾驶航空器，是指最大起飞重量超过150千克的无人驾驶航空器。

（七）无人驾驶航空器系统，是指无人驾驶航空器以及与其有关的遥控台（站）、任务载荷和控制链路等组成的系统。其中，遥控台（站）是指遥控无人驾驶航空器的各种操控设备（手段）以及有关系统组成的整体。

（八）农用无人驾驶航空器，是指最大飞行真高不超过30米，最大平飞速度不超过50千米/小时，最大飞行半径不超过2000米，具备空域保持能力和可靠被监视能力，专门用于植保、播种、投饵等农林牧渔作业，全程可以随时人工介入操控的无人驾驶航空器。

（九）隔离飞行，是指无人驾驶航空器与有人驾驶航空器不同时在同一空域内的飞行。

（十）融合飞行，是指无人驾驶航空器与有人驾驶航空器同时在同一空域内的飞行。

（十一）分布式操作，是指把无人驾驶航空器系统操作分解为多个子业务，部署在多个站点或者终端进行协同操作的模式。

（十二）集群，是指采用具备多台无人驾驶航空器操控能力的同一系统或者平台，为了处理同一任务，以各无人驾驶航空器操控数据互联协同处理为特征，在同一时间内并行操控多台无人驾驶航空器以相对物理集中的方式进行飞行的无人驾驶航空器运行模式。

（十三）模型航空器，也称航空模型，是指有尺寸和重量限制，不能载人，不具有高度保持和位置保持飞行功能的无人驾驶航空器，包括自由飞、线控、直接目视视距内人工不间断遥控、借助第一视角人工不间断遥控的模型航空器等。

（十四）无人驾驶航空器反制设备，是指专门用于防控无人驾驶航空器违规飞行，具有干扰、截控、捕获、摧毁等功能的设备。

（十五）空域保持能力，是指通过电子围栏等技术措施控制无人驾驶航空器的高度与水平范围的能力。

6.《旅馆业治安管理办法》

第 3 条　开办旅馆，要具备必要的防盗等安全设施。

7.《娱乐场所治安管理办法》

第 8 条　歌舞娱乐场所包厢、包间内不得设置阻碍展现室内整体环境的屏风、隔扇、板壁等隔断，不得以任何名义设立任何形式的房中房（卫生间除外）。

第 9 条　歌舞娱乐场所的包厢、包间内的吧台、餐桌等物品不得高于 1.2 米。

包厢、包间的门窗，距地面1.2米以上应当部分使用透明材质。透明材质的高度不小于0.4米，宽度不小于0.2米，能够展示室内消费者娱乐区域整体环境。

营业时间内，歌舞娱乐场所包厢、包间门窗透明部分不得遮挡。

第10条　歌舞娱乐场所包厢、包间内不得安装门锁、插销等阻碍他人自由进出包厢、包间的装置。

第11条　歌舞娱乐场所营业大厅、包厢、包间内禁止设置可调试亮度的照明灯。照明灯在营业时间内不得关闭。

第12条　歌舞娱乐场所应当在营业场所出入口、消防安全疏散出入口、营业大厅通道、收款台前安装闭路电视监控设备。

第13条　歌舞娱乐场所安装的闭路电视监控设备应当符合视频安防监控系统相关国家或者行业标准要求。

闭路电视监控设备的压缩格式为H.264或者MPEG-4，录像图像分辨率不低于4CIF（704×576）或者D1（720×576）；保障视频录像实时（每秒不少于25帧），支持视频移动侦测功能；图像回放效果要求清晰、稳定、逼真，能够通过LAN、WAN或者互联网与计算机相连，实现远程监视、放像、备份及升级，回放图像水平分辨力不少于300TVL。

第14条　歌舞娱乐场所应当设置闭路电视监控设备监控室，由专人负责值守，保障设备在营业时间内正常运行，不得中断、删改或者挪作他用。

第15条　营业面积1000平方米以下的迪斯科舞厅应当配备手持式金属探测器，营业面积超过1000平方米以上的应当配备通过式金属探测门和微剂量X射线安全检查设备等安全检查设备。

手持式金属探测器、通过式金属探测门、微剂量X射线安全检查设备应当符合国家或者行业标准要求。

第 16 条　迪斯科舞厅应当配备专职安全检查人员，安全检查人员不得少于 2 名，其中女性安全检查人员不得少于 1 名。

第 17 条　娱乐场所应当在营业场所大厅、包厢、包间内的显著位置悬挂含有禁毒、禁赌、禁止卖淫嫖娼等内容的警示标志。标志应当注明公安机关的举报电话。

警示标志式样、规格、尺寸由省、自治区、直辖市公安厅、局统一制定。

第 18 条　娱乐场所不得设置具有赌博功能的电子游戏机机型、机种、电路板等游戏设施设备，不得从事带有赌博性质的游戏机经营活动。

第 27 条　娱乐场所应当与经公安机关批准设立的保安服务企业签订服务合同，配备已取得资格证书的专业保安人员，并通报娱乐场所所在辖区公安派出所。

娱乐场所不得自行招录人员从事保安工作。

第 28 条　娱乐场所保安人员应当履行下列职责：

（一）维护娱乐场所治安秩序；

（二）协助娱乐场所做好各项安全防范和巡查工作；

（三）及时排查、发现并报告娱乐场所治安、安全隐患；

（四）协助公安机关调查、处置娱乐场所内发生的违法犯罪活动。

第 29 条　娱乐场所应当加强对保安人员的教育管理，不得要求保安人员从事与其职责无关的工作。对保安人员工作情况逐月通报辖区公安派出所和保安服务企业。

第 30 条　娱乐场所营业面积在 200 平方米以下的，配备的保安人员不得少于 2 名；营业面积每增加 200 平方米，应当相应增加保安人员 1 名。

迪斯科舞厅保安人员应当按照场所核定人数的 5% 配备。

第 31 条　在娱乐场所执勤的保安人员应当统一着制式服装，佩带徽章、标记。

保安人员执勤时，应当仪表整洁、行为规范、举止文明。

第 32 条　保安服务企业应当加强对派驻娱乐场所保安人员的教育培训，开展经常性督查，确保服务质量。

第 33 条　公安机关及其工作人员对娱乐场所进行监督检查时应当出示人民警察证件，表明执法身份，不得从事与职务无关的活动。

公安机关及其工作人员对娱乐场所进行监督检查，应当记录在案，归档管理。

第 34 条　监督检查记录应当以书面形式为主，必要时可以辅以录音、录像等形式。

第 35 条　监督检查记录应当包括：

（一）执行监督检查任务的人员姓名、单位、职务；

（二）监督检查的时间、地点、场所名称、检查事项；

（三）发现的问题及处理结果。

第 36 条　监督检查记录一式两份，由监督检查人员签字，并经娱乐场所负责人签字确认。

娱乐场所负责人拒绝签字的，监督检查人员应当在记录中注明情况。

第 37 条　公众有权查阅娱乐场所监督检查记录，公安机关应当为公众查阅提供便利。

第 38 条　公安机关应当建立娱乐场所违法行为警示记录系统，

并依据娱乐场所治安秩序状况进行分级管理。

娱乐场所分级管理标准，由各省、自治区、直辖市公安厅、局结合本地实际自行制定。

第39条　公安机关对娱乐场所进行分级管理，应当按照公开、公平、公正的原则，定期考核，动态升降。

第40条　公安机关建立娱乐场所治安管理信息系统，对娱乐场所及其从业人员实行信息化监督管理。

第41条　娱乐场所未按照本办法规定项目备案的，由受理备案的公安机关告知补齐；拒不补齐的，由受理备案的公安机关责令改正，给予警告。

违反本办法第七条规定的，由原备案公安机关责令改正，给予警告。

第42条　娱乐场所违反本办法第八条至第十六条、第三十条规定的，由县级公安机关依照《娱乐场所管理条例》第四十三条的规定予以处罚。

第43条　娱乐场所违反本办法第二十九条规定的，由县级公安机关责令改正，给予警告。

娱乐场所保安人员违反本办法第二十八条、三十一条规定的，依照有关规定予以处理。

第44条　娱乐场所违反本办法第二十六条规定的，由县级公安机关责令改正、给予警告；经警告不予改正的，处5000元以上1万元以下罚款。

第45条　公安机关工作人员违反本办法第三十三条规定或者有其他失职、渎职行为的，对直接负责的主管人员和其他直接责任人员依法予以行政处分；构成犯罪的，依法追究刑事责任。

第 46 条　娱乐场所及其从业人员违反本办法规定的其他行为，《娱乐场所管理条例》已有处罚规定的，依照规定处罚；违反治安管理的，依照《中华人民共和国治安管理处罚法》处罚；构成犯罪的，依法追究刑事责任。

第 47 条　非娱乐场所经营单位兼营歌舞、游艺项目的，依照本办法执行。

8.《升放气球管理办法》

第 2 条　本办法所称气球，包括无人驾驶自由气球和系留气球。

无人驾驶自由气球，是指无动力驱动、无人操纵、轻于空气、总质量大于 4 千克自由漂移的充气物体。

系留气球，是指系留于地面物体上、直径大于 1.8 米或者体积容量大于 3.2 立方米、轻于空气的充气物体。

前述气球不包括热气球、系留式观光气球等载人气球。

9.《最高人民检察院、公安部关于公安机关管辖的刑事案件立案追诉标准的规定（一）》

第 11 条　[大型群众性活动重大安全事故案（刑法第一百三十五条之一）]　举办大型群众性活动违反安全管理规定，涉嫌下列情形之一的，应予立案追诉：

（一）造成死亡一人以上，或者重伤三人以上；

（二）造成直接经济损失五十万元以上的；

（三）其他造成严重后果的情形。

> **组织**：是指行为人通过纠集、控制不满16周岁的人、残疾人或者以雇用、招募等手段让不满16周岁的人、残疾人表演恐怖、残忍节目的行为。

诱骗：是指行为人利用不满16周岁的人年幼无知的弱点或其他人身依附关系，或者利用残疾人的自身弱点，以许愿、诱惑、欺骗等手段使他们按要求表演恐怖、残忍节目的行为。

非法侵入他人住宅：是指未经住宅主人同意，非法强行闯入他人住宅，或者无正当理由进入他人住宅，经住宅主人要求其退出仍不退出等行为。

非法搜查他人身体：一是指无权进行搜查的单位和个人，非法对他人身体进行搜查；二是指有搜查权的侦查人员，滥用职权，擅自决定对他人身体进行搜查或者搜查的程序和手续不符合法律规定。

第三节　侵犯人身权利、财产权利的行为和处罚

第47条　组织、胁迫、诱骗进行恐怖表演，强迫劳动，非法限制人身自由，非法侵入住宅，非法搜查人身

有下列行为之一的，处十日以上十五日以下拘留，并处一千元以上二千元以下罚款；情节较轻的，处五日以上十日以下拘留，并处一千元以下罚款：

（一）组织、胁迫、诱骗不满十六周岁的人或者残疾人进行恐怖、残忍表演的；

（二）以暴力、威胁或者其他手段强迫他人劳动的；

（三）非法限制他人人身自由、非法侵入他人住宅或者非法搜查他人身体的。

第48条　组织、胁迫未成年人有偿陪侍

组织、胁迫未成年人在不适宜未成年人活动的经营场所从事陪酒、陪唱等有偿陪侍活动的，处十日以上十五日以下拘留，并处五千元以下罚款；情节较轻的，处五日以下拘留或者五千元以下罚款。

第49条　胁迫、诱骗、利用他人乞讨，以滋扰他人的方式乞讨

❶胁迫、诱骗或者利用他人乞讨的，处十日以上十五日以下拘留，可以并处二千元以下罚款。

相关规定

1.《刑法》

第238条 【非法拘禁罪】非法拘禁他人或者以其他方法非法剥夺他人人身自由的，处三年以下有期徒刑、拘役、管制或者剥夺政治权利。具有殴打、侮辱情节的，从重处罚。

【故意伤害罪】【故意杀人罪】犯前款罪，致人重伤的，处三年以上十年以下有期徒刑；致人死亡的，处十年以上有期徒刑。使用暴力致人伤残、死亡的，依照本法第二百三十四条、第二百三十二条的规定定罪处罚。

为索取债务非法扣押、拘禁他人的，依照前两款的规定处罚。

国家机关工作人员利用职权犯前三款罪的，依照前三款的规定从重处罚。

第244条 【强迫劳动罪】以暴力、威胁或者限制人身自由的方法强迫他人劳动的，处三年以下有期徒刑或者拘役，并处罚金；情节严重的，处三年以上十年以下有期徒刑，并处罚金。

明知他人实施前款行为，为其招募、运送人员或者有其他协助强迫他人劳动行为的，依照前款的规定处罚。

单位犯前两款罪的，对单位判处罚金，并对其直接负责的主管人员和其他直接责任人员，依照第一款的规定处罚。

第244条之一 【雇用童工从事危重劳动罪】违反劳动管理法规，雇用未满十六周岁的未成年人从事超强度体力劳动的，或者从事高空、井下作业的，或者在爆炸性、易燃性、放射性、毒害性等危险环境下从事劳动，情节严重的，对直接责任人员，处三年以下有期徒刑或者拘役，并处罚金；情节特别严重的，处三年以上七年以下有期徒刑，并处罚金。

有前款行为，造成事故，又构成其他犯罪的，依照数罪并罚的规定处罚。

第245条 【非法搜查罪】【非法侵入住宅罪】非法搜查他人身体、住宅，或者非法侵入他人住宅的，处三年以下有期徒刑或者拘役。

司法工作人员滥用职权，犯前款罪的，从重处罚。

第262条之一 【组织残疾人、儿童乞讨罪】以暴力、胁迫手段组织残疾人或者不满十四周岁的未成年人乞讨的，处三年以下有期徒刑或者拘役，并处罚金；情节严重的，处三年以上七年以下有期徒刑，并处罚金。

2.《未成年人保护法》

第58条 学校、幼儿园周边不得设置营业性娱乐场所、酒吧、互联网上网服务营业场所等不适宜未成年人活动的场所。营业性歌舞娱乐场所、酒吧、互联网上网服务营业场所等不适宜未成年人活动场所的经营者，不得允许未成年人进入；游艺娱乐场所设置的电子游戏设备，除国家法定节假日外，不得向未成年人提供。经营者应当在显著位置设置未成年人禁入、限入标志；对难以判明是否是未成年人的，应当要求其出示身份证件。

3.《城市生活无着的流浪乞讨人员救助管理办法》

第1条 为了对在城市生活无着的流浪、乞讨人员（以下简称流浪乞讨人员）实行救助，保障其基本生活权益，完善社会救助制度，制定本办法。

第2条 县级以上城市人民政府应当根据需要设立流浪乞讨人员救助站。救助站对流浪乞讨人员的救助是一项临时性社会救助措施。

第 3 条　县级以上城市人民政府应当采取积极措施及时救助流浪乞讨人员，并应当将救助工作所需经费列入财政预算，予以保障。

国家鼓励、支持社会组织和个人救助流浪乞讨人员。

第 4 条　县级以上人民政府民政部门负责流浪乞讨人员的救助工作，并对救助站进行指导、监督。

公安、卫生、交通、铁道、城管等部门应当在各自的职责范围内做好相关工作。

第 5 条　公安机关和其他有关行政机关的工作人员在执行职务时发现流浪乞讨人员的，应当告知其向救助站求助；对其中的残疾人、未成年人、老年人和行动不便的其他人员，还应当引导、护送到救助站。

第 6 条　向救助站求助的流浪乞讨人员，应当如实提供本人的姓名等基本情况并将随身携带物品在救助站登记，向救助站提出求助需求。

救助站对属于救助对象的求助人员，应当及时提供救助，不得拒绝；对不属于救助对象的求助人员，应当说明不予救助的理由。

第 7 条　救助站应当根据受助人员的需要提供下列救助：

（一）提供符合食品卫生要求的食物；

（二）提供符合基本条件的住处；

（三）对在站内突发急病的，及时送医院救治；

（四）帮助与其亲属或者所在单位联系；

（五）对没有交通费返回其住所地或者所在单位的，提供乘车凭证。

第 8 条　救助站为受助人员提供的住处，应当按性别分室住宿，女性受助人员应当由女性工作人员管理。

第9条　救助站应当保障受助人员在站内的人身安全和随身携带物品的安全，维护站内秩序。

第10条　救助站不得向受助人员、其亲属或者所在单位收取费用，不得以任何借口组织受助人员从事生产劳动。

第11条　救助站应当劝导受助人员返回其住所地或者所在单位，不得限制受助人员离开救助站。救助站对受助的残疾人、未成年人、老年人应当给予照顾；对查明住址的，及时通知其亲属或者所在单位领回；对无家可归的，由其户籍所在地人民政府妥善安置。

第12条　受助人员住所地的县级人民政府应当采取措施，帮助受助人员解决生产、生活困难，教育遗弃残疾人、未成年人、老年人的近亲属或者其他监护人履行抚养、赡养义务。

第13条　救助站应当建立、健全站内管理的各项制度，实行规范化管理。

第14条　县级以上人民政府民政部门应当加强对救助站工作人员的教育、培训和监督。

救助站工作人员应当自觉遵守国家的法律法规、政策和有关规章制度，不准拘禁或者变相拘禁受助人员；不准打骂、体罚、虐待受助人员或者唆使他人打骂、体罚、虐待受助人员；不准敲诈、勒索、侵吞受助人员的财物；不准克扣受助人员的生活供应品；不准扣压受助人员的证件、申诉控告材料；不准任用受助人员担任管理工作；不准使用受助人员为工作人员干私活；不准调戏妇女。

违反前款规定，构成犯罪的，依法追究刑事责任；尚不构成犯罪的，依法给予纪律处分。

第15条　救助站不履行救助职责的，求助人员可以向当地民政部门举报；民政部门经查证属实的，应当责令救助站及时提供救助，并对直接责任人员依法给予纪律处分。

第 16 条　受助人员应当遵守法律法规。受助人员违反法律法规的，应当依法处理。

受助人员应当遵守救助站的各项规章制度。

第 17 条　本办法的实施细则由国务院民政部门制定。

第 18 条　本办法自 2003 年 8 月 1 日起施行。1982 年 5 月 12 日国务院发布的《城市流浪乞讨人员收容遣送办法》同时废止。

☞ **反复纠缠**：是指他人拒绝施舍后，乞讨人员仍然不休不饶地采用阻拦或尾随等令人反感的方式讨要钱物。

强行讨要：是指行为人通过拉拽、辱骂、抱腿、拦车、干扰他人正常工作或营业等蛮不讲理的行为，迫使他人违背意愿进行施舍的行为。

其他滋扰他人的方式：是指采用除反复纠缠、强行讨要以外的其他方式进行乞讨的行为，如尾随讨要等。

❷反复纠缠、强行讨要或者以其他滋扰他人的方式乞讨的，处五日以下拘留或者警告。

第50条 恐吓、侮辱、诽谤、诬告陷害、打击报复证人、滋扰他人、侵犯隐私等侵犯人身权利行为

❶有下列行为之一的，处五日以下拘留或者一千元以下罚款；情节较重的，处五日以上十日以下拘留，可以并处一千元以下罚款：

（一）写恐吓信或者以其他方法威胁他人人身安全的；

（二）公然侮辱他人或者捏造事实诽谤他人的；

（三）捏造事实诬告陷害他人，企图使他人受到刑事追究或者受到治安管理处罚的；

（四）对证人及其近亲属进行威胁、侮辱、殴打或者打击报复的；

（五）多次发送淫秽、侮辱、恐吓等信息或者采取滋扰、纠缠、跟踪等方法，干扰他人正常生活的；

（六）偷窥、偷拍、窃听、散布他人隐私的。

❷有前款第五项规定的滋扰、纠缠、跟踪行为的，除依照前款规定给予处罚外，经公安机关负责人批准，可以责令其一定期限内禁止接触被侵害人。对违反禁止接触规定的，处五日以上十日以下拘留，可以并处一千元以下罚款。

条文注释

第 50 条 【恐吓、侮辱、诽谤、诬告陷害、打击报复证人、滋扰他人、侵犯隐私等侵犯人身权利行为】

（1）写恐吓信或者以其他方法威胁他人人身安全的行为。"写恐吓信"是比较常见的一种威胁他人人身安全的方式，恐吓信的内容大多具有扬言使用暴力或以其他方法恐吓、威胁他人的内容。

（2）公然侮辱他人或者捏造事实诽谤他人的行为。"侮辱"是指公然诋毁他人人格、破坏他人名誉，侮辱的方法可以是暴力或非暴力的其他方法。"公然"是指当众或者利用能够使多人听到或看到的方式，对他人进行侮辱。"捏造事实"就是无中生有，凭空制造虚假事实。"诽谤"是指故意捏造事实，并且进行散布，损害他人人格和名誉。

（3）捏造事实诬告陷害他人的行为。捏造他人违反治安管理的事实或者犯罪事实，即根本不存在的、可能引起公安机关、司法机关给予治安管理处罚或追究刑事责任的事实强加给被诬陷者，以使被诬陷者受到治安管理处罚或刑事处罚。

（4）对证人及其近亲属进行威胁、侮辱、殴打或者打击报复的行为。"威胁"是指实行恐吓、要挟等精神强制手段，如以伤害、毁坏财物、损害名誉等相要挟，使人产生恐惧；"侮辱"是指公然诋毁证人及其近亲属人格，破坏其名誉；"殴打"是指采用拳打脚踢等方式打人；"打击报复"包括多种方式，如利用职权降薪、降职、辞退等。

（5）多次发送淫秽、侮辱、恐吓等信息或者采取滋扰、纠缠、跟踪等方法，干扰他人正常生活的行为。多次是指3次以上。淫秽信息，是指描绘性行为或进行性暗示的色情图片、文字、音视频等信息。侮辱信息是指辱骂、羞辱他人，贬损他人人格尊严的信息。恐吓信息，是指威胁他人，使他人产生精神恐慌的信息。滋扰、纠缠、跟踪等方法是指寻衅滋事、纠缠、跟踪扰乱他人生活安宁的行为。

(6) 偷窥、偷拍、窃听、散布他人隐私的行为。"偷窥"他人隐私，是指对他人的隐私活动进行偷看的行为；"偷拍"他人隐私，是指对他人的隐私进行秘密摄录的行为；"窃听"他人隐私，是指对他人的谈话或者通话等进行秘密录音的行为；"散布"他人隐私，是指以文字、语言或者其他手段将他人的隐私在社会或一定范围内加以传播的行为，包括口头散布，或者通过媒体、信函、短信、网络等书面方式散布。

需要注意的是，本条第 2 款专门规定了涉及本条第 1 款第 5 项行为的禁止令。该禁止令的适用条件为：(1) 行为人实施了滋扰、纠缠、跟踪行为；(2) 禁止令须经公安机关负责人批准；(3) 禁止令的内容是禁止行为人在一定期限内接触被侵害人。违反禁止令的行为应受到治安管理处罚。

> **相关规定**

《刑法》

第243条 【诬告陷害罪】捏造事实诬告陷害他人，意图使他人受刑事追究，情节严重的，处三年以下有期徒刑、拘役或者管制；造成严重后果的，处三年以上十年以下有期徒刑。

国家机关工作人员犯前款罪的，从重处罚。

不是有意诬陷，而是错告，或者检举失实的，不适用前两款的规定。

第246条 【侮辱罪】【诽谤罪】以暴力或者其他方法公然侮辱他人或者捏造事实诽谤他人，情节严重的，处三年以下有期徒刑、拘役、管制或者剥夺政治权利。

前款罪，告诉的才处理，但是严重危害社会秩序和国家利益的除外。

通过信息网络实施第一款规定的行为，被害人向人民法院告诉，但提供证据确有困难的，人民法院可以要求公安机关提供协助。

第308条 【打击报复证人罪】对证人进行打击报复的，处三年以下有期徒刑或者拘役；情节严重的，处三年以上七年以下有期徒刑。

> **案例指引**
>
> **李某仁与成武县公安局行政处罚纠纷上诉案**[①]
>
> 　　当事人通过打电话的方式侮辱他人,不属于采取当众或者利用能够使多人听到或看到的方式,不具有公然性,并不构成《治安管理处罚法》第42条第2项(现为第50条第2项)中的"公然侮辱",公安机关据此作出相应行政处罚应属适用法律错误;但如多次打电话侮辱他人,应将电话中的口语表达视为语音信息,并参照《治安管理处罚法》第42条第5项(现为第50条第5项)规定,按照其相应违法程度进行处罚。

　　[①] 参见陈希国:《打电话侮辱他人不属于"公然侮辱"》,载《人民司法·案例》2014年第14期。

第51条 殴打他人、故意伤害他人身体

❶殴打他人的,或者故意伤害他人身体的,处五日以上十日以下拘留,并处五百元以上一千元以下罚款;情节较轻的,处五日以下拘留或者一千元以下罚款。

❷有下列情形之一的,处十日以上十五日以下拘留,并处一千元以上二千元以下罚款:

(一)结伙殴打、伤害他人的;

(二)殴打、伤害残疾人、孕妇、不满十四周岁的人或者七十周岁以上的人的;

(三)多次殴打、伤害他人或者一次殴打、伤害多人的。

第52条 猥亵他人、故意裸露隐私部位

❶猥亵他人的,处五日以上十日以下拘留;猥亵精神病人、智力残疾人、不满十四周岁的人或者有其他严重情节的,处十日以上十五日以下拘留。

❷在公共场所故意裸露身体隐私部位的,处警告或者五百元以下罚款;情节恶劣的,处五日以上十日以下拘留。

第53条 虐待家庭成员、虐待被监护人和被看护人、遗弃被抚养人

有下列行为之一的,处五日以下拘留或者警告;情节较重的,处五日以上十日以下拘留,可以并处一千元以下罚款:

☞ **殴打、伤害他人**:殴打、伤害他人的行为侵犯的客体是他人的身体权和健康权。身体权是自然人为维持身体的完整并支配其肢体、器官和其他组织的人格权。健康权是自然人以其器官乃至整体的功能利益为内容的人格权。对殴打或故意伤害他人身体的处罚,不要求行为人主观上必须明知殴打、伤害的对象为残疾人、孕妇、不满14周岁的人或者70周岁以上的人。

猥亵他人:是指以强制或者非强制的方法,违背对方意志,实施的正常性接触以外的能够满足行为人淫秽下流欲望的行为,主要包括以抠摸、指奸、鸡奸等淫秽下流的手段对他人身体的性接触行为。被猥亵的对象既可能是女性,也可能是男性;既可能是对同性的猥亵,也可能是对异性的猥亵。

故意裸露身体隐私部位:不仅包括赤裸全身,也包括比较常见的赤裸下身或者暴露隐私部位,或者女性赤裸上身等情形。

相关规定

1.《刑法》

第 234 条 【故意伤害罪】故意伤害他人身体的,处三年以下有期徒刑、拘役或者管制。

犯前款罪,致人重伤的,处三年以上十年以下有期徒刑;致人死亡或者以特别残忍手段致人重伤造成严重残疾的,处十年以上有期徒刑、无期徒刑或者死刑。本法另有规定的,依照规定。

第 237 条 【强制猥亵、侮辱罪】以暴力、胁迫或者其他方法强制猥亵他人或者侮辱妇女的,处五年以下有期徒刑或者拘役。

聚众或者在公共场所当众犯前款罪的,或者有其他恶劣情节的,处五年以上有期徒刑。

【猥亵儿童罪】猥亵儿童的,处五年以下有期徒刑;有下列情形之一的,处五年以上有期徒刑:

(一)猥亵儿童多人或者多次的;

(二)聚众猥亵儿童的,或者在公共场所当众猥亵儿童,情节恶劣的;

(三)造成儿童伤害或者其他严重后果的;

(四)猥亵手段恶劣或者有其他恶劣情节的。

第 246 条 【侮辱罪】【诽谤罪】以暴力或者其他方法公然侮辱他人或者捏造事实诽谤他人,情节严重的,处三年以下有期徒刑、拘役、管制或者剥夺政治权利。

前款罪,告诉的才处理,但是严重危害社会秩序和国家利益的除外。

通过信息网络实施第一款规定的行为,被害人向人民法院告诉,但提供证据确有困难的，人民法院可以要求公安机关提供协助。

2.《人体损伤程度鉴定标准》

3.1 重伤使人肢体残废、毁人容貌、丧失听觉、丧失视觉、丧失其他器官功能或者其他对于人身健康有重大伤害的损伤，包括重伤一级和重伤二级。

3.2 轻伤使人肢体或者容貌损害，听觉、视觉或者其他器官功能部分障碍或者其他对于人身健康有中度伤害的损伤，包括轻伤一级和轻伤二级。

3.3 轻微伤各种致伤因素所致的原发性损伤，造成组织器官结构轻微损害或者轻微功能障碍。

> **案例指引**
>
> **区某生强制侮辱案**[①]
>
> （1）准确区分强制侮辱罪与侮辱罪。
>
> 两罪均属于《刑法》第 4 章侵犯公民人身权利、民主权利的犯罪，容易混淆。侮辱罪系对公民一般人格尊严的侵害，侧重于公民名誉权的保护。强制侮辱罪从其历史沿革及其在整个刑法体系的位置、与强制猥亵规定于同一条款，属于侵犯有关性权利、性健康方面的犯罪，侧重于强调侵害妇女性方面自己决定权的人格利益和尊严，对该罪罪状中的"侮辱"应当理解为与"猥亵"具有关联性或至少有一定相当性，且罪责上具有同等性。与侮辱罪中的侮辱行为不同，强制侮辱行为当然也会使对方人格或名誉受到损害、蒙受耻辱，但该罪限定在行为人出于性刺激、性满足的目的实施的与性健康权利有一定关联的行为。
>
> （2）强制猥亵与强制侮辱之间的关系。
>
> 强制侮辱行为应与强制猥亵行为具有关联性或罪责上具有相当性。"强制猥亵"在一定程度上强调人身的接触，将不具有人身接触特点但与猥亵具有同一性的下流行为解释为"强制侮辱"，维护了法条的完整性、体系性。"强制猥亵"和"强制侮辱"有一定的位阶关系，猥亵行为当然伤害了妇女在性方面的羞耻心及在性健康方面的人格尊严，所以必然同时"侮辱"了妇女，但对于行为手段、情节与"猥亵"相关但略低于"强制猥亵"的，可单独认定"强制侮

[①] 载人民法院案例库，案例编号：2023-05-1-184-001，最后访问日期：2025 年 7 月 5 日。

辱罪"，在本罪的法定刑幅度内再细分较轻的刑罚区间来处理，以实现罚当其罪，准确定罪量刑。

（3）罪与非罪的问题。

强制猥亵、侮辱罪的罪状虽不要求"情节严重"，但根据《刑法》第13条但书的规定以及与《治安管理处罚法》相衔接的需要，要从情节要素特别是强制程度方面把握本罪罪与非罪的界限，要将强制猥亵、侮辱的行为与一般猥亵、侮辱的行为区别开来。

☞ **虐待被监护、看护的人**：负有监护、看护职责，是指因为合同关系或者其他法律规定等关系使行为人具有了监护、看护职责。虐待，主要是指行为人违反监护、看护职责，对被监护、看护的人进行打骂、捆绑、冻饿、限制自由、凌辱人格、强迫吃安眠药、不进行必要的看护、救助等方法，从肉体上和精神上进行摧残迫害。

遗弃：是指对于年老、年幼、患病或者其他没有独立生活能力的人，负有扶养义务而拒绝扶养的行为。扶养，是指广义上的扶养，既包括狭义抚养，也包括赡养。

个人信息：是指以电子或者其他方式记录的与已识别或者可识别的自然人有关的各种信息，包括姓名、身份证件号码、通信通讯联系方式、住址、账号密码、财产状况、行踪轨迹等，不包括匿名化处理后的信息。

（一）虐待家庭成员，被虐待人或者其监护人要求处理的；

（二）对未成年人、老年人、患病的人、残疾人等负有监护、看护职责的人虐待被监护、看护的人的；

（三）遗弃没有独立生活能力的被扶养人的。

第54条　强迫交易

强买强卖商品，强迫他人提供服务或者强迫他人接受服务的，处五日以上十日以下拘留，并处三千元以上五千元以下罚款；情节较轻的，处五日以下拘留或者一千元以下罚款。

第55条　煽动民族仇恨、民族歧视，刊载民族歧视、侮辱内容

煽动民族仇恨、民族歧视，或者在出版物、信息网络中刊载民族歧视、侮辱内容的，处十日以上十五日以下拘留，可以并处三千元以下罚款；情节较轻的，处五日以下拘留或者三千元以下罚款。

第56条　出售或者提供个人信息

❶ 违反国家有关规定，向他人出售或者提供个人信息的，处十日以上十五日以下拘留；情节较轻的，处五日以下拘留。

❷ 窃取或者以其他方法非法获取个人信息的，依照前款的规定处罚。

相关规定

1.《刑法》

第 226 条　【强迫交易罪】 以暴力、威胁手段,实施下列行为之一,情节严重的,处三年以下有期徒刑或者拘役,并处或者单处罚金;情节特别严重的,处三年以上七年以下有期徒刑,并处罚金:

(一) 强买强卖商品的;

(二) 强迫他人提供或者接受服务的;

(三) 强迫他人参与或者退出投标、拍卖的;

(四) 强迫他人转让或者收购公司、企业的股份、债券或者其他资产的;

(五) 强迫他人参与或者退出特定的经营活动的。

第 249 条　【煽动民族仇恨、民族歧视罪】 煽动民族仇恨、民族歧视,情节严重的,处三年以下有期徒刑、拘役、管制或者剥夺政治权利;情节特别严重的,处三年以上十年以下有期徒刑。

第 250 条　【出版歧视、侮辱少数民族作品罪】 在出版物中刊载歧视、侮辱少数民族的内容,情节恶劣,造成严重后果的,对直接责任人员,处三年以下有期徒刑、拘役或者管制。

第 253 条之一　【侵犯公民个人信息罪】 违反国家有关规定,向他人出售或者提供公民个人信息,情节严重的,处三年以下有期徒刑或者拘役,并处或者单处罚金;情节特别严重的,处三年以上七年以下有期徒刑,并处罚金。

违反国家有关规定,将在履行职责或者提供服务过程中获得的公民个人信息,出售或者提供给他人的,依照前款的规定从重处罚。

窃取或者以其他方法非法获取公民个人信息的，依照第一款的规定处罚。

单位犯前三款罪的，对单位判处罚金，并对其直接负责的主管人员和其他直接责任人员，依照各该款的规定处罚。

第260条　【虐待罪】虐待家庭成员，情节恶劣的，处二年以下有期徒刑、拘役或者管制。

犯前款罪，致使被害人重伤、死亡的，处二年以上七年以下有期徒刑。

第一款罪，告诉的才处理，但被害人没有能力告诉，或者因受到强制、威吓无法告诉的除外。

第260条之一　【虐待被监护、看护人罪】对未成年人、老年人、患病的人、残疾人等负有监护、看护职责的人虐待被监护、看护的人，情节恶劣的，处三年以下有期徒刑或者拘役。

单位犯前款罪的，对单位判处罚金，并对其直接负责的主管人员和其他直接责任人员，依照前款的规定处罚。

有第一款行为，同时构成其他犯罪的，依照处罚较重的规定定罪处罚。

第261条　【遗弃罪】对于年老、年幼、患病或者其他没有独立生活能力的人，负有扶养义务而拒绝扶养，情节恶劣的，处五年以下有期徒刑、拘役或者管制。

2.《个人信息保护法》

第2条　自然人的个人信息受法律保护，任何组织、个人不得侵害自然人的个人信息权益。

第3条　在中华人民共和国境内处理自然人个人信息的活动，适用本法。

在中华人民共和国境外处理中华人民共和国境内自然人个人信息的活动,有下列情形之一的,也适用本法:

(一) 以向境内自然人提供产品或者服务为目的;

(二) 分析、评估境内自然人的行为;

(三) 法律、行政法规规定的其他情形。

第4条　个人信息是以电子或者其他方式记录的与已识别或者可识别的自然人有关的各种信息,不包括匿名化处理后的信息。

个人信息的处理包括个人信息的收集、存储、使用、加工、传输、提供、公开、删除等。

第5条　处理个人信息应当遵循合法、正当、必要和诚信原则,不得通过误导、欺诈、胁迫等方式处理个人信息。

第6条　处理个人信息应当具有明确、合理的目的,并应当与处理目的直接相关,采取对个人权益影响最小的方式。

收集个人信息,应当限于实现处理目的的最小范围,不得过度收集个人信息。

第7条　处理个人信息应当遵循公开、透明原则,公开个人信息处理规则,明示处理的目的、方式和范围。

第8条　处理个人信息应当保证个人信息的质量,避免因个人信息不准确、不完整对个人权益造成不利影响。

第9条　个人信息处理者应当对其个人信息处理活动负责,并采取必要措施保障所处理的个人信息的安全。

第10条　任何组织、个人不得非法收集、使用、加工、传输他人个人信息,不得非法买卖、提供或者公开他人个人信息;不得从事危害国家安全、公共利益的个人信息处理活动。

第11条　国家建立健全个人信息保护制度,预防和惩治侵害个人信息权益的行为，加强个人信息保护宣传教育，推动形成政府、企业、相关社会组织、公众共同参与个人信息保护的良好环境。

第 12 条　国家积极参与个人信息保护国际规则的制定，促进个人信息保护方面的国际交流与合作，推动与其他国家、地区、国际组织之间的个人信息保护规则、标准等互认。

第 60 条　国家网信部门负责统筹协调个人信息保护工作和相关监督管理工作。国务院有关部门依照本法和有关法律、行政法规的规定，在各自职责范围内负责个人信息保护和监督管理工作。

县级以上地方人民政府有关部门的个人信息保护和监督管理职责，按照国家有关规定确定。

前两款规定的部门统称为履行个人信息保护职责的部门。

第 61 条　履行个人信息保护职责的部门履行下列个人信息保护职责：

（一）开展个人信息保护宣传教育，指导、监督个人信息处理者开展个人信息保护工作；

（二）接受、处理与个人信息保护有关的投诉、举报；

（三）组织对应用程序等个人信息保护情况进行测评，并公布测评结果；

（四）调查、处理违法个人信息处理活动；

（五）法律、行政法规规定的其他职责。

第 62 条　国家网信部门统筹协调有关部门依据本法推进下列个人信息保护工作：

（一）制定个人信息保护具体规则、标准；

（二）针对小型个人信息处理者、处理敏感个人信息以及人脸识别、人工智能等新技术、新应用，制定专门的个人信息保护规则、标准；

（三）支持研究开发和推广应用安全、方便的电子身份认证技术，推进网络身份认证公共服务建设；

（四）推进个人信息保护社会化服务体系建设，支持有关机构开展个人信息保护评估、认证服务；

（五）完善个人信息保护投诉、举报工作机制。

第63条　履行个人信息保护职责的部门履行个人信息保护职责，可以采取下列措施：

（一）询问有关当事人，调查与个人信息处理活动有关的情况；

（二）查阅、复制当事人与个人信息处理活动有关的合同、记录、账簿以及其他有关资料；

（三）实施现场检查，对涉嫌违法的个人信息处理活动进行调查；

（四）检查与个人信息处理活动有关的设备、物品；对有证据证明是用于违法个人信息处理活动的设备、物品，向本部门主要负责人书面报告并经批准，可以查封或者扣押。

履行个人信息保护职责的部门依法履行职责，当事人应当予以协助、配合，不得拒绝、阻挠。

第64条　履行个人信息保护职责的部门在履行职责中，发现个人信息处理活动存在较大风险或者发生个人信息安全事件的，可以按照规定的权限和程序对该个人信息处理者的法定代表人或者主要负责人进行约谈，或者要求个人信息处理者委托专业机构对其个人信息处理活动进行合规审计。个人信息处理者应当按照要求采取措施，进行整改，消除隐患。

履行个人信息保护职责的部门在履行职责中，发现违法处理个人信息涉嫌犯罪的，应当及时移送公安机关依法处理。

第 65 条　任何组织、个人有权对违法个人信息处理活动向履行个人信息保护职责的部门进行投诉、举报。收到投诉、举报的部门应当依法及时处理，并将处理结果告知投诉、举报人。

履行个人信息保护职责的部门应当公布接受投诉、举报的联系方式。

第 66 条　违反本法规定处理个人信息，或者处理个人信息未履行本法规定的个人信息保护义务的，由履行个人信息保护职责的部门责令改正，给予警告，没收违法所得，对违法处理个人信息的应用程序，责令暂停或者终止提供服务；拒不改正的，并处一百万元以下罚款；对直接负责的主管人员和其他直接责任人员处一万元以上十万元以下罚款。

有前款规定的违法行为，情节严重的，由省级以上履行个人信息保护职责的部门责令改正，没收违法所得，并处五千万元以下或者上一年度营业额百分之五以下罚款，并可以责令暂停相关业务或者停业整顿、通报有关主管部门吊销相关业务许可或吊销营业执照；对直接负责的主管人员和其他直接责任人员处十万元以上一百万元以下罚款，并可以决定禁止其在一定期限内担任相关企业的董事、监事、高级管理人员和个人信息保护负责人。

第 67 条　有本法规定的违法行为的，依照有关法律、行政法规的规定记入信用档案，并予以公示。

第 68 条　国家机关不履行本法规定的个人信息保护义务的，由其上级机关或者履行个人信息保护职责的部门责令改正；对直接负责的主管人员和其他直接责任人员依法给予处分。

履行个人信息保护职责的部门的工作人员玩忽职守、滥用职权、徇私舞弊，尚不构成犯罪的，依法给予处分。

第 69 条　处理个人信息侵害个人信息权益造成损害，个人信息处理者不能证明自己没有过错的，应当承担损害赔偿等侵权责任。

前款规定的损害赔偿责任按照个人因此受到的损失或者个人信息处理者因此获得的利益确定；个人因此受到的损失和个人信息处理者因此获得的利益难以确定的，根据实际情况确定赔偿数额。

第70条 个人信息处理者违反本法规定处理个人信息，侵害众多个人的权益的，人民检察院、法律规定的消费者组织和由国家网信部门确定的组织可以依法向人民法院提起诉讼。

第71条 违反本法规定，构成违反治安管理行为的，依法给予治安管理处罚；构成犯罪的，依法追究刑事责任。

第72条 自然人因个人或者家庭事务处理个人信息的，不适用本法。

法律对各级人民政府及其有关部门组织实施的统计、档案管理活动中的个人信息处理有规定的，适用其规定。

第73条 本法下列用语的含义：

（一）个人信息处理者，是指在个人信息处理活动中自主决定处理目的、处理方式的组织、个人。

（二）自动化决策，是指通过计算机程序自动分析、评估个人的行为习惯、兴趣爱好或者经济、健康、信用状况等，并进行决策的活动。

（三）去标识化，是指个人信息经过处理，使其在不借助额外信息的情况下无法识别特定自然人的过程。

（四）匿名化，是指个人信息经过处理无法识别特定自然人且不能复原的过程。

3.《最高人民法院、最高人民检察院关于办理侵犯公民个人信息刑事案件适用法律若干问题的解释》

为依法惩治侵犯公民个人信息犯罪活动，保护公民个人信息安全和合法权益，根据《中华人民共和国刑法》《中华人民共和国刑事诉讼法》的有关规定，现就办理此类刑事案件适用法律的若干问题解释如下：

第1条 刑法第二百五十三条之一规定的"公民个人信息"，是指以电子或者其他方式记录的能够单独或者与其他信息结合识别特定自然人身份或者反映特定自然人活动情况的各种信息，包括姓名、身份证件号码、通信通讯联系方式、住址、账号密码、财产状况、行踪轨迹等。

第2条 违反法律、行政法规、部门规章有关公民个人信息保护的规定的，应当认定为刑法第二百五十三条之一规定的"违反国家有关规定"。

第3条 向特定人提供公民个人信息，以及通过信息网络或者其他途径发布公民个人信息的，应当认定为刑法第二百五十三条之一规定的"提供公民个人信息"。

未经被收集者同意，将合法收集的公民个人信息向他人提供的，属于刑法第二百五十三条之一规定的"提供公民个人信息"，但是经过处理无法识别特定个人且不能复原的除外。

第4条 违反国家有关规定，通过购买、收受、交换等方式获取公民个人信息，或者在履行职责、提供服务过程中收集公民个人信息的，属于刑法第二百五十三条之一第三款规定的"以其他方法非法获取公民个人信息"。

第 5 条　非法获取、出售或者提供公民个人信息，具有下列情形之一的，应当认定为刑法第二百五十三条之一规定的"情节严重"：

（一）出售或者提供行踪轨迹信息，被他人用于犯罪的；

（二）知道或者应当知道他人利用公民个人信息实施犯罪，向其出售或者提供的；

（三）非法获取、出售或者提供行踪轨迹信息、通信内容、征信信息、财产信息五十条以上的；

（四）非法获取、出售或者提供住宿信息、通信记录、健康生理信息、交易信息等其他可能影响人身、财产安全的公民个人信息五百条以上的；

（五）非法获取、出售或者提供第三项、第四项规定以外的公民个人信息五千条以上的；

（六）数量未达到第三项至第五项规定标准，但是按相应比例合计达到有关数量标准的；

（七）违法所得五千元以上的；

（八）将在履行职责或者提供服务过程中获得的公民个人信息出售或者提供给他人，数量或者数额达到第三项至第七项规定标准一半以上的；

（九）曾因侵犯公民个人信息受过刑事处罚或者二年内受过行政处罚，又非法获取、出售或者提供公民个人信息的；

（十）其他情节严重的情形。

实施前款规定的行为，具有下列情形之一的，应当认定为刑法第二百五十三条之一第一款规定的"情节特别严重"：

（一）造成被害人死亡、重伤、精神失常或者被绑架等严重后果的；

（二）造成重大经济损失或者恶劣社会影响的；

（三）数量或者数额达到前款第三项至第八项规定标准十倍以上的；

（四）其他情节特别严重的情形。

第6条 为合法经营活动而非法购买、收受本解释第五条第一款第三项、第四项规定以外的公民个人信息，具有下列情形之一的，应当认定为刑法第二百五十三条之一规定的"情节严重"：

（一）利用非法购买、收受的公民个人信息获利五万元以上的；

（二）曾因侵犯公民个人信息受过刑事处罚或者二年内受过行政处罚，又非法购买、收受公民个人信息的；

（三）其他情节严重的情形。

实施前款规定的行为，将购买、收受的公民个人信息非法出售或者提供的，定罪量刑标准适用本解释第五条的规定。

第7条 单位犯刑法第二百五十三条之一规定之罪的，依照本解释规定的相应自然人犯罪的定罪量刑标准，对直接负责的主管人员和其他直接责任人员定罪处罚，并对单位判处罚金。

第8条 设立用于实施非法获取、出售或者提供公民个人信息违法犯罪活动的网站、通讯群组，情节严重的，应当依照刑法第二百八十七条之一的规定，以非法利用信息网络罪定罪处罚；同时构成侵犯公民个人信息罪的，依照侵犯公民个人信息罪定罪处罚。

第9条 网络服务提供者拒不履行法律、行政法规规定的信息网络安全管理义务，经监管部门责令采取改正措施而拒不改正，致使用户的公民个人信息泄露，造成严重后果的，应当依照刑法第二百八十六条之一的规定，以拒不履行信息网络安全管理义务罪定罪处罚。

第10条 实施侵犯公民个人信息犯罪,不属于"情节特别严重",行为人系初犯,全部退赃,并确有悔罪表现的,可以认定为情节轻微,不起诉或者免予刑事处罚;确有必要判处刑罚的,应当从宽处罚。

第11条 非法获取公民个人信息后又出售或者提供的,公民个人信息的条数不重复计算。

向不同单位或者个人分别出售、提供同一公民个人信息的,公民个人信息的条数累计计算。

对批量公民个人信息的条数,根据查获的数量直接认定,但是有证据证明信息不真实或者重复的除外。

第12条 对于侵犯公民个人信息犯罪,应当综合考虑犯罪的危害程度、犯罪的违法所得数额以及被告人的前科情况、认罪悔罪态度等,依法判处罚金。罚金数额一般在违法所得的一倍以上五倍以下。

第13条 本解释自2017年6月1日起施行。

> **案例指引**
>
> **商某猥亵儿童案**[①]
>
> 利用网络猥亵儿童并不一定要求行为人采用暴力、胁迫等手段，行为人通过网络与未满 14 周岁的儿童进行网络聊天，并引导被害人发送拍摄隐私部位的视频及照片，甚至在被害人自愿发送相关视频、照片的情形下，依然会严重侵害儿童身心健康，对儿童性权利造成破坏，属于对儿童实施猥亵的行为，符合猥亵儿童罪的构成要件。此类猥亵儿童行为已严重侵害儿童身心健康，利用刑法手段予以规制并不会不当挤占行政法的适用空间。

---

① 参见胡静:《利用网络猥亵儿童的司法认定》,载《人民司法·案例》2023 年第 17 期。

第 57 条　侵犯通信自由

冒领、隐匿、毁弃、倒卖、私自开拆或者非法检查他人邮件、快件的，处警告或者一千元以下罚款；情节较重的，处五日以上十日以下拘留。

第 58 条　盗窃、诈骗、哄抢、抢夺、敲诈勒索

盗窃、诈骗、哄抢、抢夺或者敲诈勒索的，处五日以上十日以下拘留或者二千元以下罚款；情节较重的，处十日以上十五日以下拘留，可以并处三千元以下罚款。

第 59 条　故意损毁公私财物

故意损毁公私财物的，处五日以下拘留或者一千元以下罚款；情节较重的，处五日以上十日以下拘留，可以并处三千元以下罚款。

第 60 条　对学生欺凌的处理

❶ 以殴打、侮辱、恐吓等方式实施学生欺凌，违反治安管理的，公安机关应当依照本法、《中华人民共和国预防未成年人犯罪法》的规定，给予治安管理处罚、采取相应矫治教育等措施。

❷ 学校违反有关法律法规规定，明知发生严重的学生欺凌或者明知发生其他侵害未成年学生的犯罪，不按规定报告或者处置的，责令改正，对其直接负责的主管人员和其他直接责任人员，建议有关部门依法予以处分。

☞ 邮件：是指邮政企业寄递的信件、包裹、汇款通知、报刊和其他印刷品等。

快件：是指快递企业递送的信件、包裹、印刷品等。

盗窃：是指以非法占有为目的，秘密窃取少量公私财物的行为。

诈骗：是指以非法占有为目的，用虚构事实或者隐瞒真相的方法骗得少量公私财物的行为。

哄抢：是指以非法占有为目的，乘乱夺取少量公私财物的行为。

抢夺：是指以非法占有为目的，公然夺取公私财物的行为。

敲诈勒索：是指以非法占有为目的，对公私财物的所有人、管理人使用威胁或要挟的方法，勒索少量公私财物的行为。

故意损毁公私财物：是指故意非法损毁公私财物，情节轻微，尚不够刑事处罚的行为。所谓"损毁"，是指使物品部分或全部丧失其价值或使用价值。损毁公私财物的方法多种多样。故意损毁公私财物的行为，必须达到数额较大或有其他严重情节的才构成犯罪。

相关规定

1.《刑法》

第 252 条 【侵犯通信自由罪】隐匿、毁弃或者非法开拆他人信件，侵犯公民通信自由权利，情节严重的，处一年以下有期徒刑或者拘役。

第 253 条 【私自开拆、隐匿、毁弃邮件、电报罪】邮政工作人员私自开拆或者隐匿、毁弃邮件、电报的，处二年以下有期徒刑或者拘役。

【盗窃罪】犯前款罪而窃取财物的，依照本法第二百六十四条的规定定罪从重处罚。

第 264 条 【盗窃罪】盗窃公私财物，数额较大的，或者多次盗窃、入户盗窃、携带凶器盗窃、扒窃的，处三年以下有期徒刑、拘役或者管制，并处或者单处罚金；数额巨大或者有其他严重情节的，处三年以上十年以下有期徒刑，并处罚金；数额特别巨大或者有其他特别严重情节的，处十年以上有期徒刑或者无期徒刑，并处罚金或者没收财产。

第 265 条 【盗窃罪】以牟利为目的，盗接他人通信线路、复制他人电信码号或者明知是盗接、复制的电信设备、设施而使用的，依照本法第二百六十四条的规定定罪处罚。

第 266 条 【诈骗罪】诈骗公私财物，数额较大的，处三年以下有期徒刑、拘役或者管制，并处或者单处罚金；数额巨大或者有其他严重情节的，处三年以上十年以下有期徒刑，并处罚金；数额特别巨大或者有其他特别严重情节的，处十年以上有期徒刑或者无期徒刑，并处罚金或者没收财产。本法另有规定的，依照规定。

第 267 条 【抢夺罪】抢夺公私财物,数额较大的,或者多次抢夺的,处三年以下有期徒刑、拘役或者管制,并处或者单处罚金;数额巨大或者有其他严重情节的,处三年以上十年以下有期徒刑,并处罚金;数额特别巨大或者有其他特别严重情节的,处十年以上有期徒刑或者无期徒刑,并处罚金或者没收财产。

【抢劫罪】携带凶器抢夺的,依照本法第二百六十三条的规定定罪处罚。

第 274 条 【敲诈勒索罪】敲诈勒索公私财物,数额较大或者多次敲诈勒索的,处三年以下有期徒刑、拘役或者管制,并处或者单处罚金;数额巨大或者有其他严重情节的,处三年以上十年以下有期徒刑,并处罚金;数额特别巨大或者有其他特别严重情节的,处十年以上有期徒刑,并处罚金。

第 275 条 【故意毁坏财物罪】故意毁坏公私财物,数额较大或者有其他严重情节的,处三年以下有期徒刑、拘役或者罚金;数额巨大或者有其他特别严重情节的,处三年以上七年以下有期徒刑。

2.《未成年人保护法》

第 39 条 学校应当建立学生欺凌防控工作制度,对教职员工、学生等开展防治学生欺凌的教育和培训。

学校对学生欺凌行为应当立即制止,通知实施欺凌和被欺凌未成年学生的父母或者其他监护人参与欺凌行为的认定和处理;对相关未成年学生及时给予心理辅导、教育和引导;对相关未成年学生的父母或者其他监护人给予必要的家庭教育指导。

对实施欺凌的未成年学生,学校应当根据欺凌行为的性质和程度,依法加强管教。对严重的欺凌行为,学校不得隐瞒,应当及时向公安机关、教育行政部门报告,并配合相关部门依法处理。

3.《预防未成年人犯罪法》

第一章 总 则

第 1 条 为了保障未成年人身心健康，培养未成年人良好品行，有效预防未成年人违法犯罪，制定本法。

第 2 条 预防未成年人犯罪，立足于教育和保护未成年人相结合，坚持预防为主、提前干预，对未成年人的不良行为和严重不良行为及时进行分级预防、干预和矫治。

第 3 条 开展预防未成年人犯罪工作，应当尊重未成年人人格尊严，保护未成年人的名誉权、隐私权和个人信息等合法权益。

第 4 条 预防未成年人犯罪，在各级人民政府组织下，实行综合治理。

国家机关、人民团体、社会组织、企业事业单位、居民委员会、村民委员会、学校、家庭等各负其责、相互配合，共同做好预防未成年人犯罪工作，及时消除滋生未成年人违法犯罪行为的各种消极因素，为未成年人身心健康发展创造良好的社会环境。

第 5 条 各级人民政府在预防未成年人犯罪方面的工作职责是：

（一）制定预防未成年人犯罪工作规划；

（二）组织公安、教育、民政、文化和旅游、市场监督管理、网信、卫生健康、新闻出版、电影、广播电视、司法行政等有关部门开展预防未成年人犯罪工作；

（三）为预防未成年人犯罪工作提供政策支持和经费保障；

（四）对本法的实施情况和工作规划的执行情况进行检查；

（五）组织开展预防未成年人犯罪宣传教育；

（六）其他预防未成年人犯罪工作职责。

第6条　国家加强专门学校建设，对有严重不良行为的未成年人进行专门教育。专门教育是国民教育体系的组成部分，是对有严重不良行为的未成年人进行教育和矫治的重要保护处分措施。

省级人民政府应当将专门教育发展和专门学校建设纳入经济社会发展规划。县级以上地方人民政府成立专门教育指导委员会，根据需要合理设置专门学校。

专门教育指导委员会由教育、民政、财政、人力资源社会保障、公安、司法行政、人民检察院、人民法院、共产主义青年团、妇女联合会、关心下一代工作委员会、专门学校等单位，以及律师、社会工作者等人员组成，研究确定专门学校教学、管理等相关工作。

专门学校建设和专门教育具体办法，由国务院规定。

第7条　公安机关、人民检察院、人民法院、司法行政部门应当由专门机构或者经过专业培训、熟悉未成年人身心特点的专门人员负责预防未成年人犯罪工作。

第8条　共产主义青年团、妇女联合会、工会、残疾人联合会、关心下一代工作委员会、青年联合会、学生联合会、少年先锋队以及有关社会组织，应当协助各级人民政府及其有关部门、人民检察院和人民法院做好预防未成年人犯罪工作，为预防未成年人犯罪培育社会力量，提供支持服务。

第9条　国家鼓励、支持和指导社会工作服务机构等社会组织参与预防未成年人犯罪相关工作，并加强监督。

第10条　任何组织或者个人不得教唆、胁迫、引诱未成年人实施不良行为或者严重不良行为，以及为未成年人实施上述行为提供条件。

第 11 条 未成年人应当遵守法律法规及社会公共道德规范,树立自尊、自律、自强意识,增强辨别是非和自我保护的能力,自觉抵制各种不良行为以及违法犯罪行为的引诱和侵害。

第 12 条 预防未成年人犯罪,应当结合未成年人不同年龄的生理、心理特点,加强青春期教育、心理关爱、心理矫治和预防犯罪对策的研究。

第 13 条 国家鼓励和支持预防未成年人犯罪相关学科建设、专业设置、人才培养及科学研究,开展国际交流与合作。

第 14 条 国家对预防未成年人犯罪工作有显著成绩的组织和个人,给予表彰和奖励。

第二章 预防犯罪的教育

第 15 条 国家、社会、学校和家庭应当对未成年人加强社会主义核心价值观教育,开展预防犯罪教育,增强未成年人的法治观念,使未成年人树立遵纪守法和防范违法犯罪的意识,提高自我管控能力。

第 16 条 未成年人的父母或者其他监护人对未成年人的预防犯罪教育负有直接责任,应当依法履行监护职责,树立优良家风,培养未成年人良好品行;发现未成年人心理或者行为异常的,应当及时了解情况并进行教育、引导和劝诫,不得拒绝或者怠于履行监护职责。

第 17 条 教育行政部门、学校应当将预防犯罪教育纳入学校教学计划,指导教职员工结合未成年人的特点,采取多种方式对未成年学生进行有针对性的预防犯罪教育。

第 18 条 学校应当聘任从事法治教育的专职或者兼职教师,并可以从司法和执法机关、法学教育和法律服务机构等单位聘请法治副校长、校外法治辅导员。

第 19 条　学校应当配备专职或者兼职的心理健康教育教师，开展心理健康教育。学校可以根据实际情况与专业心理健康机构合作，建立心理健康筛查和早期干预机制，预防和解决学生心理、行为异常问题。

学校应当与未成年学生的父母或者其他监护人加强沟通，共同做好未成年学生心理健康教育；发现未成年学生可能患有精神障碍的，应当立即告知其父母或者其他监护人送相关专业机构诊治。

第 20 条　教育行政部门应当会同有关部门建立学生欺凌防控制度。学校应当加强日常安全管理，完善学生欺凌发现和处置的工作流程，严格排查并及时消除可能导致学生欺凌行为的各种隐患。

第 21 条　教育行政部门鼓励和支持学校聘请社会工作者长期或者定期进驻学校，协助开展道德教育、法治教育、生命教育和心理健康教育，参与预防和处理学生欺凌等行为。

第 22 条　教育行政部门、学校应当通过举办讲座、座谈、培训等活动，介绍科学合理的教育方法，指导教职员工、未成年学生的父母或者其他监护人有效预防未成年人犯罪。

学校应当将预防犯罪教育计划告知未成年学生的父母或者其他监护人。未成年学生的父母或者其他监护人应当配合学校对未成年学生进行有针对性的预防犯罪教育。

第 23 条　教育行政部门应当将预防犯罪教育的工作效果纳入学校年度考核内容。

第 24 条　各级人民政府及其有关部门、人民检察院、人民法院、共产主义青年团、少年先锋队、妇女联合会、残疾人联合会、关心下一代工作委员会等应当结合实际，组织、举办多种形式的预防未成年人犯罪宣传教育活动。有条件的地方可以建立青少年法治教育基地，对未成年人开展法治教育。

第 25 条 居民委员会、村民委员会应当积极开展有针对性的预防未成年人犯罪宣传活动，协助公安机关维护学校周围治安，及时掌握本辖区内未成年人的监护、就学和就业情况，组织、引导社区社会组织参与预防未成年人犯罪工作。

第 26 条 青少年宫、儿童活动中心等校外活动场所应当把预防犯罪教育作为一项重要的工作内容，开展多种形式的宣传教育活动。

第 27 条 职业培训机构、用人单位在对已满十六周岁准备就业的未成年人进行职业培训时，应当将预防犯罪教育纳入培训内容。

第三章 对不良行为的干预

第 28 条 本法所称不良行为，是指未成年人实施的不利于其健康成长的下列行为：

（一）吸烟、饮酒；

（二）多次旷课、逃学；

（三）无故夜不归宿、离家出走；

（四）沉迷网络；

（五）与社会上具有不良习性的人交往，组织或者参加实施不良行为的团伙；

（六）进入法律法规规定未成年人不宜进入的场所；

（七）参与赌博、变相赌博，或者参加封建迷信、邪教等活动；

（八）阅览、观看或者收听宣扬淫秽、色情、暴力、恐怖、极端等内容的读物、音像制品或者网络信息等；

（九）其他不利于未成年人身心健康成长的不良行为。

第 29 条 未成年人的父母或者其他监护人发现未成年人有不良行为的，应当及时制止并加强管教。

第 30 条　公安机关、居民委员会、村民委员会发现本辖区内未成年人有不良行为的，应当及时制止，并督促其父母或者其他监护人依法履行监护职责。

第 31 条　学校对有不良行为的未成年学生，应当加强管理教育，不得歧视；对拒不改正或者情节严重的，学校可以根据情况予以处分或者采取以下管理教育措施：

（一）予以训导；

（二）要求遵守特定的行为规范；

（三）要求参加特定的专题教育；

（四）要求参加校内服务活动；

（五）要求接受社会工作者或者其他专业人员的心理辅导和行为干预；

（六）其他适当的管理教育措施。

第 32 条　学校和家庭应当加强沟通，建立家校合作机制。学校决定对未成年学生采取管理教育措施的，应当及时告知其父母或者其他监护人；未成年学生的父母或者其他监护人应当支持、配合学校进行管理教育。

第 33 条　未成年学生偷窃少量财物，或者有殴打、辱骂、恐吓、强行索要财物等学生欺凌行为，情节轻微的，可以由学校依照本法第三十一条规定采取相应的管理教育措施。

第 34 条　未成年学生旷课、逃学的，学校应当及时联系其父母或者其他监护人，了解有关情况；无正当理由的，学校和未成年学生的父母或者其他监护人应当督促其返校学习。

第 35 条　未成年人无故夜不归宿、离家出走的，父母或者其他监护人、所在的寄宿制学校应当及时查找，必要时向公安机关报告。

收留夜不归宿、离家出走未成年人的，应当及时联系其父母或者其他监护人、所在学校；无法取得联系的，应当及时向公安机关报告。

第36条　对夜不归宿、离家出走或者流落街头的未成年人，公安机关、公共场所管理机构等发现或者接到报告后，应当及时采取有效保护措施，并通知其父母或者其他监护人、所在的寄宿制学校，必要时应当护送其返回住所、学校；无法与其父母或者其他监护人、学校取得联系的，应当护送未成年人到救助保护机构接受救助。

第37条　未成年人的父母或者其他监护人、学校发现未成年人组织或者参加实施不良行为的团伙，应当及时制止；发现该团伙有违法犯罪嫌疑的，应当立即向公安机关报告。

第四章　对严重不良行为的矫治

第38条　本法所称严重不良行为，是指未成年人实施的有刑法规定、因不满法定刑事责任年龄不予刑事处罚的行为，以及严重危害社会的下列行为：

（一）结伙斗殴，追逐、拦截他人，强拿硬要或者任意损毁、占用公私财物等寻衅滋事行为；

（二）非法携带枪支、弹药或者弩、匕首等国家规定的管制器具；

（三）殴打、辱骂、恐吓，或者故意伤害他人身体；

（四）盗窃、哄抢、抢夺或者故意损毁公私财物；

（五）传播淫秽的读物、音像制品或者信息等；

（六）卖淫、嫖娼，或者进行淫秽表演；

（七）吸食、注射毒品，或者向他人提供毒品；

（八）参与赌博赌资较大；

（九）其他严重危害社会的行为。

第39条　未成年人的父母或者其他监护人、学校、居民委员会、村民委员会发现有人教唆、胁迫、引诱未成年人实施严重不良行为的，应当立即向公安机关报告。公安机关接到报告或者发现有上述情形的，应当及时依法查处；对人身安全受到威胁的未成年人，应当立即采取有效保护措施。

第40条　公安机关接到举报或者发现未成年人有严重不良行为的，应当及时制止，依法调查处理，并可以责令其父母或者其他监护人消除或者减轻违法后果，采取措施严加管教。

第41条　对有严重不良行为的未成年人，公安机关可以根据具体情况，采取以下矫治教育措施：

（一）予以训诫；

（二）责令赔礼道歉、赔偿损失；

（三）责令具结悔过；

（四）责令定期报告活动情况；

（五）责令遵守特定的行为规范，不得实施特定行为、接触特定人员或者进入特定场所；

（六）责令接受心理辅导、行为矫治；

（七）责令参加社会服务活动；

（八）责令接受社会观护，由社会组织、有关机构在适当场所对未成年人进行教育、监督和管束；

（九）其他适当的矫治教育措施。

第42条　公安机关在对未成年人进行矫治教育时，可以根据需要邀请学校、居民委员会、村民委员会以及社会工作服务机构等社会组织参与。

未成年人的父母或者其他监护人应当积极配合矫治教育措施的实施，不得妨碍阻挠或者放任不管。

第43条　对有严重不良行为的未成年人，未成年人的父母或者其他监护人、所在学校无力管教或者管教无效的，可以向教育行政部门提出申请，经专门教育指导委员会评估同意后，由教育行政部门决定送入专门学校接受专门教育。

第44条　未成年人有下列情形之一的，经专门教育指导委员会评估同意，教育行政部门会同公安机关可以决定将其送入专门学校接受专门教育：

（一）实施严重危害社会的行为，情节恶劣或者造成严重后果；

（二）多次实施严重危害社会的行为；

（三）拒不接受或者配合本法第四十一条规定的矫治教育措施；

（四）法律、行政法规规定的其他情形。

第45条　未成年人实施刑法规定的行为、因不满法定刑事责任年龄不予刑事处罚的，经专门教育指导委员会评估同意，教育行政部门会同公安机关可以决定对其进行专门矫治教育。

省级人民政府应当结合本地的实际情况，至少确定一所专门学校按照分校区、分班级等方式设置专门场所，对前款规定的未成年人进行专门矫治教育。

前款规定的专门场所实行闭环管理，公安机关、司法行政部门负责未成年人的矫治工作，教育行政部门承担未成年人的教育工作。

第46条　专门学校应当在每个学期适时提请专门教育指导委员会对接受专门教育的未成年学生的情况进行评估。对经评估适合转回普通学校就读的，专门教育指导委员会应当向原决定机关提出书面建议，由原决定机关决定是否将未成年学生转回普通学校就读。

原决定机关决定将未成年学生转回普通学校的，其原所在学校不得拒绝接收；因特殊情况，不适宜转回原所在学校的，由教育行政部门安排转学。

第47条 专门学校应当对接受专门教育的未成年人分级分类进行教育和矫治，有针对性地开展道德教育、法治教育、心理健康教育，并根据实际情况进行职业教育；对没有完成义务教育的未成年人，应当保证其继续接受义务教育。

专门学校的未成年学生的学籍保留在原学校，符合毕业条件的，原学校应当颁发毕业证书。

第48条 专门学校应当与接受专门教育的未成年人的父母或者其他监护人加强联系，定期向其反馈未成年人的矫治和教育情况，为父母或者其他监护人、亲属等看望未成年人提供便利。

第49条 未成年人及其父母或者其他监护人对本章规定的行政决定不服的，可以依法提起行政复议或者行政诉讼。

第五章　对重新犯罪的预防

第50条 公安机关、人民检察院、人民法院办理未成年人刑事案件，应当根据未成年人的生理、心理特点和犯罪的情况，有针对性地进行法治教育。

对涉及刑事案件的未成年人进行教育，其法定代理人以外的成年亲属或者教师、辅导员等参与有利于感化、挽救未成年人的，公安机关、人民检察院、人民法院应当邀请其参加有关活动。

第51条 公安机关、人民检察院、人民法院办理未成年人刑事案件，可以自行或者委托有关社会组织、机构对未成年犯罪嫌疑人或者被告人的成长经历、犯罪原因、监护、教育等情况进行社会调查；根据实际需要并经未成年犯罪嫌疑人、被告人及其法定代理人同意，可以对未成年犯罪嫌疑人、被告人进行心理测评。

社会调查和心理测评的报告可以作为办理案件和教育未成年人的参考。

第52条 公安机关、人民检察院、人民法院对于无固定住所、无法提供保证人的未成年人适用取保候审的，应当指定合适成年人作为保证人，必要时可以安排取保候审的未成年人接受社会观护。

第53条 对被拘留、逮捕以及在未成年犯管教所执行刑罚的未成年人，应当与成年人分别关押、管理和教育。对未成年人的社区矫正，应当与成年人分别进行。

对有上述情形且没有完成义务教育的未成年人，公安机关、人民检察院、人民法院、司法行政部门应当与教育行政部门相互配合，保证其继续接受义务教育。

第54条 未成年犯管教所、社区矫正机构应当对未成年犯、未成年社区矫正对象加强法治教育，并根据实际情况对其进行职业教育。

第55条 社区矫正机构应当告知未成年社区矫正对象安置帮教的有关规定，并配合安置帮教工作部门落实或者解决未成年社区矫正对象的就学、就业等问题。

第56条 对刑满释放的未成年人，未成年犯管教所应当提前通知其父母或者其他监护人按时接回，并协助落实安置帮教措施。没有父母或者其他监护人、无法查明其父母或者其他监护人的，未成年犯管教所应当提前通知未成年人原户籍所在地或者居住地的司法行政部门安排人员按时接回，由民政部门或者居民委员会、村民委员会依法对其进行监护。

第 57 条　未成年人的父母或者其他监护人和学校、居民委员会、村民委员会对接受社区矫正、刑满释放的未成年人，应当采取有效的帮教措施，协助司法机关以及有关部门做好安置帮教工作。

居民委员会、村民委员会可以聘请思想品德优秀，作风正派，热心未成年人工作的离退休人员、志愿者或其他人员协助做好前款规定的安置帮教工作。

第 58 条　刑满释放和接受社区矫正的未成年人，在复学、升学、就业等方面依法享有与其他未成年人同等的权利，任何单位和个人不得歧视。

第 59 条　未成年人的犯罪记录依法被封存的，公安机关、人民检察院、人民法院和司法行政部门不得向任何单位或者个人提供，但司法机关因办案需要或者有关单位根据国家有关规定进行查询的除外。依法进行查询的单位和个人应当对相关记录信息予以保密。

未成年人接受专门矫治教育、专门教育的记录，以及被行政处罚、采取刑事强制措施和不起诉的记录，适用前款规定。

第 60 条　人民检察院通过依法行使检察权，对未成年人重新犯罪预防工作等进行监督。

第六章　法律责任

第 61 条　公安机关、人民检察院、人民法院在办理案件过程中发现实施严重不良行为的未成年人的父母或者其他监护人不依法履行监护职责的，应当予以训诫，并可以责令其接受家庭教育指导。

第 62 条　学校及其教职员工违反本法规定，不履行预防未成年人犯罪工作职责，或者虐待、歧视相关未成年人的，由教育行政等部门责令改正，通报批评；情节严重的，对直接负责的主管人员和其他直接责任人员依法给予处分。构成违反治安管理行为的，由公安机关依法予以治安管理处罚。

教职员工教唆、胁迫、引诱未成年人实施不良行为或者严重不良行为,以及品行不良、影响恶劣的,教育行政部门、学校应当依法予以解聘或者辞退。

第63条 违反本法规定,在复学、升学、就业等方面歧视相关未成年人的,由所在单位或者教育、人力资源社会保障等部门责令改正;拒不改正的,对直接负责的主管人员或者其他直接责任人员依法给予处分。

第64条 有关社会组织、机构及其工作人员虐待、歧视接受社会观护的未成年人,或者出具虚假社会调查、心理测评报告的,由民政、司法行政等部门对直接负责的主管人员或者其他直接责任人员依法给予处分,构成违反治安管理行为的,由公安机关予以治安管理处罚。

第65条 教唆、胁迫、引诱未成年人实施不良行为或者严重不良行为,构成违反治安管理行为的,由公安机关依法予以治安管理处罚。

第66条 国家机关及其工作人员在预防未成年人犯罪工作中滥用职权、玩忽职守、徇私舞弊的,对直接负责的主管人员和其他直接责任人员,依法给予处分。

第67条 违反本法规定,构成犯罪的,依法追究刑事责任。

第七章 附 则

第68条 本法自2021年6月1日起施行。

> **案例指引**
>
> **邓某某组织未成年人进行违反治安管理活动案**[①]
>
> 组织未成年人进行盗窃、诈骗、抢夺、敲诈勒索等违反治安管理活动的,构成组织未成年人进行违反治安管理活动罪。上述所说的盗窃、诈骗、抢夺、敲诈勒索行为,是未成年人实施的,违反治安管理,不构成犯罪的行为。

---

① 载人民法院案例库,案例编号:2023-02-1-219-001,最后访问日期:2025年7月5日。

☞ 紧急状态：是指危及国家和社会正常的法律秩序，对广大人民群众的生命和财产安全构成严重威胁的正在发生的或者迫在眉睫的危险事态。

警戒带：是指公安机关按照规定装备，用于依法履行职责的在特定场所设置进入范围的专用标志物。

警戒区：是指公安机关按照规定，在一些特定地方，划定一定的区域限定部分人员出入的地区。

检查点：是指公安机关统一规划设置、统一标准建设、有固定场所设施，承担安全检查、应急处置、交通管理、服务群众等职能的综合执法勤务机构，包括常设公安检查站和临时公安检查站。

第四节　妨害社会管理的行为和处罚

第 61 条　阻碍依法执行公务

❶有下列行为之一的，处警告或者五百元以下罚款；情节严重的，处五日以上十日以下拘留，可以并处一千元以下罚款：

（一）拒不执行人民政府在紧急状态情况下依法发布的决定、命令的；

（二）阻碍国家机关工作人员依法执行职务的；

（三）阻碍执行紧急任务的消防车、救护车、工程抢险车、警车或者执行上述紧急任务的专用船舶通行的；

（四）强行冲闯公安机关设置的警戒带、警戒区或者检查点的。

❷阻碍人民警察依法执行职务的，从重处罚。

第 62 条　招摇撞骗

❶冒充国家机关工作人员招摇撞骗的，处十日以上十五日以下拘留，可以并处一千元以下罚款；情节较轻的，处五日以上十日以下拘留。

❷冒充军警人员招摇撞骗的，从重处罚。

❸盗用、冒用个人、组织的身份、名义或者以其他虚假身份招摇撞骗的，处五日以下拘留或者一千元以下罚款；情节较重的，处五日以上十日以下拘留，可以并处一千元以下罚款。

> 条文注释

第 62 条 【招摇撞骗】

本条是关于招摇撞骗的规定。

（1）冒充国家机关工作人员：一是指行为人本身并不具备国家机关工作人员的身份，而是通过一定的方式，以国家机关工作人员的名义对外开展活动。二是行为人本身是国家机关工作人员，但是冒充其他国家机关工作人员的身份或者职位，尤其是冒充比其本人身份或者职位更高或者更重要的国家机关工作人员。

（2）招摇撞骗，是指行为人为了达到骗取财物、吃喝以及其他非法目的，或者为了谋取其他非法利益，利用其假冒的国家工作人员的特殊身份，向他人炫耀，骗取他人信任，从而骗取他人财物或者其他利益的行为。

（3）盗用个人、组织的身份，是指在需要提供身份证明的活动中，未经个人、组织的允许，擅自以个人身份或组织的名义证明相关信息的行为。

（4）冒用个人、组织的身份，是指在应当提供身份证明的场合，假冒个人、组织的身份进行活动。

> **相关规定**

《刑法》

第 277 条 【妨害公务罪】以暴力、威胁方法阻碍国家机关工作人员依法执行职务的，处三年以下有期徒刑、拘役、管制或者罚金。

以暴力、威胁方法阻碍全国人民代表大会和地方各级人民代表大会代表依法执行代表职务的，依照前款的规定处罚。

在自然灾害和突发事件中，以暴力、威胁方法阻碍红十字会工作人员依法履行职责的，依照第一款的规定处罚。

故意阻碍国家安全机关、公安机关依法执行国家安全工作任务，未使用暴力、威胁方法，造成严重后果的，依照第一款的规定处罚。

【袭警罪】暴力袭击正在依法执行职务的人民警察的，处三年以下有期徒刑、拘役或者管制；使用枪支、管制刀具，或者以驾驶机动车撞击等手段，严重危及其人身安全的，处三年以上七年以下有期徒刑。

第 279 条 【招摇撞骗罪】冒充国家机关工作人员招摇撞骗的，处三年以下有期徒刑、拘役、管制或者剥夺政治权利；情节严重的，处三年以上十年以下有期徒刑。

冒充人民警察招摇撞骗的，依照前款的规定从重处罚。

> **案例指引**
>
> **王某袭警案**[1]
>
> 袭警案件具有特殊性，不宜适用刑事和解，但是行为人积极赔偿被害人并取得谅解的情节仍然是其主动认罪、悔罪态度的重要反映，是其人身危险性降低的表征。法律未禁止公务人员接受袭警行为人对其受损个人利益的赔偿。行为人犯袭警罪后真诚悔罪，取得被害人谅解的，可酌情从宽处理。

---

[1] 参见曹东方、童楚惟：《袭警罪行为人取得被害人谅解可以酌情从宽处理》，载《人民司法·案例》2024年第17期。

> **伪造**：是指无权制作公文、证件、证明文件、印章、有价票证、凭证、船舶户牌的人，非法制作国家机关、人民团体、企业、事业单位或者其他组织的公文、证件、证明文件、印章、有价票证、凭证、船舶户牌的行为。
>
> **变造**：是指采用涂改、擦消、拼接等方法，对真实合法的公文、证件、证明文件、印章、有价票证、凭证、船舶户牌等进行改造，变更其原来真实内容的行为。
>
> **买卖**：是指为了某种目的，非法购买或销售国家机关、人民团体、企业、事业单位或者其他组织的公文、证件、证明文件、印章、有价票证、凭证、船舶户牌的行为。

第63条 伪造、变造、买卖、出租、出借公文、证件、证明文件、印章，伪造、变造、倒卖有价票证、船舶户牌

有下列行为之一的，处十日以上十五日以下拘留，可以并处五千元以下罚款；情节较轻的，处五日以上十日以下拘留，可以并处三千元以下罚款：

（一）伪造、变造或者买卖国家机关、人民团体、企业、事业单位或者其他组织的公文、证件、证明文件、印章的；

（二）出租、出借国家机关、人民团体、企业、事业单位或者其他组织的公文、证件、证明文件、印章供他人非法使用的；

（三）买卖或者使用伪造、变造的国家机关、人民团体、企业、事业单位或者其他组织的公文、证件、证明文件、印章的；

（四）伪造、变造或者倒卖车票、船票、航空客票、文艺演出票、体育比赛入场券或者其他有价票证、凭证的；

（五）伪造、变造船舶户牌，买卖或者使用伪造、变造的船舶户牌，或者涂改船舶发动机号码的。

相关规定

1.《刑法》

第 227 条 【伪造、倒卖伪造的有价票证罪】伪造或者倒卖伪造的车票、船票、邮票或者其他有价票证，数额较大的，处二年以下有期徒刑、拘役或者管制，并处或者单处票证价额一倍以上五倍以下罚金；数额巨大的，处二年以上七年以下有期徒刑，并处票证价额一倍以上五倍以下罚金。

【倒卖车票、船票罪】倒卖车票、船票，情节严重的，处三年以下有期徒刑、拘役或者管制，并处或者单处票证价额一倍以上五倍以下罚金。

第 280 条 【伪造、变造、买卖国家机关公文、证件、印章罪】【盗窃、抢夺、毁灭国家机关公文、证件、印章罪】伪造、变造、买卖或者盗窃、抢夺、毁灭国家机关的公文、证件、印章的，处三年以下有期徒刑、拘役、管制或者剥夺政治权利，并处罚金；情节严重的，处三年以上十年以下有期徒刑，并处罚金。

【伪造公司、企业、事业单位、人民团体印章罪】伪造公司、企业、事业单位、人民团体的印章的，处三年以下有期徒刑、拘役、管制或者剥夺政治权利，并处罚金。

【伪造、变造、买卖身份证件罪】伪造、变造、买卖居民身份证、护照、社会保障卡、驾驶证等依法可以用于证明身份的证件的，处三年以下有期徒刑、拘役、管制或者剥夺政治权利，并处罚金；情节严重的，处三年以上七年以下有期徒刑，并处罚金。

2.《市场主体登记管理条例》

第 37 条 任何单位和个人不得伪造、涂改、出租、出借、转让营业执照。

营业执照遗失或者毁坏的，市场主体应当通过国家企业信用信息公示系统声明作废，申请补领。

登记机关依法作出变更登记、注销登记和撤销登记决定的，市场主体应当缴回营业执照。拒不缴回或者无法缴回营业执照的，由登记机关通过国家企业信用信息公示系统公告营业执照作废。

3.《最高人民检察院、公安部关于公安机关管辖的刑事案件立案追诉标准的规定（一）》

第29条　[伪造、倒卖伪造的有价票证案（刑法第二百二十七条第一款）]伪造或者倒卖伪造的车票、船票、邮票或者其他有价票证，涉嫌下列情形之一的，应予立案追诉：

（一）车票、船票票面数额累计二千元以上，或者数量累计五十张以上的；

（二）邮票票面数额累计五千元以上，或者数量累计一千枚以上的；

（三）其他有价票证价额累计五千元以上，或者数量累计一百张以上的；

（四）非法获利累计一千元以上的；

（五）其他数额较大的情形。

第30条　[倒卖车票、船票案（刑法第二百二十七条第二款）]倒卖车票、船票或者倒卖车票坐席、卧铺签字号以及订购车票、船票凭证，涉嫌下列情形之一的，应予立案追诉：

（一）票面数额累计五千元以上的；

（二）非法获利累计二千元以上的；

（三）其他情节严重的情形。

第64条 船舶擅自进入、停靠国家禁止、限制进入的水域或者岛屿

船舶擅自进入、停靠国家禁止、限制进入的水域或者岛屿的，对船舶负责人及有关责任人员处一千元以上二千元以下罚款；情节严重的，处五日以下拘留，可以并处二千元以下罚款。

第65条 违反社会组织管理和擅自经营特许行业

❶有下列行为之一的，处十日以上十五日以下拘留，可以并处五千元以下罚款；情节较轻的，处五日以上十日以下拘留或者一千元以上三千元以下罚款：

（一）违反国家规定，未经注册登记，以社会团体、基金会、社会服务机构等社会组织名义进行活动，被取缔后，仍进行活动的；

（二）被依法撤销登记或者吊销登记证书的社会团体、基金会、社会服务机构等社会组织，仍以原社会组织名义进行活动的；

（三）未经许可，擅自经营按照国家规定需要由公安机关许可的行业的。

❷有前款第三项行为的，予以取缔。被取缔一年以内又实施的，处十日以上十五日以下拘留，并处三千元以上五千元以下罚款。

❸取得公安机关许可的经营者，违反国家有关管理规定，情节严重的，公安机关可以吊销许可证件。

☞ **社会团体**：是指中国公民自愿组成，为实现会员共同意愿，按照其章程开展活动的非营利性社会组织。

基金会：是指利用自然人、法人或者其他组织捐赠的财产，以从事公益慈善事业为目的，按照《基金会管理条例》的规定成立的非营利性法人，名称后缀为基金会。

社会服务机构：是指企业事业单位、社会团体和其他社会力量以及公民个人利用非国有资产举办的，从事非营利性社会服务活动的社会组织，如各类民办学校、医院、文艺团体、科研院所、体育场馆等。

相关规定

1.《民法典》

第 87 条　为公益目的或者其他非营利目的成立，不向出资人、设立人或者会员分配所取得利润的法人，为非营利法人。

非营利法人包括事业单位、社会团体、基金会、社会服务机构等。

第 91 条　设立社会团体法人应当依法制定法人章程。

社会团体法人应当设会员大会或者会员代表大会等权力机构。

社会团体法人应当设理事会等执行机构。理事长或者会长等负责人按照法人章程的规定担任法定代表人。

第 93 条　设立捐助法人应当依法制定法人章程。

捐助法人应当设理事会、民主管理组织等决策机构，并设执行机构。理事长等负责人按照法人章程的规定担任法定代表人。

捐助法人应当设监事会等监督机构。

2.《社会团体登记管理条例》

第 9 条　申请成立社会团体，应当经其业务主管单位审查同意，由发起人向登记管理机关申请登记。

筹备期间不得开展筹备以外的活动。

第 10 条　成立社会团体，应当具备下列条件：

（一）有 50 个以上的个人会员或者 30 个以上的单位会员；个人会员、单位会员混合组成的，会员总数不得少于 50 个；

（二）有规范的名称和相应的组织机构；

（三）有固定的住所；

（四）有与其业务活动相适应的专职工作人员；

（五）有合法的资产和经费来源，全国性的社会团体有 10 万元以上活动资金，地方性的社会团体和跨行政区域的社会团体有 3 万元以上活动资金；

（六）有独立承担民事责任的能力。

社会团体的名称应当符合法律、法规的规定，不得违背社会道德风尚。社会团体的名称应当与其业务范围、成员分布、活动地域相一致，准确反映其特征。全国性的社会团体的名称冠以"中国"、"全国"、"中华"等字样的，应当按照国家有关规定经过批准，地方性的社会团体的名称不得冠以"中国"、"全国"、"中华"等字样。

第 11 条 申请登记社会团体，发起人应当向登记管理机关提交下列文件：

（一）登记申请书；

（二）业务主管单位的批准文件；

（三）验资报告、场所使用权证明；

（四）发起人和拟任负责人的基本情况、身份证明；

（五）章程草案。

第 12 条 登记管理机关应当自收到本条例第十一条所列全部有效文件之日起 60 日内，作出准予或者不予登记的决定。准予登记的，发给《社会团体法人登记证书》；不予登记的，应当向发起人说明理由。

社会团体登记事项包括：名称、住所、宗旨、业务范围、活动地域、法定代表人、活动资金和业务主管单位。

社会团体的法定代表人，不得同时担任其他社会团体的法定代表人。

第 13 条 有下列情形之一的，登记管理机关不予登记：

（一）有根据证明申请登记的社会团体的宗旨、业务范围不符合本条例第四条的规定的；

（二）在同一行政区域内已有业务范围相同或者相似的社会团体，没有必要成立的；

（三）发起人、拟任负责人正在或者曾经受到剥夺政治权利的刑事处罚，或者不具有完全民事行为能力的；

（四）在申请登记时弄虚作假的；

（五）有法律、行政法规禁止的其他情形的。

第 14 条 社会团体的章程应当包括下列事项：

（一）名称、住所；

（二）宗旨、业务范围和活动地域；

（三）会员资格及其权利、义务；

（四）民主的组织管理制度，执行机构的产生程序；

（五）负责人的条件和产生、罢免的程序；

（六）资产管理和使用的原则；

（七）章程的修改程序；

（八）终止程序和终止后资产的处理；

（九）应当由章程规定的其他事项。

第 15 条 依照法律规定，自批准成立之日起即具有法人资格的社会团体，应当自批准成立之日起 60 日内向登记管理机关提交批准文件，申领《社会团体法人登记证书》。登记管理机关自收到文件之日起 30 日内发给《社会团体法人登记证书》。

第 16 条 社会团体凭《社会团体法人登记证书》申请刻制印章，开立银行账户。社会团体应当将印章式样和银行账号报登记管理机关备案。

第 17 条　社会团体的分支机构、代表机构是社会团体的组成部分，不具有法人资格，应当按照其所属于的社会团体的章程所规定的宗旨和业务范围，在该社会团体授权的范围内开展活动、发展会员。社会团体的分支机构不得再设立分支机构。

社会团体不得设立地域性的分支机构。

第 18 条　社会团体的登记事项需要变更的，应当自业务主管单位审查同意之日起 30 日内，向登记管理机关申请变更登记。

社会团体修改章程，应当自业务主管单位审查同意之日起 30 日内，报登记管理机关核准。

第 19 条　社会团体有下列情形之一的，应当在业务主管单位审查同意后，向登记管理机关申请注销登记：

（一）完成社会团体章程规定的宗旨的；

（二）自行解散的；

（三）分立、合并的；

（四）由于其他原因终止的。

第 20 条　社会团体在办理注销登记前，应当在业务主管单位及其他有关机关的指导下，成立清算组织，完成清算工作。清算期间，社会团体不得开展清算以外的活动。

第 21 条　社会团体应当自清算结束之日起 15 日内向登记管理机关办理注销登记。办理注销登记，应当提交法定代表人签署的注销登记申请书、业务主管单位的审查文件和清算报告书。

登记管理机关准予注销登记的，发给注销证明文件，收缴该社会团体的登记证书、印章和财务凭证。

第 22 条　社会团体处分注销后的剩余财产，按照国家有关规定办理。

第 23 条　社会团体成立、注销或者变更名称、住所、法定代表人，由登记管理机关予以公告。

第 32 条　筹备期间开展筹备以外的活动，或者未经登记，擅自以社会团体名义进行活动，以及被撤销登记的社会团体继续以社会团体名义进行活动的，由登记管理机关予以取缔，没收非法财产；构成犯罪的，依法追究刑事责任；尚不构成犯罪的，依法给予治安管理处罚。

3.《沿海船舶边防治安管理规定》

第 13 条　各类船舶进出港口时，除依照规定向渔港监督或者各级海事行政主管部门办理进出港签证手续外，还应当办理进出港边防签证手续。进出非本船籍港时，必须到当地公安边防部门或者其授权的船舶签证点，办理边防签证手续，接受检查。

第 17 条　出海船舶和人员不得擅自进入国家禁止或者限制进入的海域或岛屿，不得擅自搭靠外国籍或者香港、澳门特别行政区以及台湾地区的船舶。

因避险及其他不可抗力的原因发生前款情形的，应当在原因消除后立即离开，抵港后及时向公安边防部门报告。

第 66 条 煽动、策划非法集会、游行、示威

煽动、策划非法集会、游行、示威，不听劝阻的，处十日以上十五日以下拘留。

第 67 条 旅馆业工作人员违反治安管理规定

❶从事旅馆业经营活动不按规定登记住宿人员姓名、有效身份证件种类和号码等信息的，或者为身份不明、拒绝登记身份信息的人提供住宿服务的，对其直接负责的主管人员和其他直接责任人员处五百元以上一千元以下罚款；情节较轻的，处警告或者五百元以下罚款。

❷实施前款行为，妨害反恐怖主义工作进行，违反《中华人民共和国反恐怖主义法》规定的，依照其规定处罚。

❸从事旅馆业经营活动有下列行为之一的，对其直接负责的主管人员和其他直接责任人员处一千元以上三千元以下罚款；情节严重的，处五日以下拘留，可以并处三千元以上五千元以下罚款：

（一）明知住宿人员违反规定将危险物质带入住宿区域，不予制止的；

（二）明知住宿人员是犯罪嫌疑人员或者被公安机关通缉的人员，不向公安机关报告的；

（三）明知住宿人员利用旅馆实施犯罪活动，不向公安机关报告的。

☞ **煽动**：是指行为人以语言、文字、图像的方式对他人进行鼓动、宣传，意图使他人相信其所煽动的内容，或者意图使他人去实施所煽动的行为。

策划：是指为实现某一目标而进行筹划、谋算的行为，如制订计划、策略等。

非法聚会、游行、示威：一是未依照《集会游行示威法》申请或者申请未获许可的条件下进行集会、游行、示威的；二是集会、游行、示威未按照主管机关许可的目的、方式、标语、口号、起止时间、地点、路线进行，不听劝阻的。

为身份不明、拒绝登记身份信息的人提供住宿服务：（1）身份不明，是指无任何证件、证件信息无法验证真伪、人证明显不符且无法合理解释等情形。（2）为拒绝登记身份信息的人提供服务，是指明知对方拒绝登记仍默许入住，以"钟点房""熟人介绍"等理由规避登记等。

不予制止：是指未口头警告、未要求寄存、未报告警方、未拒绝入住等。

相关规定

1.《集会游行示威法》

第7条 举行集会、游行、示威,必须依照本法规定向主管机关提出申请并获得许可。

下列活动不需申请:

(一)国家举行或者根据国家决定举行的庆祝、纪念等活动;

(二)国家机关、政党、社会团体、企业事业组织依照法律、组织章程举行的集会。

第12条 申请举行的集会、游行、示威,有下列情形之一的,不予许可:

(一)反对宪法所确定的基本原则的;

(二)危害国家统一、主权和领土完整的;

(三)煽动民族分裂的;

(四)有充分根据认定申请举行的集会、游行、示威将直接危害公共安全或者严重破坏社会秩序的。

2.《反恐怖主义法》

第21条 电信、互联网、金融、住宿、长途客运、机动车租赁等业务经营者、服务提供者,应当对客户身份进行查验。对身份不明或者拒绝身份查验的,不得提供服务。

第86条 电信、互联网、金融业务经营者、服务提供者未按规定对客户身份进行查验,或者对身份不明、拒绝身份查验的客户提供服务的,主管部门应当责令改正;拒不改正的,处二十万元以上五十万元以下罚款,并对其直接负责的主管人员和其他直接责任人员处十万元以下罚款;情节严重的,处五十万元以上罚款,并对其直接负责的主管人员和其他直接责任人员，处十万元以上五十万元以下罚款。

住宿、长途客运、机动车租赁等业务经营者、服务提供者有前款规定情形的，由主管部门处十万元以上五十万元以下罚款，并对其直接负责的主管人员和其他直接责任人员处十万元以下罚款。

3.《旅馆业治安管理办法》

第1条　为了保障旅馆业的正常经营和旅客的生命财物安全，维护社会治安，制定本办法。

第2条　凡经营接待旅客住宿的旅馆、饭店、宾馆、招待所、客货栈、车马店、浴池等（以下统称旅馆），不论是国营、集体经营，还是合伙经营、个体经营、外商投资经营，不论是专营还是兼营，不论是常年经营，还是季节性经营，都必须遵守本办法。

第3条　开办旅馆，要具备必要的防盗等安全设施。

第4条　申请开办旅馆，应取得市场监管部门核发的营业执照，向当地公安机关申领特种行业许可证后，方准开业。

经批准开业的旅馆，如有歇业、转业、合并、迁移、改变名称等情况，应当在市场监管部门办理变更登记后3日内，向当地的县、市公安局、公安分局备案。

第5条　经营旅馆，必须遵守国家的法律，建立各项安全管理制度，设置治安保卫组织或者指定安全保卫人员。

第6条　旅馆接待旅客住宿必须登记。登记时，应当查验旅客的身份证件，按规定的项目如实登记。

接待境外旅客住宿，还应当在24小时内向当地公安机关报送住宿登记表。

第7条　旅馆应当设置旅客财物保管箱、柜或者保管室、保险柜，指定专人负责保管工作。对旅客寄存的财物，要建立登记、领取和交接制度。

第8条　旅馆对旅客遗留的物品，应当妥为保管，设法归还原主或揭示招领；经招领3个月后无人认领的，要登记造册，送当地公安机关按拾遗物品处理。对违禁物品和可疑物品，应当及时报告公安机关处理。

第9条　旅馆工作人员发现违法犯罪分子、行迹可疑的人员和被公安机关通缉的罪犯，应当立即向当地公安机关报告，不得知情不报或隐瞒包庇。

第10条　在旅馆内开办舞厅、音乐茶座等娱乐、服务场所的，除执行本办法有关规定外，还应当按照国家和当地政府的有关规定管理。

第11条　严禁旅客将易燃、易爆、剧毒、腐蚀性和放射性等危险物品带入旅馆。

第12条　旅馆内，严禁卖淫、嫖宿、赌博、吸毒、传播淫秽物品等违法犯罪活动。

第13条　旅馆内，不得酗酒滋事、大声喧哗，影响他人休息，旅客不得私自留客住宿或者转让床位。

第14条　公安机关对旅馆治安管理的职责是，指导、监督旅馆建立各项安全管理制度和落实安全防范措施，协助旅馆对工作人员进行安全业务知识的培训，依法惩办侵犯旅馆和旅客合法权益的违法犯罪分子。

公安人员到旅馆执行公务时，应当出示证件，严格依法办事，要文明礼貌待人，维护旅馆的正常经营和旅客的合法权益。旅馆工作人员和旅客应当予以协助。

第15条　违反本办法第四条规定开办旅馆的，公安机关可以酌情给予警告或者处以 200 元以下罚款；未经登记，私自开业的，公安机关应当协助工商行政管理部门依法处理。

第 16 条　旅馆工作人员违反本办法第九条规定的，公安机关可以酌情给予警告或者处以 200 元以下罚款；情节严重构成犯罪的，依法追究刑事责任。

旅馆负责人参与违法犯罪活动，其所经营的旅馆已成为犯罪活动场所的，公安机关除依法追究其责任外，对该旅馆还应当会同工商行政管理部门依法处理。

第 17 条　违反本办法第六、十一、十二条规定的，依照《中华人民共和国治安管理处罚法》有关条款的规定，处罚有关人员；发生重大事故、造成严重后果构成犯罪的，依法追究刑事责任。

第 18 条　当事人对公安机关的行政处罚决定不服的，按照《中华人民共和国治安管理处罚法》第一百零二条的规定办理。

第 19 条　省、自治区、直辖市公安厅（局）可根据本办法制定实施细则，报请当地人民政府批准后施行，并报公安部备案。

第 20 条　本办法自公布之日起施行。1951 年 8 月 15 日公布的《城市旅栈业暂行管理规则》同时废止。

4.《最高人民检察院、公安部关于公安机关管辖的刑事案件立案追诉标准的规定（一）》

第 38 条　[非法集会、游行、示威案（刑法第二百九十六条）]　举行集会、游行、示威，未依照法律规定申请或者申请未获许可，或者未按照主管机关许可的起止时间、地点、路线进行，又拒不服从解散命令，严重破坏社会秩序的，应予立案追诉。

第 39 条　[非法携带武器、管制刀具、爆炸物参加集会、游行、示威案（刑法第二百九十七条）]　违反法律规定，携带武器、管制刀具或者爆炸物参加集会、游行、示威的，应予立案追诉。

第40条 ［破坏集会、游行、示威案（刑法第二百九十八条）］扰乱、冲击或者以其他方法破坏依法举行的集会、游行、示威，造成公共秩序严重混乱的，应予立案追诉。

第68条　房屋出租人违反治安管理规定

❶房屋出租人将房屋出租给身份不明、拒绝登记身份信息的人的，或者不按规定登记承租人姓名、有效身份证件种类和号码等信息的，处五百元以上一千元以下罚款；情节较轻的，处警告或者五百元以下罚款。

❷房屋出租人明知承租人利用出租房屋实施犯罪活动，不向公安机关报告的，处一千元以上三千元以下罚款；情节严重的，处五日以下拘留，可以并处三千元以上五千元以下罚款。

第69条　娱乐场所和公章刻制、机动车修理行业经营者违反登记信息制度

娱乐场所和公章刻制、机动车修理、报废机动车回收行业经营者违反法律法规关于要求登记信息的规定，不登记信息的，处警告；拒不改正或者造成后果的，对其直接负责的主管人员和其他直接责任人员处五日以下拘留或者三千元以下罚款。

第70条　非法安装、使用、提供窃听、窃照专用器材

非法安装、使用、提供窃听、窃照专用器材的，处五日以下拘留或者一千元以上三千元以下罚款；情节较重的，处五日以上十日以下拘留，并处三千元以上五千元以下罚款。

☞ **情节严重**：可从以下几个方面考量：（1）危害后果。如出租屋发生命案、爆炸等恶性事件，租客利用房屋实施跨境诈骗、制毒等重大犯罪。（2）主观恶性。如收受贿赂故意隐瞒，被警告后仍不整改或伪造证据等，主观恶性较大。（3）社会影响。如案件引发媒体曝光或群体性事件，出租屋成电信诈骗窝点致多人受骗等。

不登记信息：具体包括完全未登记、登记信息不实或不全、拒不更新或保存信息、拒绝监管核查等。

拒不改正：是指经警告后再次违法或未整改。

条文注释

第 70 条　【非法安装、使用、提供窃听、窃照专用器材】

窃听专用器材，是指以伪装或者隐蔽方式使用，经公安机关依法进行技术检测后作出认定性结论，有以下情形之一的：(1) 具有无线发射、接收语音信号功能的发射、接收器材；(2) 微型语音信号拾取或者录制设备；(3) 能够获取无线通信信息的电子接收器材；(4) 利用搭接、感应等方式获取通信线路信息的器材；(5) 利用固体传声、光纤、微波、激光、红外线等技术获取语音信息的器材；(6) 可遥控语音接收器件或者电子设备中的语音接收功能，获取相关语音信息，且无明显提示的器材（含软件）；(7) 其他具有窃听功能的器材。

窃照专用器材，是指以伪装或者隐蔽方式使用，经公安机关依法进行技术检测后作出认定性结论，有以下情形之一的：(1) 具有无线发射功能的照相、摄像器材；(2) 微型针孔式摄像装置以及使用微型针孔式摄像装置的照相、摄像器材；(3) 取消正常取景器和回放显示器的微小相机和摄像机；(4) 利用搭接、感应等方式获取图像信息的器材；(5) 可遥控照相、摄像器件或者电子设备中的照相、摄像功能，获取相关图像信息，且无明显提示的器材（含软件）；(6) 其他具有窃照功能的器材。

相关规定

1.《刑法》

第284条 【非法使用窃听、窃照专用器材罪；考试作弊罪】非法使用窃听、窃照专用器材，造成严重后果的，处2年以下有期徒刑、拘役或者管制。

2.《国家安全法》

第10条 维护国家安全，应当坚持互信、互利、平等、协作，积极同外国政府和国际组织开展安全交流合作，履行国际安全义务，促进共同安全，维护世界和平。

3.《反间谍法实施细则》

第18条 《反间谍法》第二十五条所称"专用间谍器材"，是指进行间谍活动特殊需要的下列器材：

（一）暗藏式窃听、窃照器材；

（二）突发式收发报机、一次性密码本、密写工具；

（三）用于获取情报的电子监听、截收器材；

（四）其他专用间谍器材。

专用间谍器材的确认，由国务院国家安全主管部门负责。

4.《娱乐场所管理条例》

第25条 娱乐场所应当与从业人员签订文明服务责任书，并建立从业人员名簿；从业人员名簿应当包括从业人员的真实姓名、居民身份证复印件、外国人就业许可证复印件等内容。

娱乐场所应当建立营业日志，记载营业期间从业人员的工作职责、工作时间、工作地点；营业日志不得删改，并应当留存60日备查。

5.《印铸刻字业暂行管理规则》

第 3 条　公章刻制经营者取得市场监管部门核发的营业执照后,应当在 5 日内将以下信息材料向所在地县级人民政府公安机关备案:

(一) 营业执照复印件;

(二) 法定代表人、经营负责人及从业人员有效身份证件复印件;

(三) 标注安全防范设施的经营场所内部结构平面图;

(四) 公章刻制和信息备案设备清单;

(五) 内部管理制度和安全制度。

公安机关能够通过部门间信息共享获得的备案信息,不要求当事人提供。

公章刻制经营者上述备案信息发生变化的,应当自有关变化发生之日起 15 日内向原备案公安机关更新备案信息。

公章刻制经营者终止公章刻制业务的,应当及时向公安机关办理备案注销。

第 4 条　凡在本规则颁布前,已开业之印铸刻字业,均须补办第三条规定之手续。

第 5 条　凡经营印铸刻字业者,均须遵守下列事项:

(一) 公章刻制经营者应当核验刻制公章的证明材料,采集用章单位、公章刻制申请人的基本信息,并应当在刻制公章后 1 日内,将用章单位、公章刻制申请人等基本信息及印模、刻制公章的证明材料报所在地县级人民政府公安机关备案。

(二) 凡经营印铸刻字业者,均需备制营业登记簿,以备查验。属本条第一项规定之各印制品,承制者一律不准留样,不准仿制,或私自翻印。

(三) 遇有下列情形之一者,须迅速报告当地人民公安机关:

1. 伪造或仿造布告、护照、委任状、袖章、符号、胸章、证券及各机关之文件等。

2. 私自定制各机关、团体、学校、公营企业之钢印、火印、徽章、证明、号牌或仿制者。

3. 遇有定制非法之团体、机关戳记、印件、徽章或仿制者。

4. 印制反对人民民主、生产建设及宣传封建等各种反动印刷品者。

（四）凡印刷铸刻本条第三项所规定之各项物品者，除没收其原料及成品外，得按照情节之轻重，予以惩处。

（五）对人民公安机关之执行检查职务人员，应予协助进行。

第6条 公安机关可以通过网络等方式，便利公章刻制经营者备案，并应当向备案的公章刻制经营者免费提供或者协助其安装公章刻制信息备案系统软件。

第7条 违反本规则第三条第一款、第三款规定的，由公安机关责令限期改正，予以警告；逾期不改正的，对公章刻制经营者处3000元以上3万元以下罚款。公章刻制经营者备案时提供虚假信息的，由公安机关责令限期改正，并处5000元以上1万元以下罚款；逾期不改正的，处1万元以上5万元以下罚款。

违反本规则第五条第一项规定的，由公安机关责令限期改正，予以警告；逾期不改正的，责令停业整顿1个月至3个月，对公章刻制经营者并处5000元以上5万元以下罚款，对直接负责的主管人员和其他直接责任人员处500元以上5000元以下罚款；情节较重的，由市场监管部门吊销营业执照。

6.《租赁房屋治安管理规定》

第1条 为加强租赁房屋的治安管理，做好安全防范，保护租赁双方的合法权益，特制定本规定。

第 2 条　本规定所称的租赁房屋,是指旅馆业以外以营利为目的,公民私有和单位所有出租用于他人居住的房屋。

第 3 条　公安机关对租赁房屋实行治安管理,建立登记、安全检查等管理制度。

第 4 条　城镇街道居民委员会、村民委员会及其治安保卫委员会,应当协助公安机关做好租赁房屋的安全防范、法制宣传教育和治安管理工作。

第 5 条　出租的房屋,其建筑、消防设备、出入口和通道等,必须符合消防安全和治安管理规定;危险和违章建筑的房屋,不准出租。

第 6 条　私有房屋出租的,出租人须持房屋所有权证或者其他合法证明、居民身份证、户口簿,向房屋所在地公安派出所申请登记;单位房屋出租的,出租人须持房屋所有权证、单位介绍信,到房屋所在地公安派出所申请登记,经审核符合本规定出租条件的,由出租人向公安派出所签订治安责任保证书。

第 7 条　房屋出租人的治安责任:

(一) 不准将房屋出租给无合法有效证件的承租人;

(二) 与承租人签订租赁合同,承租人是外来暂住人员的,应当带领其到公安派出所申报暂住户口登记,并办理暂住证;

(三) 对承租人的姓名、性别、年龄、常住户口所在地、职业或者主要经济来源、服务处所等基本情况进行登记并向公安派出所备案;

(四) 发现承租人有违法犯罪活动或者有违法犯罪嫌疑的,应当及时报告公安机关;

(五) 对出租的房屋经常进行安全检查,及时发现和排除不安全隐患,保障承租人的居住安全;

（六）房屋停止租赁的，应当到公安派出所办理注销手续；

（七）房屋出租单位或者个人委托代理人管理出租房屋的，代理人必须遵守有关规定，承担相应责任。

第 8 条 房屋承租人的治安责任：

（一）必须持有本人居民身份证或者其他合法身份证件；

（二）租赁房屋住宿的外来暂住人员，必须按户口管理规定，在三日内到公安派出所申请暂住户口登记；

（三）将承租房屋转租或者转借他人的，应当向当地公安派出所申报备案；

（四）安全使用出租房屋，发现承租房屋有不安全隐患，应当及时告知出租人予以消除；

（五）承租的房屋不准用于生产、储存、经营易燃、易爆、有毒等危险物品；

（六）集体承租或者单位承租房屋的，应当建立安全管理制度。

第 9 条 违反本规定的行为，由县（市）公安局或者城市公安分局予以处罚：

（一）出租人未向公安机关办理登记手续或者未签定治安责任保证书出租房屋的，责令限期补办手续并没收非法所得，情节严重的可以并处月租金五倍以下的罚款；

（二）出租人将房屋出租给无合法有效证件承租人的，处以警告、月租金三倍以下的罚款；

（三）出租人不履行治安责任，发现承租人利用所租房屋进行违法犯罪活动或者有违法犯罪嫌疑不制止、不报告，或者发生案件、治安灾害事故的，责令停止出租，可以并处月租金十倍以下的罚款；

（四）承租人将承租房屋转租、转借他人未按规定报告公安机关的，处以警告，没收非法所得；

（五）承租人利用出租房屋非法生产、储存、经营易燃、易爆、有毒等危险物品的，没收物品，处月租金十倍以下罚款。

第 10 条　对出租或承租的单位违反规定的，依照本规定第九条由县（市）公安局或者城市公安分局予以处罚，同时对单位的主管负责人或者直接责任人处以月工资两倍以下的罚款。

第 11 条　违反本规定构成违反治安管理行为的，依照《中华人民共和国治安管理处罚条例》有关规定处罚；构成犯罪的，依法追究刑事责任。

第 12 条　被处罚人和单位对依照本规定作出的处罚决定不服的，可以依照《行政复议条例》的有关规定向上一级公安机关申请复议。复议期间，不停止处罚决定的执行。

第 13 条　各省、自治区、直辖市公安厅、局可以依据本规定制定实施办法。

第 14 条　本规定自发布之日起施行。

7.《机动车修理业、报废机动车回收业治安管理办法》

第 7 条　机动车修理企业和个体工商户承修机动车应如实登记下列项目：

（一）按照机动车行驶证项目登记送修车辆的号牌、车型、发动机号码、车架号码、厂牌型号、车身颜色；

（二）车主名称或姓名、送修人姓名和居民身份证号码或驾驶证号码；

（三）修理项目（事故车辆应详细登记修理部位)；

（四）送修时间、收车人姓名。

案例指引

1. 李某等非法销售窃照专用器材案[①]

办理非法销售窃听、窃照专用器材刑事案件，认定案涉器材是否属于窃听、窃照专用器材，可以结合公安机关对案涉器材依法进行技术检测后作出的意见，综合案涉器材的特征和安装、使用方式等因素进行判断。

2. 颜某平、颜某建非法使用窃照专用器材案[②]

非法使用窃听、窃照专用器材罪中的"造成严重后果"，主要包括严重侵犯他人隐私、贬损他人人格，造成重大经济损失，严重扰乱社会秩序，以及造成恶劣社会影响等情形。将窃照专用器材安装于酒店房间内，用于偷拍住店旅客，严重侵犯他人隐私、扰乱社会管理秩序的，应当根据《刑法》第284条的规定，以非法使用窃照专用器材罪论处；同时构成其他犯罪的，依照处罚较重的规定定罪处罚。

3. 陈某非法生产、销售窃听、窃照专用器材案[③]

未经有关主管部门批准、许可，把普通民用设备改装为窃听、窃照专用器材的，属于"非法生产"窃听、窃照专用器材。符合《刑法》第283条第1款规定的，以非法生产窃听、窃照专用器材罪论处。

---

① 载人民法院案例库，案例编号：2025-03-1-246-003，最后访问日期：2025年7月5日。
② 载人民法院案例库，案例编号：2025-03-1-247-001，最后访问日期：2025年7月5日。
③ 载人民法院案例库，案例编号：2025-03-1-246-001，最后访问日期：2025年7月5日。

4. 闫某坤等非法销售窃照专用器材案[1]

行为人非法销售窃听、窃照专用器材是否达到"情节严重"的程度,应当结合经营数额,因他人非法使用而对国家安全、社会公共利益及公民、企事业单位等的合法权益造成的损害等因素进行综合判断。非法销售窃照专用器材经营数额大,因他人非法使用引发了次生犯罪的,应当认定为"情节严重"。

---

[1] 载人民法院案例库,案例编号:2025-03-1-246-002,最后访问日期:2025年7月5日。

第71条 典当业、废旧物品收购业违反治安管理规定

有下列行为之一的,处一千元以上三千元以下罚款;情节严重的,处五日以上十日以下拘留,并处一千元以上三千元以下罚款:

(一) 典当业工作人员承接典当的物品,不查验有关证明、不履行登记手续的,或者违反国家规定对明知是违法犯罪嫌疑人、赃物而不向公安机关报告的;

(二) 违反国家规定,收购铁路、油田、供电、电信、矿山、水利、测量和城市公用设施等废旧专用器材的;

(三) 收购公安机关通报寻查的赃物或者有赃物嫌疑的物品的;

(四) 收购国家禁止收购的其他物品的。

第72条 妨害执法秩序、违反刑事监督管理规定

有下列行为之一的,处五日以上十日以下拘留,可以并处一千元以下罚款;情节较轻的,处警告或者一千元以下罚款:

(一) 隐藏、转移、变卖、擅自使用或者损毁行政执法机关依法扣押、查封、冻结、扣留、先行登记保存的财物的;

(二) 伪造、隐匿、毁灭证据或者提供虚假证言、谎报案情,影响行政执法机关依法办案的;

☞ **隐藏**:是指将财物藏匿于隐蔽的处所,以躲避行政执法机关的执行。

转移:是指变更财物所在的位置,使得行政执法机关无法有效控制该财物。而本条第3项的"转移"是指变更赃物所在的位置,使得公安机关等部门无法有效地追查赃物。

变卖:是指通过交易的方式,将财物变价,以躲避行政执法机关的执行。

损毁:是指通过暴力或其他手段,损坏财物的原有使用性质和用途,使其丧失应有的价值,导致行政决定实际上无法执行的行为。

条文注释

第 71 条　【典当业、废旧物品收购业违反治安管理规定】

　　典当业，是指以实物占有转移形式为非国有中、小企业和个人提供临时性质抵押贷款的特殊金融行业。典当业经营过程中，出当时，当户应当如实向典当行提供当物的来源及相关证明材料。典当行应当查验当户出具的上述证明文件。典当行发现公安机关通报协查的人员或者赃物以及其他不得收当的财物时，应当立即向公安机关报告有关情况。废旧物品收购业中的违反治安管理的行为，主要是针对禁止收购的对象，主要有铁路、油田、供电、电信、矿山、水利、测量和城市公用设施等废旧专用器材，公安机关通报寻查的赃物或者有赃物嫌疑的物品以及国家禁止收购的其他物品。

相关规定

1. 《刑法》

第 312 条　【掩饰、隐瞒犯罪所得、犯罪所得收益罪】明知是犯罪所得及其产生的收益而予以窝藏、转移、收购、代为销售或者以其他方法掩饰、隐瞒的，处三年以下有期徒刑、拘役或者管制，并处或者单处罚金；情节严重的，处三年以上七年以下有期徒刑，并处罚金。

单位犯前款罪的，对单位判处罚金，并对其直接负责的主管人员和其他直接责任人员，依照前款的规定处罚。

2. 《废旧金属收购业治安管理办法》

第 8 条　收购废旧金属的企业和个体工商户不得收购下列金属物品：

（一）枪支、弹药和爆炸物品；

（二）剧毒、放射性物品及其容器；

（三）铁路、油田、供电、电信通讯、矿山、水利、测量和城市公用设施等专用器材；

（四）公安机关通报寻查的赃物或者有赃物嫌疑的物品。

3. 《典当管理办法》

第 3 条　本办法所称典当，是指当户将其动产、财产权利作为当物质押或者将其房地产作为当物抵押给典当行，交付一定比例费用，取得当金，并在约定期限内支付当金利息、偿还当金、赎回当物的行为。

本办法所称典当行，是指依照本办法设立的专门从事典当活动的企业法人，其组织形式与组织机构适用《中华人民共和国公司法》

的有关规定。

第4条　商务主管部门对典当业实施监督管理，公安机关对典当业进行治安管理。

第5条　典当行的名称应当符合企业名称登记管理的有关规定。典当行名称中的行业表述应当标明"典当"字样。其他任何经营性组织和机构的名称不得含有"典当"字样，不得经营或者变相经营典当业务。

第6条　典当行从事经营活动，应当遵守法律、法规和规章，遵循平等、自愿、诚信、互利的原则。

4.《典当行业监管规定》

第一章　总　　则

第1条　为进一步提高典当行业监管工作水平，规范典当企业经营行为，促进典当行业健康持续发展，充分发挥典当行业在社会经济发展中的作用，依据《典当管理办法》（商务部、公安部令2005年第8号）及有关法律法规，制定本规定。

第2条　典当作为特殊工商行业，各级商务主管部门要从促进经济社会发展和维护社会经济秩序大局出发，准确把握典当行业在社会经济发展中的定位，增强服务意识，不断完善监管体系，依法从严行使监管职责，切实做好典当行业监管工作。

第3条　各级商务主管部门应加大现场检查和不定期抽查监管力度，采用以下方式开展监管工作：

（一）定期审核分析典当企业财务报表等；

（二）利用典当行业监管信息系统进行监管与分析；

（三）现场检查；

（四）约谈典当企业主要负责人和高管人员；

（五）引入会计师事务所、律师事务所等中介机构参与核查；

（六）根据投诉、举报或上级机关要求进行核查；

（七）其他监管方式。

第4条 重视发挥行业协会作用。支持行业协会加强行业自律和依法维护行业权益，共同抵制行业内不正当竞争行为，配合相关部门加强监管，维护规范有序、公平竞争的市场环境。

第二章 监管责任

第5条 典当行业监管工作实行分级管理、分级负责的原则，进一步强化属地管理责任。

第6条 商务部负责推进全国典当行业的监管工作，推动典当行业法律体系建设，制定并组织实施典当行业发展规划和布局方案，研究制定典当行业监管政策、制度、典当企业经营规则，部署有关工作，并根据需要开展调查和检查，指导地方商务主管部门加强对典当行业的监管工作和行业协会等自律组织的工作。

第7条 省级商务主管部门（含计划单列市）对本地区典当行业监管负责，制订并组织实施本地区监管工作政策、制度和工作部署，对《典当经营许可证》和当票进行管理；建立典当行业重大事件信息通报机制、风险预警机制和突发事件应急处置预案；开展各种方式的监管、检查工作，每年抽选不少于20%的典当企业进行现场检查。

第8条 地市级（含直辖市区县、省管县）商务主管部门负责本地区典当行业的日常监管，建立现场检查和约谈制度，实行动态监管和全过程监督，及时预警和防范风险，重点监督典当企业经营合规性和业务、财务数据真实性，及时防范和纠正违规违法行为，开展各种方式的监管工作，每半年至少对本行政区域内典当企业进行一次现场检查。

第 9 条　县级（市、区）商务主管部门应加强对本行政区域内典当企业的监督检查，重点进行现场检查，配合省、地市级商务主管部门做好典当行业监管工作。

第 10 条　各地商务主管部门要按监管职责加强监管队伍建设，明确分管领导，配备监管人员，加强典当监管和业务培训，提高监管人员素质。

第 11 条　各地商务主管部门要明确具体监管责任，在准入审批、日常监管、年审等环节建立谁审批谁负责、谁监管谁负责的责任制度，建立审批、检查、年审等环节的审批签字制度，以明确监管责任。

第 12 条　建立监管工作奖励和责任追究机制。商务部及省级商务主管部门要对监管工作优秀单位和个人进行表彰；各地商务主管部门要对监管失职以及监管不到位造成重大负面影响的单位或个人，按照有关规定追究其责任。

第 13 条　各级商务主管部门要提高服务意识，在开展监管、检查工作时要公正廉洁，严禁借检查之机吃、拿、卡、要，牟取不正当利益。

第三章　准入管理

第 14 条　省级商务主管部门要按照《行政许可法》、《典当管理办法》等法律、规章的规定，根据科学发展、合理布局、严格把关、明确责任、公开透明、公正廉洁的原则把好典当企业市场准入关，加强廉政建设，完善审批制度。

第 15 条　典当企业的准入要符合商务部的行业发展规划和布局方案。省级商务主管部门根据商务部行业发展规划和布局方案，结合当地实际情况制定地方典当行业发展规划，开展年度新增典当行及分支机构设立工作，将设立审批结果及时报商务部备案并用适当方式予以公告。

第16条　各地商务主管部门应严格按照《典当管理办法》和商务部有关文件规定审核典当企业设立申请，把握以下监管要求：

（一）法人股应当相对控股，法人股东合计持股比例占全部股份1/2以上，或者第一大股东是法人股东且持股比例占全部股份1/3以上；单个自然人不能为控股股东。

（二）严格审核法人股东是否具备以货币出资形式履行出资承诺的能力。法人股东应在商务主管部门指定的若干家规模较大、信誉较好的会计师事务所中选择审计单位，出具审计报告；应有缴纳营业税和所得税记录。

（三）自然人股东应为居住在中华人民共和国境内年满18周岁以上有民事行为能力的中国公民，无犯罪记录，信用良好，具备相应的出资实力。

（四）出资人应出具承诺书，承诺自觉遵守典当行业相关法律法规，遵守公司章程，加强监督管理，不从事非法金融活动，保证入股资金来源合法，不以他人资金入股。

（五）优先发展经营规范、实力雄厚、资本充足、信用良好、具备持续盈利能力的法人企业设立典当企业。

（六）有对外投资的法人股东企业，应承诺如实申报长期股权投资。

第17条　地市级（含直辖市区县、省管县）商务主管部门要把好申请设立典当企业的初审关，对申请者的实际情况和拟设典当企业的场所进行核实。

第18条　各地商务主管部门要严格审核典当行出资人资金来源

的合法性，严防以借贷资金入股、以他人资金入股等。对批准设立的新增典当行要持续跟踪半年以上并监督是否存在抽逃注册资金情况。

第四章　日常经营管理

第19条　各级商务主管部门要重点对非法集资、超范围经营、吸收存款或者变相吸收存款、故意收当赃物、违规办理股票典当业务等违规违法行为加强监督检查，发现上述违规违法行为立即纠正、处理。

第20条　在进行现场核查时，应检查典当企业是否在经营场所悬挂《典当经营许可证》、《特种行业经营许可证》、《工商营业执照》，公开经营范围和收费标准，自觉履行告知义务。

第21条　加强对典当企业资金来源和运用的监管。严格财务报表中应收及应付款项的核查。

典当企业的合法资金来源包括：

（一）经商务主管部门批准的注册资金；

（二）典当企业经营盈余；

（三）按照《典当管理办法》从商业银行获得的一定数量的贷款。

典当企业只能用上述资金开展质、抵押典当业务及鉴定评估、咨询服务业务。

第22条　加强对银行存款和现金的监督管理。地市级商务部门应监控本行政区域内典当企业的资金流向，对典当行银行开户账户进行备案登记，抽查典当企业的银行发生额对账单和现金，防止出现资金抽逃、违规融资。现金管理要符合《现金管理暂行条例》和《人民银行结算账户管理办法》等相关法规、规章，注重加强现金安全管理。

第 23 条　重点加强典当企业与其股东的资金往来监控。禁止典当行向股东借款、典当行股东以典当行名义为自己招揽业务、股东利用典当行违法违规从事金融活动。

第 24 条　加强对股票等财产权利典当业务的监督管理。禁止和预防典当行违规融资参与上市股票炒作，或为客户提供股票交易资金。禁止以证券交易账户资产为质押的股票典当业务。

第 25 条　加强对《典当经营许可证》的管理。严禁私自分配、挪用经营许可证等行为。

第 26 条　加强对当票与当物（质、抵押品）的对照检查，做到账物相符，防止和查处企业违规不开具当票、以合同代替当票、有当票无质（抵）押等违规行为。

第 27 条　省级商务主管部门负责当票、续当凭证的监制和发放。省、地两级商务主管部门应对每户典当企业的当票购领、使用、核销情况建立台账，实施编号管理。

各级商务主管部门应对当票和续当凭证的使用管理进行定期检查，并由检查人签字负责。典当企业当票与续当凭证使用的张数应与典当业务笔数相符，当票与续当凭证开具的累计金额应与典当总额相符，尚未赎回的当票与续当凭证的金额应与典当余额相符。各级商务主管部门应定期核对上述情况，发现问题，需责令企业作出说明并进行核实。当票和续当凭证发生遗失的，典当企业应及时在媒体上公告声明作废，并以书面形式报知当地商务主管部门。

第 28 条　加强典当企业档案管理。地市级商务主管部门应到典当企业查验客户档案中有关证件、合同和当票等内容是否齐全、有效；开具的当票、续当凭证内容是否与证件和合同相一致，当票保管联是否存入档案，开具的当票、续当凭证是否与财务报表一致。

第29条　加强典当企业财务状况的监督管理。典当企业每月应通过全国典当行业监督管理信息系统，如实填报经营情况和财务报表。年度要填报经会计师事务所审计的年度财务报表。各级商务主管部门应对本行政区域内企业上报信息系统的数据进行审核。

第30条　加强信息化监督管理。要求典当企业安装全国典当行业监督管理信息系统，并使用该系统实现机打当票、续当凭证，准确录入典当业务相关信息。各级商务主管部门应加强使用全国典当行业监督管理信息系统进行日常监管，定期核查企业上报信息。

第31条　严格当物的质、抵押登记制度。重点对财产权利质押典当业务和大额房地产抵押典当业务的当物登记情况进行现场核查。各级商务主管部门要积极与其他相关职能部门协调，支持典当企业依法办理当物的质、抵押登记。

第32条　各级商务主管部门要严格典当企业股权变更管理。

（一）典当行增加注册资本应当间隔1年以上。

（二）新增股东或者增资股东应与新设典当企业对股东的要求一致，防止不具备资格的企业和个人进入典当行业。对经营未满3年或最近2年未实现盈利的企业进入典当行业严格审核，谨慎许可。

（三）对于对外转让50%以上股份，控股股东转让全部出资额，同时变更名称、法定代表人、住所及股权结构等重大变更事项须严格审核，防止个别典当企业借机变相集资吸储或倒卖经营资格。

第33条　典当企业在经营过程中出现下列情形之一的，地市级以上商务部门应约谈典当企业法定代表人、董事或高级管理人员，下发整改通知书，责令其限期改正：

（一）营运期间抽逃注册资本金；

（二）擅自设立分支机构；

（三）未经核准擅自变更股权或经营场所；

（四）超范围经营，超比例发放当金，超标准收取息费；

（五）拒绝或者阻碍非现场监管或者现场检查；

（六）不按照规定提供报表、报告等文件、资料，或提供虚假、隐瞒重要事实的报表、报告；

（七）不通过全国典当行业监督管理信息系统开具当票、续当凭证，或以合同代替当票、续当凭证；私自印制当票和续当凭证；

（八）其他违规违法情况。

第34条　各级商务主管部门应建立重大事项通报机制和风险处理机制。重大事项包括：

（一）引发群体事件；

（二）重大安全防范突发事件；

（三）非法集资吸储行为；

（四）主要资产被查封、冻结、扣押的；

（五）企业或主要法人股东被吊销工商营业执照的；

（六）企业或主要股东涉及重大诉讼案件的。

发生以上重大事项，应在24小时内报告商务部。

各地制定出台的有关典当业务政策文件、工作安排和措施应及时报告商务部。

第35条　指导典当企业根据《公司法》和《典当管理办法》，建立良好的公司治理、内部控制和风险管理机制，增加典当制度和业务规则的透明度，强化内部制约和监督，诚信经营，防止恶性竞争。

第36条　建立社会监督机制，畅通投诉举报渠道，纳入商务执法热线，加大对典当企业经营行为的约束、监督力度，提升监管实效。引导新闻媒体正确宣传典当企业的功能和作用。

第五章 年审管理

第37条 典当企业年审由省级商务主管部门组织实施,各地年审报告应于每年4月30日前报商务部。

第38条 年审内容应包括下列重要事项:

(一) 典当企业注册资本实收情况。主要核查有无虚假出资、抽逃资金现象。

(二) 典当企业资金来源情况。主要核查有无非法集资、吸收或者变相吸收存款、从商业银行以外的单位或个人借款等违规行为。

(三) 典当企业法人股东存续情况,典当企业与股东的资金往来情况。主要核查典当行对其股东的典当金额是否超过该股东的入股金额,典当行与股东的资金往来是否符合相关规定。

(四) 典当业务结构及放款情况。主要核查典当总额构成及其真实性,是否有超比例放款、超范围经营,尤其是有无发放信用贷款情况。

(五) 典当企业对绝当物品处理情况。主要核查绝当物品处理程序是否符合规定,有无超范围经营。

(六) 当票使用情况。主要核查典当企业的所有业务是否按规定开具了全国统一当票,是否存在以合同代替当票和"账外挂账"现象,是否存在自行印制当票行为,开具的当票、续当凭证与真实的质、抵押典当业务是否相对应。

(七) 息费收取情况。主要核查典当企业是否存在当金利息预扣情况,利息及综合费率收取是否超过规定范围。

(八) 典当企业及其分支机构变更情况。主要核查是否存在私自变更或违规变更情况。

(九) 典当企业有分支机构的,审计报告应包括企业本部、分公司分别及合并的财务报表。分支机构所在地商务主管部门对分支机构具有监管责任。

第39条 地市级商务主管部门应在年审报告书上出具初审意见。对于年审结果，省级商务主管部门应予以公告。年审中没有违法违规行为的典当企业定为A类；年审中有违规行为，但情节较轻，经处罚或整改得以改正的典当企业定为B类；年审中有违法违规行为，情节较重，经整改仍不合格的典当企业不得通过年审。

第40条 地方商务主管部门要对不同类别的企业采用分类管理，对A类企业给予扶持；对B类企业加大监管、检查力度，对其变更、年审、主要股东参与新增典当行或分支机构设立采取更严格的监管。

第六章 退出管理

第41条 对已不具备典当经营许可资格的典当企业，省级商务主管部门应按照有关规定终止该企业典当经营许可，并收回《典当经营许可证》。

第七章 附　　则

第42条 各省级商务主管部门可根据当地情况，制定具体监管细则或规定有关事项，并报商务部备案。

第43条 本规定由商务部负责解释。

第44条 本规定自印发之日起执行。

> **禁止令**：是指法院对判处管制或者宣告缓刑的犯罪分子，可以根据犯罪情况，同时禁止其在管制执行期间或者缓刑考验期限内从事特定活动，进入特定区域、场所，接触特定的人。
>
> **职业禁止**：是指法院对利用职业便利实施犯罪或者实施违背职业要求特定义务犯罪的犯罪分子，除依法判处相应刑罚之外，还可以根据犯罪情况和预防再犯罪的需要，禁止其自刑罚执行完毕之日或者假释之日起从事相关职业。
>
> **家庭暴力告诫书**：是指家庭暴力情节较轻，依法不给予治安管理处罚的，公安机关决定对加害人给予告诫，禁止其实施家庭暴力而出具的法律文书。
>
> **脱逃**：是指行为人被公安机关依法剥夺人身自由之后，为非法获取自由而实施的逃离强制关押的行为。依法被关押的违法行为人的逃跑方法有使用暴力脱逃与未使用暴力脱逃两种。"未使用暴力脱逃"，是指行为人寻找机会，创造条件，趁工作人员不备而逃跑。"使用暴力脱逃"，是指行为人通过对工作人员施以殴打、捆绑等暴力行为，或者威胁、恐吓等胁迫行为，而摆脱其监管控制。

（三）明知是赃物而窝藏、转移或者代为销售的；

（四）被依法执行管制、剥夺政治权利或者在缓刑、暂予监外执行中的罪犯或者被依法采取刑事强制措施的人，有违反法律、行政法规或者国务院有关部门的监督管理规定的行为的。

第 73 条　违反有关禁止性规定

有下列行为之一的，处警告或者一千元以下罚款；情节较重的，处五日以上十日以下拘留，可以并处一千元以下罚款：

（一）违反人民法院刑事判决中的禁止令或者职业禁止决定的；

（二）拒不执行公安机关依照《中华人民共和国反家庭暴力法》、《中华人民共和国妇女权益保障法》出具的禁止家庭暴力告诫书、禁止性骚扰告诫书的；

（三）违反监察机关在监察工作中、司法机关在刑事诉讼中依法采取的禁止接触证人、鉴定人、被害人及其近亲属保护措施的。

第 74 条　脱逃

依法被关押的违法行为人脱逃的，处十日以上十五日以下拘留；情节较轻的，处五日以上十日以下拘留。

相关规定

1.《刑法》

第37条之一 因利用职业便利实施犯罪，或者实施违背职业要求的特定义务的犯罪被判处刑罚的，人民法院可以根据犯罪情况和预防再犯罪的需要，禁止其自刑罚执行完毕之日或者假释之日起从事相关职业，期限为三年至五年。

被禁止从事相关职业的人违反人民法院依照前款规定作出的决定的，由公安机关依法给予处罚；情节严重的，依照本法第三百一十三条的规定定罪处罚。

其他法律、行政法规对其从事相关职业另有禁止或者限制性规定的，从其规定。

第38条 管制的期限，为三个月以上二年以下。

判处管制，可以根据犯罪情况，同时禁止犯罪分子在执行期间从事特定活动，进入特定区域、场所，接触特定的人。

对判处管制的犯罪分子，依法实行社区矫正。

违反第二款规定的禁止令的，由公安机关依照《中华人民共和国治安管理处罚法》的规定处罚。

第72条 对于被判处拘役、三年以下有期徒刑的犯罪分子，同时符合下列条件的，可以宣告缓刑，对其中不满十八周岁的人、怀孕的妇女和已满七十五周岁的人，应当宣告缓刑：

（一）犯罪情节较轻；

（二）有悔罪表现；

（三）没有再犯罪的危险；

（四）宣告缓刑对所居住社区没有重大不良影响。

宣告缓刑，可以根据犯罪情况，同时禁止犯罪分子在缓刑考验期限内从事特定活动，进入特定区域、场所，接触特定的人。

被宣告缓刑的犯罪分子，如果被判处附加刑，附加刑仍须执行。

第 316 条　【脱逃罪】依法被关押的罪犯、被告人、犯罪嫌疑人脱逃的，处五年以下有期徒刑或者拘役。

【劫夺被押解人员罪】劫夺押解途中的罪犯、被告人、犯罪嫌疑人的，处三年以上七年以下有期徒刑；情节严重的，处七年以上有期徒刑。

2. 《监察法》

第 73 条　监察对象对控告人、检举人、证人或监察人员进行报复陷害的；控告人、检举人、证人捏造事实诬告陷害监察对象的，依法给予处理。

3. 《刑事诉讼法》

第 63 条　人民法院、人民检察院和公安机关应当保障证人及其近亲属的安全。

对证人及其近亲属进行威胁、侮辱、殴打或者打击报复，构成犯罪的，依法追究刑事责任；尚不够刑事处罚的，依法给予治安管理处罚。

第 216 条　适用简易程序审理案件，对可能判处三年有期徒刑以下刑罚的，可以组成合议庭进行审判，也可以由审判员一人独任审判；对可能判处的有期徒刑超过三年的，应当组成合议庭进行审判。

适用简易程序审理公诉案件，人民检察院应当派员出席法庭。

4. 《反家庭暴力法》

第 16 条　家庭暴力情节较轻，依法不给予治安管理处罚的，由公安机关对加害人给予批评教育或者出具告诫书。

告诫书应当包括加害人的身份信息、家庭暴力的事实陈述、禁止加害人实施家庭暴力等内容。

5.《妇女权益保障法》

第 80 条　违反本法规定，对妇女实施性骚扰的，由公安机关给予批评教育或者出具告诫书，并由所在单位依法给予处分。

学校、用人单位违反本法规定，未采取必要措施预防和制止性骚扰，造成妇女权益受到侵害或者社会影响恶劣的，由上级机关或者主管部门责令改正；拒不改正或者情节严重的，依法对直接负责的主管人员和其他直接责任人员给予处分。

6.《最高人民法院、最高人民检察院、公安部、司法部关于对判处管制、宣告缓刑的犯罪分子适用禁止令有关问题的规定（试行）》

为正确适用《中华人民共和国刑法修正案（八）》，确保管制和缓刑的执行效果，根据刑法和刑事诉讼法的有关规定，现就判处管制、宣告缓刑的犯罪分子适用禁止令的有关问题规定如下：

第 1 条　对判处管制、宣告缓刑的犯罪分子，人民法院根据犯罪情况，认为从促进犯罪分子教育矫正、有效维护社会秩序的需要出发，确有必要禁止其在管制执行期间、缓刑考验期限内从事特定活动，进入特定区域、场所，接触特定人的，可以根据刑法第三十八条第二款、第七十二条第二款的规定，同时宣告禁止令。

第 2 条　人民法院宣告禁止令，应当根据犯罪分子的犯罪原因、犯罪性质、犯罪手段、犯罪后的悔罪表现、个人一贯表现等情况，充分考虑与犯罪分子所犯罪行的关联程度，有针对性地决定禁止其在管制执行期间、缓刑考验期限内"从事特定活动，进入特定区域、场所，接触特定的人"的一项或者几项内容。

第 3 条　人民法院可以根据犯罪情况，禁止判处管制、宣告缓刑的犯罪分子在管制执行期间、缓刑考验期限内从事以下一项或者几项活动：

（一）个人为进行违法犯罪活动而设立公司、企业、事业单位或者在设立公司、企业、事业单位后以实施犯罪为主要活动的，禁止设立公司、企业、事业单位；

（二）实施证券犯罪、贷款犯罪、票据犯罪、信用卡犯罪等金融犯罪的，禁止从事证券交易、申领贷款、使用票据或者申领、使用信用卡等金融活动；

（三）利用从事特定生产经营活动实施犯罪的，禁止从事相关生产经营活动；

（四）附带民事赔偿义务未履行完毕，违法所得未追缴、退赔到位，或者罚金尚未足额缴纳的，禁止从事高消费活动；

（五）其他确有必要禁止从事的活动。

第 4 条　人民法院可以根据犯罪情况，禁止判处管制、宣告缓刑的犯罪分子在管制执行期间、缓刑考验期限内进入以下一类或者几类区域、场所：

（一）禁止进入夜总会、酒吧、迪厅、网吧等娱乐场所；

（二）未经执行机关批准，禁止进入举办大型群众性活动的场所；

（三）禁止进入中小学校区、幼儿园园区及周边地区，确因本人就学、居住等原因，经执行机关批准的除外；

（四）其他确有必要禁止进入的区域、场所。

第 5 条 人民法院可以根据犯罪情况，禁止判处管制、宣告缓刑的犯罪分子在管制执行期间、缓刑考验期限内接触以下一类或者几类人员：

（一）未经对方同意，禁止接触被害人及其法定代理人、近亲属；

（二）未经对方同意，禁止接触证人及其法定代理人、近亲属；

（三）未经对方同意，禁止接触控告人、批评人、举报人及其法定代理人、近亲属；

（四）禁止接触同案犯；

（五）禁止接触其他可能遭受其侵害、滋扰的人或者可能诱发其再次危害社会的人。

第 6 条 禁止令的期限，既可以与管制执行、缓刑考验的期限相同，也可以短于管制执行、缓刑考验的期限，但判处管制的，禁止令的期限不得少于三个月，宣告缓刑的，禁止令的期限不得少于二个月。

判处管制的犯罪分子在判决执行以前先行羁押以致管制执行的期限少于三个月的，禁止令的期限不受前款规定的最短期限的限制。

禁止令的执行期限，从管制、缓刑执行之日起计算。

第 7 条 人民检察院在提起公诉时，对可能判处管制、宣告缓刑的被告人可以提出宣告禁止令的建议。当事人、辩护人、诉讼代理人可以就应否对被告人宣告禁止令提出意见，并说明理由。

公安机关在移送审查起诉时，可以根据犯罪嫌疑人涉嫌犯罪的情况，就应否宣告禁止令及宣告何种禁止令，向人民检察院提出意见。

第 8 条 人民法院对判处管制、宣告缓刑的被告人宣告禁止令的，应当在裁判文书主文部分单独作为一项予以宣告。

第9条 禁止令由司法行政机关指导管理的社区矫正机构负责执行。

第10条 人民检察院对社区矫正机构执行禁止令的活动实行监督。发现有违反法律规定的情况，应当通知社区矫正机构纠正。

第11条 判处管制的犯罪分子违反禁止令，或者被宣告缓刑的犯罪分子违反禁止令尚不属情节严重的，由负责执行禁止令的社区矫正机构所在地的公安机关依照《中华人民共和国治安管理处罚法》第六十条的规定处罚。

第12条 被宣告缓刑的犯罪分子违反禁止令，情节严重的，应当撤销缓刑，执行原判刑罚。原作出缓刑裁判的人民法院应当自收到当地社区矫正机构提出的撤销缓刑建议书之日起一个月内依法作出裁定。人民法院撤销缓刑的裁定一经作出，立即生效。

违反禁止令，具有下列情形之一的，应当认定为"情节严重"：

（一）三次以上违反禁止令的；

（二）因违反禁止令被治安管理处罚后，再次违反禁止令的；

（三）违反禁止令，发生较为严重危害后果的；

（四）其他情节严重的情形。

第13条 被宣告禁止令的犯罪分子被依法减刑时，禁止令的期限可以相应缩短，由人民法院在减刑裁定中确定新的禁止令期限。

第75条 故意损坏文物、名胜古迹

有下列行为之一的，处警告或者五百元以下罚款；情节较重的，处五日以上十日以下拘留，并处五百元以上一千元以下罚款：

（一）刻划、涂污或者以其他方式故意损坏国家保护的文物、名胜古迹的；

（二）违反国家规定，在文物保护单位附近进行爆破、钻探、挖掘等活动，危及文物安全的。

第76条 非法驾驶交通工具

有下列行为之一的，处一千元以上二千元以下罚款；情节严重的，处十日以上十五日以下拘留，可以并处二千元以下罚款：

（一）偷开他人机动车的；

（二）未取得驾驶证驾驶或者偷开他人航空器、机动船舶的。

第77条 破坏他人坟墓、尸骨、骨灰，违法停放尸体

有下列行为之一的，处五日以上十日以下拘留；情节严重的，处十日以上十五日以下拘留，可以并处二千元以下罚款：

（一）故意破坏、污损他人坟墓或者毁坏、丢弃他人尸骨、骨灰的；

（二）在公共场所停放尸体或者因停放尸体影响他人正常生活、工作秩序，不听劝阻的。

☞ **偷开**：是指在不为机动车、航空器、机动船舶所有人知晓的情况下，行为人秘密开走机动车、航空器、机动船舶，使其不受所有人控制的行为。偷开并不以占有机动车、航空器、机动船舶为目的，行为人往往在偷开取乐后，将其送回原处，一般不构成盗窃罪。

未取得驾驶证驾驶：是指没有经过专门的训练，没有取得合法的驾驶机动车、航空器、机动船舶的专业驾驶证书而从事驾驶的行为。

条文注释

第 77 条 【破坏他人坟墓、尸骨、骨灰，违法停放尸体】

破坏他人坟墓，是指挖掘、破坏他人坟墓、毁坏他人墓碑等的行为。污损他人坟墓，是指用污秽物品泼洒在他人的坟墓上，也包括污损他人墓碑的行为。毁坏、丢弃他人尸骨、骨灰，是指将他人的尸骨进行破坏或者陈尸野外，将他人骨灰丢弃的行为。在公共场所停放尸体或者因停放尸体影响他人正常生活、工作秩序，不听劝阻的行为，不仅要有停放尸体的行为，该行为达到了足以影响他人的正常生活、工作秩序的程度，而且必须有不听他人或组织劝阻的情节。值得注意的是，本条规定的几种行为都要求出于主观故意。

> 相关规定

1.《刑法》

第302条 【盗窃、侮辱、故意毁坏尸体、尸骨、骨灰罪】盗窃、侮辱、故意毁坏尸体、尸骨、骨灰的,处三年以下有期徒刑、拘役或者管制。

2.《文物保护法》

第2条 文物受国家保护。本法所称文物,是指人类创造的或者与人类活动有关的,具有历史、艺术、科学价值的下列物质遗存:

(一) 古文化遗址、古墓葬、古建筑、石窟寺和古石刻、古壁画;

(二) 与重大历史事件、革命运动或者著名人物有关的以及具有重要纪念意义、教育意义或者史料价值的近代现代重要史迹、实物、代表性建筑;

(三) 历史上各时代珍贵的艺术品、工艺美术品;

(四) 历史上各时代重要的文献资料、手稿和图书资料等;

(五) 反映历史上各时代、各民族社会制度、社会生产、社会生活的代表性实物。

文物认定的主体、标准和程序,由国务院规定并公布。

具有科学价值的古脊椎动物化石和古人类化石同文物一样受国家保护。

第3条 文物分为不可移动文物和可移动文物。

古文化遗址、古墓葬、古建筑、石窟寺、古石刻、古壁画、近代现代重要史迹和代表性建筑等不可移动文物,分为文物保护单位和未核定公布为文物保护单位的不可移动文物(以下称未定级不可移动文物）；文物保护单位分为全国重点文物保护单位，省级文物保护单位，设区的市级、县级文物保护单位。

历史上各时代重要实物、艺术品、工艺美术品、文献资料、手稿、图书资料、代表性实物等可移动文物，分为珍贵文物和一般文物；珍贵文物分为一级文物、二级文物、三级文物。

第 4 条 文物工作坚持中国共产党的领导，坚持以社会主义核心价值观为引领，贯彻保护为主、抢救第一、合理利用、加强管理的方针。

第 5 条 中华人民共和国境内地下、内水和领海中遗存的一切文物，以及中国管辖的其他海域内遗存的起源于中国的和起源国不明的文物，属于国家所有。

古文化遗址、古墓葬、石窟寺属于国家所有。国家指定保护的纪念建筑物、古建筑、古石刻、古壁画、近代现代代表性建筑等不可移动文物，除国家另有规定的以外，属于国家所有。

国有不可移动文物的所有权不因其所依附的土地的所有权或者使用权的改变而改变。

第 6 条 下列可移动文物，属于国家所有：

（一）中国境内地下、内水和领海以及中国管辖的其他海域内出土、出水的文物，国家另有规定的除外；

（二）国有文物收藏单位以及其他国家机关、部队和国有企业、事业单位等收藏、保管的文物；

（三）国家征集、购买或者依法没收的文物；

（四）公民、组织捐赠给国家的文物；

（五）法律规定属于国家所有的其他文物。

国有可移动文物的所有权不因其收藏、保管单位的终止或者变更而改变。

第 7 条　国有文物所有权受法律保护，不容侵犯。

属于集体所有和私人所有的纪念建筑物、古建筑和祖传文物以及依法取得的其他文物，其所有权受法律保护。文物的所有者必须遵守国家有关文物保护的法律、法规的规定。

第 82 条　违反本法规定，地方各级人民政府和县级以上人民政府有关部门及其工作人员，以及其他依法履行公职的人员，滥用职权、玩忽职守、徇私舞弊的，对负有责任的领导人员和直接责任人员依法给予处分。

第 83 条　有下列行为之一的，由县级以上人民政府文物行政部门责令改正，给予警告；造成文物损坏或者其他严重后果的，对单位处五十万元以上五百万元以下的罚款，对个人处五万元以上五十万元以下的罚款，责令承担相关文物修缮和复原费用，由原发证机关降低资质等级；情节严重的，对单位可以处五百万元以上一千万元以下的罚款，由原发证机关吊销资质证书：

（一）擅自在文物保护单位的保护范围内进行文物保护工程以外的其他建设工程或者爆破、钻探、挖掘等作业；

（二）工程设计方案未经文物行政部门同意，擅自在文物保护单位的建设控制地带内进行建设工程；

（三）未制定不可移动文物原址保护措施，或者不可移动文物原址保护措施未经文物行政部门批准，擅自开工建设；

（四）擅自迁移、拆除不可移动文物；

（五）擅自修缮不可移动文物，明显改变文物原状；

（六）擅自在原址重建已经全部毁坏的不可移动文物；

（七）未取得文物保护工程资质证书，擅自从事文物修缮、迁移、重建；

（八）进行大型基本建设工程，或者在文物保护单位的保护范围、建设控制地带内进行建设工程，未依法进行考古调查、勘探。

损毁依照本法规定设立的不可移动文物保护标志的，由县级以上人民政府文物行政部门给予警告，可以并处五百元以下的罚款。

第84条　在文物保护单位的保护范围或者建设控制地带内建设污染文物保护单位及其环境的设施的，由生态环境主管部门依法给予处罚。

第85条　违反本法规定，有下列行为之一的，由县级以上人民政府文物行政部门责令改正，给予警告或者通报批评，没收违法所得；违法所得五千元以上的，并处违法所得二倍以上十倍以下的罚款；没有违法所得或者违法所得不足五千元的，并处一万元以上五万元以下的罚款：

（一）转让或者抵押国有不可移动文物；

（二）将建立博物馆、文物保管所或者辟为参观游览场所的国有不可移动文物改作企业资产经营，或者将其管理机构改由企业管理；

（三）将非国有不可移动文物转让或者抵押给外国人、外国组织或者国际组织；

（四）擅自改变国有文物保护单位中的纪念建筑物或者古建筑的用途。

第86条　历史文化名城的布局、环境、历史风貌等遭到严重破坏的，由国务院撤销其历史文化名城称号；历史文化街区、村镇的布局、环境、历史风貌等遭到严重破坏的，由省、自治区、直辖市人民政府撤销其历史文化街区、村镇称号；对负有责任的领导人员和直接责任人员依法给予处分。

第87条　有下列行为之一的，由县级以上人民政府文物行政部门责令改正，给予警告或者通报批评，没收违法所得；违法所得五千元以上的，并处违法所得二倍以上十倍以下的罚款；没有违法所得或者违法所得不足五千元的，可以并处五万元以下的罚款：

（一）文物收藏单位未按照国家有关规定配备防火、防盗、防自然损坏的设施；

（二）文物收藏单位法定代表人或者主要负责人离任时未按照馆藏文物档案移交馆藏文物，或者所移交的馆藏文物与馆藏文物档案不符；

（三）国有文物收藏单位将馆藏文物赠与、出租、出售或者抵押、质押给其他单位、个人；

（四）违反本法规定借用、交换馆藏文物；

（五）挪用或者侵占依法调拨、交换、出借文物所得的补偿费用。

第88条　买卖国家禁止买卖的文物或者将国家禁止出境的文物转让、出租、抵押、质押给境外组织或者个人的，由县级以上人民政府文物行政部门责令改正，没收违法所得、非法经营的文物；违法经营额五千元以上的，并处违法经营额二倍以上十倍以下的罚款；没有违法经营额或者违法经营额不足五千元的，并处一万元以上五万元以下的罚款。

文物销售单位、文物拍卖企业有前款规定的违法行为的，由县级以上人民政府文物行政部门没收违法所得、非法经营的文物；违法经营额三万元以上的，并处违法经营额二倍以上十倍以下的罚款；没有违法经营额或者违法经营额不足三万元的，并处五万元以上二十五万元以下的罚款;情节严重的,由原发证机关吊销许可证书。

第89条 未经许可擅自从事文物商业经营活动的,由县级以上人民政府文物行政部门责令改正,给予警告或者通报批评,没收违法所得、非法经营的文物;违法经营额三万元以上的,并处违法经营额二倍以上十倍以下的罚款;没有违法经营额或者违法经营额不足三万元的,并处五万元以上二十五万元以下的罚款。

第90条 有下列情形之一的,由县级以上人民政府文物行政部门责令改正,给予警告或者通报批评,没收违法所得、非法经营的文物;违法经营额三万元以上的,并处违法经营额二倍以上十倍以下的罚款;没有违法经营额或者违法经营额不足三万元的,并处五万元以上二十五万元以下的罚款;情节严重的,由原发证机关吊销许可证书:

(一)文物销售单位从事文物拍卖经营活动;

(二)文物拍卖企业从事文物销售经营活动;

(三)文物拍卖企业拍卖的文物,未经审核;

(四)文物收藏单位从事文物商业经营活动;

(五)文物销售单位、文物拍卖企业知假售假、知假拍假或者进行虚假宣传。

第91条 有下列行为之一的,由县级以上人民政府文物行政部门会同公安机关、海上执法机关追缴文物,给予警告;情节严重的,对单位处十万元以上三百万元以下的罚款,对个人处五千元以上五万元以下的罚款:

(一)发现文物隐匿不报或者拒不上交;

(二)未按照规定移交拣选文物。

第92条 文物进出境未依照本法规定申报的,由海关或者海上执法机关依法给予处罚。

第93条　有下列行为之一的，由县级以上人民政府文物行政部门责令改正；情节严重的，对单位处十万元以上三百万元以下的罚款，限制业务活动或者由原发证机关吊销许可证书，对个人处五千元以上五万元以下的罚款：

（一）改变国有未定级不可移动文物的用途，未依照本法规定报告；

（二）转让、抵押非国有不可移动文物或者改变其用途，未依照本法规定备案；

（三）国有不可移动文物的使用人具备修缮能力但拒不依法履行修缮义务；

（四）从事考古发掘的单位未经批准擅自进行考古发掘，或者不如实报告考古调查、勘探、发掘结果，或者未按照规定移交考古发掘的文物；

（五）文物收藏单位未按照国家有关规定建立馆藏文物档案、管理制度，或者未将馆藏文物档案、管理制度备案；

（六）未经批准擅自调取馆藏文物；

（七）未经批准擅自修复、复制、拓印文物；

（八）馆藏文物损毁未报文物行政部门核查处理，或者馆藏文物被盗、被抢或者丢失，文物收藏单位未及时向公安机关或者文物行政部门报告；

（九）文物销售单位销售文物或者文物拍卖企业拍卖文物，未按照国家有关规定作出记录或者未将所作记录报文物行政部门备案。

第94条　文物行政部门、文物收藏单位、文物销售单位、文物拍卖企业的工作人员，有下列行为之一的，依法给予处分；情节严重的，依法开除公职或者吊销其从业资格证书：

（一）文物行政部门和国有文物收藏单位的工作人员借用或者非法侵占国有文物；

（二）文物行政部门、文物收藏单位的工作人员举办或者参与举办文物销售单位或者文物拍卖企业；

（三）因不负责任造成文物保护单位、珍贵文物损毁或者流失；

（四）贪污、挪用文物保护经费。

前款被开除公职或者被吊销从业资格证书的人员，自被开除公职或者被吊销从业资格证书之日起十年内不得担任文物管理人员或者从事文物经营活动。

第95条 单位违反本法规定受到行政处罚，情节严重的，对单位直接负责的主管人员和其他直接责任人员处五千元以上五万元以下的罚款。

第96条 违反本法规定，损害他人民事权益的，依法承担民事责任；构成违反治安管理行为的，由公安机关依法给予治安管理处罚；构成犯罪的，依法追究刑事责任。

第97条 县级以上人民政府文物行政部门依法实施监督检查，可以采取下列措施：

（一）进入现场进行检查；

（二）查阅、复制有关文件资料，询问有关人员，对可能被转移、销毁或者篡改的文件资料予以封存；

（三）查封、扣押涉嫌违法活动的场所、设施或者财物；

（四）责令行为人停止侵害文物的行为。

第98条 监察委员会、人民法院、人民检察院、公安机关、海关、市场监督管理部门和海上执法机关依法没收的文物应当登记造册,妥善保管,结案后无偿移交文物行政部门,由文物行政部门指定的国有文物收藏单位收藏。

第99条 因违反本法规定造成文物严重损害或者存在严重损害风险,致使社会公共利益受到侵害的,人民检察院可以依照有关诉讼法的规定提起公益诉讼。

3.《最高人民法院、最高人民检察院关于办理盗窃刑事案件适用法律若干问题的解释》

第10条 偷开他人机动车的,按照下列规定处理:

(一)偷开机动车,导致车辆丢失的,以盗窃罪定罪处罚;

(二)为盗窃其他财物,偷开机动车作为犯罪工具使用后非法占有车辆,或者将车辆遗弃导致丢失的,被盗车辆的价值计入盗窃数额;

(三)为实施其他犯罪,偷开机动车作为犯罪工具使用后非法占有车辆,或者将车辆遗弃导致丢失的,以盗窃罪和其他犯罪数罪并罚;将车辆送回未造成丢失的,按照其所实施的其他犯罪从重处罚。

卖淫、嫖娼：是指不特定的异性之间或者同性之间以金钱、财物为媒介，发生不正当性关系的行为，包括手淫、口交等行为。客观上，卖淫嫖娼的行为可以发生在异性之间，也可以发生在同性之间，发生性行为的方式也有多种。

情节较轻：主要是指为生活所迫卖淫，未成年人、初次进行卖淫、嫖娼等情况。

拉客招嫖：是指行为人在公共场所，如宾馆、饭店、娱乐场所、街道等区域，以语言挑逗或者肢体动作强拉硬拽等方式，意图招揽他人嫖娼的行为。构成该行为需要同时满足三个条件，即公共场所、拉客和招嫖。

制作：是指生产、录制、编写、翻译、绘画、印刷、刻印、摄制、洗印等行为。

传播淫秽信息：是指利用网站、论坛、聊天室、留言板、电子广告栏等信息网络，或者利用电话及其他通信工具，传播淫秽信息。

第78条　卖淫、嫖娼，拉客招嫖

❶卖淫、嫖娼的，处十日以上十五日以下拘留，可以并处五千元以下罚款；情节较轻的，处五日以下拘留或者一千元以下罚款。

❷在公共场所拉客招嫖的，处五日以下拘留或者一千元以下罚款。

第79条　引诱、容留、介绍卖淫

引诱、容留、介绍他人卖淫的，处十日以上十五日以下拘留，可以并处五千元以下罚款；情节较轻的，处五日以下拘留或者一千元以上二千元以下罚款。

第80条　制作、运输、复制、出售、出租淫秽物品，传播淫秽信息

❶制作、运输、复制、出售、出租淫秽的书刊、图片、影片、音像制品等淫秽物品或者利用信息网络、电话以及其他通讯工具传播淫秽信息的，处十日以上十五日以下拘留，可以并处五千元以下罚款；情节较轻的，处五日以下拘留或者一千元以上三千元以下罚款。

❷前款规定的淫秽物品或者淫秽信息中涉及未成年人的，从重处罚。

条文注释

第79条 【引诱、容留、介绍卖淫】

（1）引诱他人卖淫，是指行为人为了达到某种目的，以金钱诱惑或者通过宣扬腐朽生活方式等手段，诱使没有卖淫习性的人从事卖淫活动的行为。

（2）容留他人卖淫，是指行为人出于故意为卖淫嫖娼者的卖淫、嫖娼活动提供场所，使该活动得以进行的行为。容留他人卖淫的场所是多种多样的，如私人住宅、汽车、自己管理的饭店、宾馆等。容留他人卖淫的期限可以是长期的，如将房屋长期租给卖淫嫖娼者使用，也可以是短期的或者临时的。

（3）介绍他人卖淫，是指行为人为了获取非法利益，在卖淫者与嫖娼者之间牵线搭桥，使卖淫者与嫖客相识并进行卖淫嫖娼活动，俗称"拉皮条"。

相关规定

1.《刑法》

第358条 【组织卖淫罪】【强迫卖淫罪】组织、强迫他人卖淫的，处五年以上十年以下有期徒刑，并处罚金；情节严重的，处十年以上有期徒刑或者无期徒刑，并处罚金或者没收财产。

组织、强迫未成年人卖淫的，依照前款的规定从重处罚。

犯前两款罪，并有杀害、伤害、强奸、绑架等犯罪行为的，依照数罪并罚的规定处罚。

【协助组织卖淫罪】为组织卖淫的人招募、运送人员或者有其他协助组织他人卖淫行为的，处五年以下有期徒刑，并处罚金；情节严重的，处五年以上十年以下有期徒刑，并处罚金。

第359条 【引诱、容留、介绍卖淫罪】引诱、容留、介绍他人卖淫的，处五年以下有期徒刑、拘役或者管制，并处罚金；情节严重的，处五年以上有期徒刑，并处罚金。

【引诱幼女卖淫罪】引诱不满十四周岁的幼女卖淫的，处五年以上有期徒刑，并处罚金。

第363条 【制作、复制、出版、贩卖、传播淫秽物品牟利罪】以牟利为目的，制作、复制、出版、贩卖、传播淫秽物品的，处三年以下有期徒刑、拘役或者管制，并处罚金；情节严重的，处三年以上十年以下有期徒刑，并处罚金；情节特别严重的，处十年以上有期徒刑或者无期徒刑，并处罚金或者没收财产。

【为他人提供书号出版淫秽书刊罪】为他人提供书号，出版淫秽书刊的，处三年以下有期徒刑、拘役或者管制，并处或者单处罚金；明知他人用于出版淫秽书刊而提供书号的，依照前款的规定处罚。

第 364 条　【传播淫秽物品罪】传播淫秽的书刊、影片、音像、图片或者其他淫秽物品，情节严重的，处二年以下有期徒刑、拘役或者管制。

【组织播放淫秽音像制品罪】组织播放淫秽的电影、录像等音像制品的，处三年以下有期徒刑、拘役或者管制，并处罚金；情节严重的，处三年以上十年以下有期徒刑，并处罚金。

制作、复制淫秽的电影、录像等音像制品组织播放的，依照第二款的规定从重处罚。

向不满十八周岁的未成年人传播淫秽物品的，从重处罚。

第 367 条　【淫秽物品的范围】本法所称淫秽物品，是指具体描绘性行为或者露骨宣扬色情的诲淫性的书刊、影片、录像带、录音带、图片及其他淫秽物品。

有关人体生理、医学知识的科学著作不是淫秽物品。

包含有色情内容的有艺术价值的文学、艺术作品不视为淫秽物品。

2.《娱乐场所管理条例》

第 14 条　娱乐场所及其从业人员不得实施下列行为，不得为进入娱乐场所的人员实施下列行为提供条件：

（一）贩卖、提供毒品，或者组织、强迫、教唆、引诱、欺骗、容留他人吸食、注射毒品；

（二）组织、强迫、引诱、容留、介绍他人卖淫、嫖娼；

（三）制作、贩卖、传播淫秽物品；

（四）提供或者从事以营利为目的的陪侍；

（五）赌博；

（六）从事邪教、迷信活动；

（七）其他违法犯罪行为。

娱乐场所的从业人员不得吸食、注射毒品，不得卖淫、嫖娼；娱乐场所及其从业人员不得为进入娱乐场所的人员实施上述行为提供条件。

第30条　娱乐场所应当在营业场所的大厅、包厢、包间内的显著位置悬挂含有禁毒、禁赌、禁止卖淫嫖娼等内容的警示标志、未成年人禁入或者限入标志。标志应当注明公安部门、文化主管部门的举报电话。

3.《互联网上网服务营业场所管理条例》

第14条　互联网上网服务营业场所经营单位和上网消费者不得利用互联网上网服务营业场所制作、下载、复制、查阅、发布、传播或者以其他方式使用含有下列内容的信息：

（一）反对宪法确定的基本原则的；

（二）危害国家统一、主权和领土完整的；

（三）泄露国家秘密，危害国家安全或者损害国家荣誉和利益的；

（四）煽动民族仇恨、民族歧视，破坏民族团结，或者侵害民族风俗、习惯的；

（五）破坏国家宗教政策，宣扬邪教、迷信的；

（六）散布谣言，扰乱社会秩序，破坏社会稳定的；

（七）宣传淫秽、赌博、暴力或者教唆犯罪的；

（八）侮辱或者诽谤他人，侵害他人合法权益的；

（九）危害社会公德或者民族优秀文化传统的；

（十）含有法律、行政法规禁止的其他内容的。

4.《最高人民检察院、公安部关于公安机关管辖的刑事案件立案追诉标准的规定（一）》

第78条 ［引诱、容留、介绍卖淫案（刑法第三百五十九条第一款）］引诱、容留、介绍他人卖淫，涉嫌下列情形之一的，应予立案追诉：

（一）引诱、容留、介绍二人次以上卖淫的；

（二）引诱、容留、介绍已满十四周岁未满十八周岁的未成年人卖淫的；

（三）被引诱、容留、介绍卖淫的人患有艾滋病或者患有梅毒、淋病等严重性病。

（四）其他引诱、容留、介绍卖淫应予追究刑事责任的情形。

第82条 ［制作、复制、出版、贩卖、传播淫秽物品牟利案（刑法第三百六十三条第一款、第二款）］以牟利为目的，制作、复制、出版、贩卖、传播淫秽物品，涉嫌下列情形之一的，应予立案追诉：

（一）制作、复制、出版淫秽影碟、软件、录像带五十至一百张（盒）以上，淫秽音碟、录音带一百至二百张（盒）以上，淫秽扑克、书刊、画册一百至二百副（册）以上，淫秽照片、画片五百至一千张以上的；

（二）贩卖淫秽影碟、软件、录像带一百至二百张（盒）以上，淫秽音碟、录音带二百至四百张（盒）以上，淫秽扑克、书刊、画册二百至四百副（册）以上，淫秽照片、画片一千至二千张以上的；

（三）向他人传播淫秽物品达二百至五百人次以上，或者组织播放淫秽影、像达十至二十场次以上的；

（四）制作、复制、出版、贩卖、传播淫秽物品，获利五千至一万元以上的。

以牟利为目的，利用互联网、移动通讯终端制作、复制、出版、贩卖、传播淫秽电子信息，涉嫌下列情形之一的，应予立案追诉：

（一）制作、复制、出版、贩卖、传播淫秽电影、表演、动画等视频文件二十个以上的；

（二）制作、复制、出版、贩卖、传播淫秽音频文件一百个以上的；

（三）制作、复制、出版、贩卖、传播淫秽电子刊物、图片、文章、短信息等二百件以上的；

（四）制作、复制、出版、贩卖、传播的淫秽电子信息，实际被点击数达到一万次以上的；

（五）以会员制方式出版、贩卖、传播淫秽电子信息，注册会员达二百人以上的；

（六）利用淫秽电子信息收取广告费、会员注册费或者其他费用，违法所得一万元以上的；

（七）数量或者数额虽未达到本款第（一）项至第（六）项规定标准，但分别达到其中两项以上标准的百分之五十以上的；

（八）造成严重后果的。

利用聊天室、论坛、即时通信软件、电子邮件等方式，实施本条第二款规定行为的，应予立案追诉。

以牟利为目的，通过声讯台传播淫秽语音信息，涉嫌下列情形之一的，应予立案追诉：

（一）向一百人次以上传播的；

（二）违法所得一万元以上的；

（三）造成严重后果的。

明知他人用于出版淫秽书刊而提供书号、刊号的，应予立案追诉。

> **案例指引**
>
> **孟某武诉北京市公安局怀柔分局公安行政处罚纠纷案**[①]
>
> 行政诉讼进行合法性审查需要严格把握诉讼的证明对象、证明标准和证明过程。在卖淫嫖娼类治安处罚案件中,公安机关未能查清嫖资支付的具体细节,并不影响其对该行为进行处罚的合法性。

[①] 参见赵华军:《公安机关对卖淫嫖娼案件的举证责任》,载《人民司法·案例》2013年第8期。

☞ **组织播放淫秽音像**：是指播放淫秽电影、录像、幻灯片、录音带、激光唱片、存储有淫秽内容的计算机软件等音像制品，并召集多人观看、收听。

组织或者进行淫秽表演：是指组织他人当众进行淫秽性的表演。组织行为是指策划表演的过程，纠集、招募、雇用表演者，寻找、租用表演场地，招揽群众等组织演出的行为。进行淫秽表演，是指自己参与具体的淫秽表演。

聚众淫乱：是指在组织者或首要分子的组织、纠集下，多人聚集在一起进行淫乱活动，如进行性交表演、聚众奸宿等，且性别不限。因其造成非常不良的社会影响，伤风败俗，扰乱正常的社会管理秩序，应予以处罚。

第81条　组织、参与淫秽活动

❶有下列行为之一的，处十日以上十五日以下拘留，并处一千元以上二千元以下罚款：

（一）组织播放淫秽音像的；

（二）组织或者进行淫秽表演的；

（三）参与聚众淫乱活动的。

❷明知他人从事前款活动，为其提供条件的，依照前款的规定处罚。

❸组织未成年人从事第一款活动的，从重处罚。

第82条　为赌博提供条件、赌博

以营利为目的，为赌博提供条件的，或者参与赌博赌资较大的，处五日以下拘留或者一千元以下罚款；情节严重的，处十日以上十五日以下拘留，并处一千元以上五千元以下罚款。

第83条　违反毒品原植物规定的行为

❶有下列行为之一的，处十日以上十五日以下拘留，可以并处五千元以下罚款；情节较轻的，处五日以下拘留或者一千元以下罚款：

（一）非法种植罂粟不满五百株或者其他少量毒品原植物的；

（二）非法买卖、运输、携带、持有少量未经灭活的罂粟等毒品原植物种子或者幼苗的；

（三）非法运输、买卖、储存、使用少量罂粟壳的。

❷有前款第一项行为，在成熟前自行铲除的，不予处罚。

条文注释

第 82 条 【为赌博提供条件、赌博】

行为人的主观动机是营利，客观行为表现为为赌博提供条件：(1) 提供赌具，即提供麻将、牌九、纸牌、骰子、扑克等。(2) 提供赌场，即为赌博分子提供进行赌博的场所。这些场所可以是行为人自己的家中，也可以在其亲戚朋友家，还可以是在办公室、仓库以及其他不容易被人发现但可用于赌博的场所。(3) 提供赌资，即为赌博分子提供用于赌博的资金，一般情况下这种提供赌资行为都是有偿的，很多情况下都是高利贷。(4) 为赌博活动提供其他便利条件的行为，如为赌博分子提供交通工具、食宿等便利条件的行为。

参与赌博赌资较大的行为，即行为人本人参加赌博，且赌资较大者。目前，关于赌资较大的标准立法并未予以明确规定，可参照相关司法解释予以确定。值得注意的是，家庭成员、亲属之间娱乐中带有少量财物输赢的活动，不以赌博论处。

相关规定

1. 《刑法》

第303条 【赌博罪】以营利为目的，聚众赌博或者以赌博为业的，处三年以下有期徒刑、拘役或者管制，并处罚金。

【开设赌场罪】开设赌场的，处五年以下有期徒刑、拘役或者管制，并处罚金；情节严重的，处五年以上十年以下有期徒刑，并处罚金。

【组织参与国（境）外赌博罪】组织中华人民共和国公民参与国（境）外赌博，数额巨大或者有其他严重情节的，依照前款的规定处罚。

第301条 【聚众淫乱罪】聚众进行淫乱活动的，对首要分子或者多次参加的，处五年以下有期徒刑、拘役或者管制。

【引诱未成年人聚众淫乱罪】引诱未成年人参加聚众淫乱活动的，依照前款的规定从重处罚。

第364条 【传播淫秽物品罪】传播淫秽的书刊、影片、音像、图片或者其他淫秽物品，情节严重的，处二年以下有期徒刑、拘役或者管制。

【组织播放淫秽音像制品罪】组织播放淫秽的电影、录像等音像制品的，处三年以下有期徒刑、拘役或者管制，并处罚金；情节严重的，处三年以上十年以下有期徒刑，并处罚金。

制作、复制淫秽的电影、录像等音像制品组织播放的，依照第二款的规定从重处罚。

向不满十八周岁的未成年人传播淫秽物品的，从重处罚。

第365条 【组织淫秽表演罪】组织进行淫秽表演的，处三年以下有期徒刑、拘役或者管制，并处罚金；情节严重的，处三年以上十年以下有期徒刑，并处罚金。

2.《娱乐场所管理条例》

第 14 条　娱乐场所及其从业人员不得实施下列行为，不得为进入娱乐场所的人员实施下列行为提供条件：

（一）贩卖、提供毒品，或者组织、强迫、教唆、引诱、欺骗、容留他人吸食、注射毒品；

（二）组织、强迫、引诱、容留、介绍他人卖淫、嫖娼；

（三）制作、贩卖、传播淫秽物品；

（四）提供或者从事以营利为目的的陪侍；

（五）赌博；

（六）从事邪教、迷信活动；

（七）其他违法犯罪行为。

娱乐场所的从业人员不得吸食、注射毒品，不得卖淫、嫖娼；娱乐场所及其从业人员不得为进入娱乐场所的人员实施上述行为提供条件。

3.《最高人民法院关于审理非法出版物刑事案件具体应用法律若干问题的解释》

第 10 条　向他人传播淫秽的书刊、影片、音像、图片等出版物达三百至六百人次以上或者造成恶劣社会影响的，属于"情节严重"，依照刑法第三百六十四条第一款的规定，以传播淫秽物品罪定罪处罚。

组织播放淫秽的电影、录像等音像制品达十五至三十场次以上或者造成恶劣社会影响的，依照刑法第三百六十四条第二款的规定，以组织播放淫秽音像制品罪定罪处罚。

4.《最高人民法院、最高人民检察院关于办理赌博刑事案件具体应用法律若干问题的解释》

为依法惩治赌博犯罪活动，根据刑法的有关规定，现就办理赌博刑事案件具体应用法律的若干问题解释如下：

第1条　以营利为目的，有下列情形之一的，属于刑法第三百零三条规定的"聚众赌博"：

（一）组织3人以上赌博，抽头渔利数额累计达到5000元以上的；

（二）组织3人以上赌博，赌资数额累计达到5万元以上的；

（三）组织3人以上赌博，参赌人数累计达到20人以上的；

（四）组织中华人民共和国公民10人以上赴境外赌博，从中收取回扣、介绍费的。

第2条　以营利为目的，在计算机网络上建立赌博网站，或者为赌博网站担任代理，接受投注的，属于刑法第三百零三条规定的"开设赌场"。

第3条　中华人民共和国公民在我国领域外周边地区聚众赌博、开设赌场，以吸引中华人民共和国公民为主要客源，构成赌博罪的，可以依照刑法规定追究刑事责任。

第4条　明知他人实施赌博犯罪活动，而为其提供资金、计算机网络、通讯、费用结算等直接帮助的，以赌博罪的共犯论处。

第5条　实施赌博犯罪，有下列情形之一的，依照刑法第三百零三条的规定从重处罚：

（一）具有国家工作人员身份的；

（二）组织国家工作人员赴境外赌博的；

（三）组织未成年人参与赌博，或者开设赌场吸引未成年人参与赌博的。

第6条 未经国家批准擅自发行、销售彩票，构成犯罪的，依照刑法第二百二十五条第（四）项的规定，以非法经营罪定罪处罚。

第7条 通过赌博或者为国家工作人员赌博提供资金的形式实施行贿、受贿行为，构成犯罪的，依照刑法关于贿赂犯罪的规定定罪处罚。

第8条 赌博犯罪中用作赌注的款物、换取筹码的款物和通过赌博赢取的款物属于赌资。通过计算机网络实施赌博犯罪的，赌资数额可以按照在计算机网络上投注或者赢取的点数乘以每一点实际代表的金额认定。

赌资应当依法予以追缴；赌博用具、赌博违法所得以及赌博犯罪分子所有的专门用于赌博的资金、交通工具、通讯工具等，应当依法予以没收。

第9条 不以营利为目的，进行带有少量财物输赢的娱乐活动，以及提供棋牌室等娱乐场所只收取正常的场所和服务费用的经营行为等，不以赌博论处。

5.《最高人民检察院、公安部关于公安机关管辖的刑事案件立案追诉标准的规定（一）》

第41条 [聚众淫乱案（刑法第三百零一条第一款）] 组织、策划、指挥三人以上进行淫乱活动或者参加聚众淫乱活动三次以上的，应予立案追诉。

第43条 [赌博案（刑法第三百零三条第一款）] 以营利为目的，聚众赌博，涉嫌下列情形之一的，应予立案追诉：

（一）组织三人以上赌博，抽头渔利数额累计五千元以上的；

（二）组织三人以上赌博，赌资数额累计五万元以上；

（三）组织三人以上赌博，参赌人数累计二十人以上的；

（四）组织中华人民共和国公民十人以上赴境外赌博，从中收取回扣、介绍费的；

（五）其他聚众赌博应予追究刑事责任的情形。

以营利为目的，以赌博为业的，应予立案追诉。

赌博犯罪中用作赌注的款物、换取筹码的款物和通过赌博赢取的款物属于赌资。通过计算机网络实施赌博犯罪的，赌资数额可以按照在计算机网络上投注或者赢取的点数乘以每一点实际代表的金额认定。

第 85 条 ［组织播放淫秽音像制品案（刑法第三百六十四条第二款）］ 组织播放淫秽的电影、录像等音像制品，涉嫌下列情形之一的，应予立案追诉：

（一）组织播放十五至三十场次以上的；

（二）造成恶劣社会影响的。

第 86 条 ［组织淫秽表演案（刑法第三百六十五条）］ 以策划、招募、强迫、雇用、引诱、提供场地、提供资金等手段，组织进行淫秽表演，涉嫌下列情形之一的，应予立案追诉：

（一）组织表演者进行裸体表演的；

（二）组织表演者利用性器官进行诲淫性表演的；

（三）组织表演者半裸体或者变相裸体表演并通过语言、动作具体描绘性行为的；

（四）其他组织进行淫秽表演应予追究刑事责任的情形。

> **案例指引**
>
> ### 施某兵与南通市公安局开发区分局等行政处罚纠纷上诉案[①]
>
> 《治安管理处罚法》第70条（现为第82条）规定中的"赌资较大、情节严重"，在性质上属于不确定法律概念，其实质是授予公安机关行政处罚的自由裁量权。江苏省公安厅《关于赌博违法案件的量罚指导意见》第1条和第2条对此作了细化，确定了治安处罚的基准。根据《行政诉讼法》第63条第3款，《关于赌博违法案件的量罚指导意见》在效力等级上属规章以下的规范性文件，不能作为行政处罚的直接依据。但根据《最高人民法院关于执行行政诉讼法若干问题的解释》第62条第2款（现为《最高人民法院关于适用〈中华人民共和国行政诉讼法〉的解释》第100条第2款）规定，可以推导出人民法院对规章和行政规范性文件的司法审查权，进而可有条件地承认其在裁判文书中获得引用的法律地位。在具体的司法审查中，可分别依历史解释、体系解释和日常经验认知，获得相应的判准和对《关于赌博违法案件的量罚指导意见》的合法性确认，并结合案件事实，对被诉行政行为的合法性作出审查和判断。

[①] 参见殷勤：《对赌资较大、情节严重行政裁量基准之司法审查》，载《人民司法·案例》2017年第2期。

☞ 引诱：是指采取勾引、诱使、拉拢他人吸食、注射毒品的行为，如向他人讲述吸食毒品的快感等。

教唆：是指以劝说、怂恿、激将等方法，唆使他人吸食、注射毒品的行为。教唆的方法可能是口头的、书面的，也可能是示意性的动作。

欺骗：是指采取隐瞒事实真相的语言和行为，使他人在不知道是毒品的情况下吸食、注射毒品。例如，行为人把毒品放入卷烟中让其他不明真相的人吸食。

强迫：是指违背他人意愿，强制要求他人吸食、注射毒品的行为。

容留：是指允许他人在自己管理的场所吸食、注射毒品或者为他人吸食、注射毒品提供场所的行为。

第84条 非法持有、向他人提供毒品，吸毒，胁迫、欺骗开具麻醉药品、精神药品

❶有下列行为之一的，处十日以上十五日以下拘留，可以并处三千元以下罚款；情节较轻的，处五日以下拘留或者一千元以下罚款：

（一）非法持有鸦片不满二百克、海洛因或者甲基苯丙胺不满十克或者其他少量毒品的；

（二）向他人提供毒品的；

（三）吸食、注射毒品的；

（四）胁迫、欺骗医务人员开具麻醉药品、精神药品的。

❷聚众、组织吸食、注射毒品的，对首要分子、组织者依照前款的规定从重处罚。

❸吸食、注射毒品的，可以同时责令其六个月至一年以内不得进入娱乐场所、不得擅自接触涉及毒品违法犯罪人员。违反规定的，处五日以下拘留或者一千元以下罚款。

第85条 引诱、教唆、欺骗或者强迫他人吸食、注射毒品，容留他人吸食、注射毒品，介绍买卖毒品

❶引诱、教唆、欺骗或者强迫他人吸食、注射毒品的，处十日以上十五日以下拘留，并处一千元以上五千元以下罚款。

❷容留他人吸食、注射毒品或者介绍买卖毒品的，处十日以上十五日以下拘留，可以并处三千元以下罚款；情节较轻的，处五日以下拘留或者一千元以下罚款。

条文注释

第84条 【非法持有、向他人提供毒品，吸毒，胁迫、欺骗开具麻醉药品、精神药品】

非法持有毒品的行为，是指违反法律和有关国家规定，未经有权部门批准，占有、携带、贮存或者以其他方式持有少量毒品而尚不构成刑事处罚的行为。行为人持有可以是带在自己身上，也可以是将毒品藏在某处，还可以是将毒品委托他人保管。

向他人提供毒品的行为。该行为一种是指向他人免费提供毒品，如果行为人通过交易向他人提供毒品的，则构成贩卖毒品罪；另一种向他人提供毒品的行为是指依法从事生产、运输、管理、使用国家管制的麻醉药品、精神药品的人员，违反国家规定，向吸食、注射毒品的人员提供能使人形成瘾癖的麻醉药品、精神药品，包括赠与和出售。

吸食、注射毒品的行为。行为人的吸食、注射毒品的行为本身就具有违法性。如果是为了治疗疾病合理使用吗啡等药物的，则不属于违反治安管理的行为。

胁迫、欺骗医务人员开具麻醉药品、精神药品的行为，如胁迫医务人员开具杜冷丁的行为。

本条中的毒品包括鸦片、海洛因、甲基苯丙胺、吗啡、大麻、可卡因以及国家规定管制的其他能够使人形成瘾癖的麻醉药品和精神药品。

> 相关规定

1.《刑法》

第 348 条 【非法持有毒品罪】非法持有鸦片一千克以上、海洛因或者甲基苯丙胺五十克以上或者其他毒品数量大的，处七年以上有期徒刑或者无期徒刑，并处罚金；非法持有鸦片二百克以上不满一千克、海洛因或者甲基苯丙胺十克以上不满五十克或者其他毒品数量较大的，处三年以下有期徒刑、拘役或者管制，并处罚金；情节严重的，处三年以上七年以下有期徒刑，并处罚金。

第 353 条 【引诱、教唆、欺骗他人吸毒罪】引诱、教唆、欺骗他人吸食、注射毒品的，处三年以下有期徒刑、拘役或者管制，并处罚金；情节严重的，处三年以上七年以下有期徒刑，并处罚金。

【强迫他人吸毒罪】强迫他人吸食、注射毒品的，处三年以上十年以下有期徒刑，并处罚金。

引诱、教唆、欺骗或者强迫未成年人吸食、注射毒品的，从重处罚。

2.《戒毒条例》

第 25 条 吸毒成瘾人员有《中华人民共和国禁毒法》第三十八条第一款所列情形之一的，由县级、设区的市级人民政府公安机关作出强制隔离戒毒的决定。

对于吸毒成瘾严重，通过社区戒毒难以戒除毒瘾的人员，县级、设区的市级人民政府公安机关可以直接作出强制隔离戒毒的决定。

吸毒成瘾人员自愿接受强制隔离戒毒的，经强制隔离戒毒场所所在地县级、设区的市级人民政府公安机关同意，可以进入强制隔离戒毒场所戒毒。强制隔离戒毒场所应当与其就戒毒治疗期限、戒毒治疗措施等作出约定。

第26条 对依照《中华人民共和国禁毒法》第三十九条第一款规定不适用强制隔离戒毒的吸毒成瘾人员，县级、设区的市级人民政府公安机关应当作出社区戒毒的决定，依照本条例第三章的规定进行社区戒毒。

第27条 强制隔离戒毒的期限为2年，自作出强制隔离戒毒决定之日起计算。

被强制隔离戒毒的人员在公安机关的强制隔离戒毒场所执行强制隔离戒毒3个月至6个月后，转至司法行政部门的强制隔离戒毒场所继续执行强制隔离戒毒。

执行前款规定不具备条件的省、自治区、直辖市，由公安机关和司法行政部门共同提出意见报省、自治区、直辖市人民政府决定具体执行方案，但在公安机关的强制隔离戒毒场所执行强制隔离戒毒的时间不得超过12个月。

第28条 强制隔离戒毒场所对强制隔离戒毒人员的身体和携带物品进行检查时发现的毒品等违禁品，应当依法处理；对生活必需品以外的其他物品，由强制隔离戒毒场所代为保管。

女性强制隔离戒毒人员的身体检查，应当由女性工作人员进行。

第29条 强制隔离戒毒场所设立戒毒医疗机构应当经所在地省、自治区、直辖市人民政府卫生行政部门批准。强制隔离戒毒场所应当配备设施设备及必要的管理人员，依法为强制隔离戒毒人员提供科学规范的戒毒治疗、心理治疗、身体康复训练和卫生、道德、法制教育，开展职业技能培训。

第30条 强制隔离戒毒场所应当根据强制隔离戒毒人员的性别、年龄、患病等情况对强制隔离戒毒人员实行分别管理；对吸食不同种类毒品的，应当有针对性地采取必要的治疗措施；根据戒毒治疗的不同阶段和强制隔离戒毒人员的表现，实行逐步适应社会的分级管理。

第31条 强制隔离戒毒人员患严重疾病，不出所治疗可能危及生命的，经强制隔离戒毒场所主管机关批准，并报强制隔离戒毒决定机关备案，强制隔离戒毒场所可以允许其所外就医。所外就医的费用由强制隔离戒毒人员本人承担。

所外就医期间，强制隔离戒毒期限连续计算。对于健康状况不再适宜回所执行强制隔离戒毒的，强制隔离戒毒场所应当向强制隔离戒毒决定机关提出变更为社区戒毒的建议，强制隔离戒毒决定机关应当自收到建议之日起7日内，作出是否批准的决定。经批准变更为社区戒毒的，已执行的强制隔离戒毒期限折抵社区戒毒期限。

第32条 强制隔离戒毒人员脱逃的，强制隔离戒毒场所应当立即通知所在地县级人民政府公安机关，并配合公安机关追回脱逃人员。被追回的强制隔离戒毒人员应当继续执行强制隔离戒毒，脱逃期间不计入强制隔离戒毒期限。被追回的强制隔离戒毒人员不得提前解除强制隔离戒毒。

第33条 对强制隔离戒毒场所依照《中华人民共和国禁毒法》第四十七条第二款、第三款规定提出的提前解除强制隔离戒毒、延长戒毒期限的意见，强制隔离戒毒决定机关应当自收到意见之日起7日内，作出是否批准的决定。对提前解除强制隔离戒毒或者延长强制隔离戒毒期限的，批准机关应当出具提前解除强制隔离戒毒决定书或者延长强制隔离戒毒期限决定书，送达被决定人，并在送达后24小时以内通知被决定人的家属、所在单位以及其户籍所在地或者现居住地公安派出所。

第 34 条　解除强制隔离戒毒的，强制隔离戒毒场所应当在解除强制隔离戒毒 3 日前通知强制隔离戒毒决定机关，出具解除强制隔离戒毒证明书送达戒毒人员本人，并通知其家属、所在单位、其户籍所在地或者现居住地公安派出所将其领回。

第 35 条　强制隔离戒毒诊断评估办法由国务院公安部门、司法行政部门会同国务院卫生行政部门制定。

第 36 条　强制隔离戒毒人员被依法收监执行刑罚、采取强制性教育措施或者被依法拘留、逮捕的，由监管场所、羁押场所给予必要的戒毒治疗，强制隔离戒毒的时间连续计算；刑罚执行完毕时、解除强制性教育措施时或者释放时强制隔离戒毒尚未期满的，继续执行强制隔离戒毒。

3.《最高人民法院关于审理毒品犯罪案件适用法律若干问题的解释》

第 2 条　走私、贩卖、运输、制造、非法持有下列毒品，应当认定为刑法第三百四十七条第三款、第三百四十八条规定的"其他毒品数量较大"：

（一）可卡因十克以上不满五十克；

（二）3，4-亚甲二氧基甲基苯丙胺（MDMA）等苯丙胺类毒品（甲基苯丙胺除外）、吗啡二十克以上不满一百克；

（三）芬太尼二十五克以上不满一百二十五克；

（四）甲卡西酮四十克以上不满二百克；

（五）二氢埃托啡二毫克以上不满十毫克；

（六）哌替啶（度冷丁）五十克以上不满二百五十克；

（七）氯胺酮一百克以上不满五百克；

（八）美沙酮二百克以上不满一千克；

（九）曲马多、γ-羟丁酸四百克以上不满二千克；

（十）大麻油一千克以上不满五千克、大麻脂二千克以上不满十千克、大麻叶及大麻烟三十千克以上不满一百五十千克；

（十一）可待因、丁丙诺啡一千克以上不满五千克；

（十二）三唑仑、安眠酮十千克以上不满五十千克；

（十三）阿普唑仑、恰特草二十千克以上不满一百千克；

（十四）咖啡因、罂粟壳四十千克以上不满二百千克；

（十五）巴比妥、苯巴比妥、安钠咖、尼美西泮五十千克以上不满二百五十千克；

（十六）氯氮卓、艾司唑仑、地西泮、溴西泮一百千克以上不满五百千克；

（十七）上述毒品以外的其他毒品数量较大的。

第86条　非法生产、经营、购买、运输毒品的原料、配剂

违反国家规定，非法生产、经营、购买、运输用于制造毒品的原料、配剂的，处十日以上十五日以下拘留；情节较轻的，处五日以上十日以下拘留。

第87条　为吸毒、赌博、卖淫、嫖娼人员通风报信或者提供其他条件

旅馆业、饮食服务业、文化娱乐业、出租汽车业等单位的人员，在公安机关查处吸毒、赌博、卖淫、嫖娼活动时，为违法犯罪行为人通风报信的，或者以其他方式为上述活动提供条件的，处十日以上十五日以下拘留；情节较轻的，处五日以下拘留或者一千元以上二千元以下罚款。

第88条　社会生活噪声干扰他人

违反关于社会生活噪声污染防治的法律法规规定，产生社会生活噪声，经基层群众性自治组织、业主委员会、物业服务人、有关部门依法劝阻、调解和处理未能制止，继续干扰他人正常生活、工作和学习的，处五日以下拘留或者一千元以下罚款；情节严重的，处五日以上十日以下拘留，可以并处一千元以下罚款。

☞ 社会生活噪声：是指人为活动产生的除工业噪声、建筑施工噪声和交通运输噪声之外的干扰周围生活环境的声音。

条文注释

第86条 【非法生产、经营、购买、运输毒品的原料、配剂】

本条是本次修订新增的内容。非法涉毒原料行为给制造毒品提供了便利，对这些行为进行处罚，有利于从源头上打击毒品违法犯罪。"用于制造毒品的原料、配剂"，是指提炼、分解毒品使用的原材料及辅助性配料。具体指《刑法》第350条第1款规定的醋酸酐、乙醚、三氯甲烷或者其他用于制造毒品的原料或者配剂，具体品种范围根据《易制毒化学品管理条例》及《易制毒化学品品种目录》国家规定确定。醋酸酐是乙酰化试剂，是制造海洛因的关键化学品；乙醚、三氯甲烷是溶剂，广泛使用于海洛因、冰毒、氯胺酮等各种毒品制造过程中。这些物品，既是医药和工农业生产原料，又是制造毒品必不可少的配剂。

第87条 【为吸毒、赌博、卖淫、嫖娼人员通风报信或者提供其他条件】

本条修改的内容包括：(1) 增加兜底规定，即"以其他方式为上述活动提供条件的"；(2) 增加"情节较轻"的情形，并规定可以对其处5日以下拘留或者1000元以上2000元以下罚款。为违法犯罪行为人通风报信的行为主体具有特殊性，即仅指旅馆业、饮食服务业、文化娱乐业、出租汽车业等单位的人员。只有在公安机关查处吸毒、赌博、卖淫、嫖娼活动时通风报信的，才依照本条规定处罚。为其他违法犯罪活动通风报信的，不按照本条规定处罚。另外，对于行为人仅给予拘留处罚，不得进行罚款处罚或者以罚代拘。

> **相关规定**

1.《刑法》

第 96 条　本法所称违反国家规定,是指违反全国人民代表大会及其常务委员会制定的法律和决定,国务院制定的行政法规、规定的行政措施、发布的决定和命令。

第 350 条　【非法生产、买卖、运输制毒物品、走私制毒物品罪】违反国家规定,非法生产、买卖、运输醋酸酐、乙醚、三氯甲烷或者其他用于制造毒品的原料、配剂,或者携带上述物品进出境,情节较重的,处三年以下有期徒刑、拘役或者管制,并处罚金;情节严重的,处三年以上七年以下有期徒刑,并处罚金;情节特别严重的,处七年以上有期徒刑,并处罚金或者没收财产。

明知他人制造毒品而为其生产、买卖、运输前款规定的物品的,以制造毒品罪的共犯论处。

单位犯前两款罪的,对单位判处罚金,并对其直接负责的主管人员和其他直接责任人员,依照前两款的规定处罚。

第 362 条　【窝藏、包庇罪】旅馆业、饮食服务业、文化娱乐业、出租汽车业等单位的人员,在公安机关查处卖淫、嫖娼活动时,为违法犯罪分子通风报信,情节严重的,依照本法第三百一十条的规定定罪处罚。

2.《禁毒法》

第 21 条　国家对麻醉药品和精神药品实行管制,对麻醉药品和精神药品的实验研究、生产、经营、使用、储存、运输实行许可和查验制度。

国家对易制毒化学品的生产、经营、购买、运输实行许可制度。

禁止非法生产、买卖、运输、储存、提供、持有、使用麻醉药品、精神药品和易制毒化学品。

第22条　国家对麻醉药品、精神药品和易制毒化学品的进口、出口实行许可制度。国务院有关部门应当按照规定的职责，对进口、出口麻醉药品、精神药品和易制毒化学品依法进行管理。禁止走私麻醉药品、精神药品和易制毒化学品。

3.《噪声污染防治法》

第一章　总　　则

第1条　为了防治噪声污染，保障公众健康，保护和改善生活环境，维护社会和谐，推进生态文明建设，促进经济社会可持续发展，制定本法。

第2条　本法所称噪声，是指在工业生产、建筑施工、交通运输和社会生活中产生的干扰周围生活环境的声音。

本法所称噪声污染，是指超过噪声排放标准或者未依法采取防控措施产生噪声，并干扰他人正常生活、工作和学习的现象。

第3条　噪声污染的防治，适用本法。

因从事本职生产经营工作受到噪声危害的防治，适用劳动保护等其他有关法律的规定。

第4条　噪声污染防治应当坚持统筹规划、源头防控、分类管理、社会共治、损害担责的原则。

第5条　县级以上人民政府应当将噪声污染防治工作纳入国民经济和社会发展规划、生态环境保护规划，将噪声污染防治工作经费纳入本级政府预算。

生态环境保护规划应当明确噪声污染防治目标、任务、保障措施等内容。

第6条　地方各级人民政府对本行政区域声环境质量负责，采取有效措施，改善声环境质量。

国家实行噪声污染防治目标责任制和考核评价制度，将噪声污染防治目标完成情况纳入考核评价内容。

第7条　县级以上地方人民政府应当依照本法和国务院的规定，明确有关部门的噪声污染防治监督管理职责，根据需要建立噪声污染防治工作协调联动机制，加强部门协同配合、信息共享，推进本行政区域噪声污染防治工作。

第8条　国务院生态环境主管部门对全国噪声污染防治实施统一监督管理。地方人民政府生态环境主管部门对本行政区域噪声污染防治实施统一监督管理。

各级住房和城乡建设、公安、交通运输、铁路监督管理、民用航空、海事等部门，在各自职责范围内，对建筑施工、交通运输和社会生活噪声污染防治实施监督管理。

基层群众性自治组织应当协助地方人民政府及其有关部门做好噪声污染防治工作。

第9条　任何单位和个人都有保护声环境的义务，同时依法享有获取声环境信息、参与和监督噪声污染防治的权利。

排放噪声的单位和个人应当采取有效措施，防止、减轻噪声污染。

第10条　各级人民政府及其有关部门应当加强噪声污染防治法律法规和知识的宣传教育普及工作，增强公众噪声污染防治意识，引导公众依法参与噪声污染防治工作。

新闻媒体应当开展噪声污染防治法律法规和知识的公益宣传，对违反噪声污染防治法律法规的行为进行舆论监督。

国家鼓励基层群众性自治组织、社会组织、公共场所管理者、业主委员会、物业服务人、志愿者等开展噪声污染防治法律法规和知识的宣传。

第 11 条　国家鼓励、支持噪声污染防治科学技术研究开发、成果转化和推广应用，加强噪声污染防治专业技术人才培养，促进噪声污染防治科学技术进步和产业发展。

第 12 条　对在噪声污染防治工作中做出显著成绩的单位和个人，按照国家规定给予表彰、奖励。

第二章　噪声污染防治标准和规划

第 13 条　国家推进噪声污染防治标准体系建设。

国务院生态环境主管部门和国务院其他有关部门，在各自职责范围内，制定和完善噪声污染防治相关标准，加强标准之间的衔接协调。

第 14 条　国务院生态环境主管部门制定国家声环境质量标准。

县级以上地方人民政府根据国家声环境质量标准和国土空间规划以及用地现状，划定本行政区域各类声环境质量标准的适用区域；将以用于居住、科学研究、医疗卫生、文化教育、机关团体办公、社会福利等的建筑物为主的区域，划定为噪声敏感建筑物集中区域，加强噪声污染防治。

声环境质量标准适用区域范围和噪声敏感建筑物集中区域范围应当向社会公布。

第 15 条　国务院生态环境主管部门根据国家声环境质量标准和国家经济、技术条件，制定国家噪声排放标准以及相关的环境振动控制标准。

省、自治区、直辖市人民政府对尚未制定国家噪声排放标准的，可以制定地方噪声排放标准；对已经制定国家噪声排放标准的，可以制定严于国家噪声排放标准的地方噪声排放标准。地方噪声排放标准应当报国务院生态环境主管部门备案。

第16条　国务院标准化主管部门会同国务院发展改革、生态环境、工业和信息化、住房和城乡建设、交通运输、铁路监督管理、民用航空、海事等部门，对可能产生噪声污染的工业设备、施工机械、机动车、铁路机车车辆、城市轨道交通车辆、民用航空器、机动船舶、电气电子产品、建筑附属设备等产品，根据声环境保护的要求和国家经济、技术条件，在其技术规范或者产品质量标准中规定噪声限值。

前款规定的产品使用时产生噪声的限值，应当在有关技术文件中注明。禁止生产、进口或者销售不符合噪声限值的产品。

县级以上人民政府市场监督管理等部门对生产、销售的有噪声限值的产品进行监督抽查，对电梯等特种设备使用时发出的噪声进行监督抽测，生态环境主管部门予以配合。

第17条　声环境质量标准、噪声排放标准和其他噪声污染防治相关标准应当定期评估，并根据评估结果适时修订。

第18条　各级人民政府及其有关部门制定、修改国土空间规划和相关规划，应当依法进行环境影响评价，充分考虑城乡区域开发、改造和建设项目产生的噪声对周围生活环境的影响，统筹规划，合理安排土地用途和建设布局，防止、减轻噪声污染。有关环境影响篇章、说明或者报告书中应当包括噪声污染防治内容。

第19条　确定建设布局，应当根据国家声环境质量标准和民用建筑隔声设计相关标准，合理划定建筑物与交通干线等的防噪声距离，并提出相应的规划设计要求。

第20条 未达到国家声环境质量标准的区域所在的设区的市、县级人民政府，应当及时编制声环境质量改善规划及其实施方案，采取有效措施，改善声环境质量。

声环境质量改善规划及其实施方案应当向社会公开。

第21条 编制声环境质量改善规划及其实施方案，制定、修订噪声污染防治相关标准，应当征求有关行业协会、企业事业单位、专家和公众等的意见。

第三章 噪声污染防治的监督管理

第22条 排放噪声、产生振动，应当符合噪声排放标准以及相关的环境振动控制标准和有关法律、法规、规章的要求。

排放噪声的单位和公共场所管理者，应当建立噪声污染防治责任制度，明确负责人和相关人员的责任。

第23条 国务院生态环境主管部门负责制定噪声监测和评价规范，会同国务院有关部门组织声环境质量监测网络，规划国家声环境质量监测站（点）的设置，组织开展全国声环境质量监测，推进监测自动化，统一发布全国声环境质量状况信息。

地方人民政府生态环境主管部门会同有关部门按照规定设置本行政区域声环境质量监测站（点），组织开展本行政区域声环境质量监测，定期向社会公布声环境质量状况信息。

地方人民政府生态环境等部门应当加强对噪声敏感建筑物周边等重点区域噪声排放情况的调查、监测。

第24条 新建、改建、扩建可能产生噪声污染的建设项目，应当依法进行环境影响评价。

第25条 建设项目的噪声污染防治设施应当与主体工程同时设

计、同时施工、同时投产使用。

建设项目在投入生产或者使用之前,建设单位应当依照有关法律法规的规定,对配套建设的噪声污染防治设施进行验收,编制验收报告,并向社会公开。未经验收或者验收不合格的,该建设项目不得投入生产或者使用。

第26条 建设噪声敏感建筑物,应当符合民用建筑隔声设计相关标准要求,不符合标准要求的,不得通过验收、交付使用;在交通干线两侧、工业企业周边等地方建设噪声敏感建筑物,还应当按照规定间隔一定距离,并采取减少振动、降低噪声的措施。

第27条 国家鼓励、支持低噪声工艺和设备的研究开发和推广应用,实行噪声污染严重的落后工艺和设备淘汰制度。

国务院发展改革部门会同国务院有关部门确定噪声污染严重的工艺和设备淘汰期限,并纳入国家综合性产业政策目录。

生产者、进口者、销售者或者使用者应当在规定期限内停止生产、进口、销售或者使用列入前款规定目录的设备。工艺的采用者应当在规定期限内停止采用列入前款规定目录的工艺。

第28条 对未完成声环境质量改善规划设定目标的地区以及噪声污染问题突出、群众反映强烈的地区,省级以上人民政府生态环境主管部门会同其他负有噪声污染防治监督管理职责的部门约谈该地区人民政府及其有关部门的主要负责人,要求其采取有效措施及时整改。约谈和整改情况应当向社会公开。

第29条 生态环境主管部门和其他负有噪声污染防治监督管理职责的部门,有权对排放噪声的单位或者场所进行现场检查。被检查者应当如实反映情况,提供必要的资料,不得拒绝或者阻挠。实施检查的部门、人员对现场检查中知悉的商业秘密应当保密。

检查人员进行现场检查，不得少于两人，并应当主动出示执法证件。

第30条　排放噪声造成严重污染，被责令改正拒不改正的，生态环境主管部门或者其他负有噪声污染防治监督管理职责的部门，可以查封、扣押排放噪声的场所、设施、设备、工具和物品。

第31条　任何单位和个人都有权向生态环境主管部门或者其他负有噪声污染防治监督管理职责的部门举报造成噪声污染的行为。

生态环境主管部门和其他负有噪声污染防治监督管理职责的部门应当公布举报电话、电子邮箱等，方便公众举报。

接到举报的部门应当及时处理并对举报人的相关信息保密。举报事项属于其他部门职责的，接到举报的部门应当及时移送相关部门并告知举报人。举报人要求答复并提供有效联系方式的，处理举报事项的部门应当反馈处理结果等情况。

第32条　国家鼓励开展宁静小区、静音车厢等宁静区域创建活动，共同维护生活环境和谐安宁。

第33条　在举行中等学校招生考试、高等学校招生统一考试等特殊活动期间，地方人民政府或者其指定的部门可以对可能产生噪声影响的活动，作出时间和区域的限制性规定，并提前向社会公告。

第四章　工业噪声污染防治

第34条　本法所称工业噪声，是指在工业生产活动中产生的干扰周围生活环境的声音。

第35条　工业企业选址应当符合国土空间规划以及相关规划要求，县级以上地方人民政府应当按照规划要求优化工业企业布局，防止工业噪声污染。

在噪声敏感建筑物集中区域，禁止新建排放噪声的工业企业，改建、扩建工业企业的，应当采取有效措施防止工业噪声污染。

第36条 排放工业噪声的企业事业单位和其他生产经营者，应当采取有效措施，减少振动、降低噪声，依法取得排污许可证或者填报排污登记表。

实行排污许可管理的单位，不得无排污许可证排放工业噪声，并应当按照排污许可证的要求进行噪声污染防治。

第37条 设区的市级以上地方人民政府生态环境主管部门应当按照国务院生态环境主管部门的规定，根据噪声排放、声环境质量改善要求等情况，制定本行政区域噪声重点排污单位名录，向社会公开并适时更新。

第38条 实行排污许可管理的单位应当按照规定，对工业噪声开展自行监测，保存原始监测记录，向社会公开监测结果，对监测数据的真实性和准确性负责。

噪声重点排污单位应当按照国家规定，安装、使用、维护噪声自动监测设备，与生态环境主管部门的监控设备联网。

第五章 建筑施工噪声污染防治

第39条 本法所称建筑施工噪声，是指在建筑施工过程中产生的干扰周围生活环境的声音。

第40条 建设单位应当按照规定将噪声污染防治费用列入工程造价，在施工合同中明确施工单位的噪声污染防治责任。

施工单位应当按照规定制定噪声污染防治实施方案，采取有效措施，减少振动、降低噪声。建设单位应当监督施工单位落实噪声污染防治实施方案。

第41条 在噪声敏感建筑物集中区域施工作业，应当优先使用低噪声施工工艺和设备。

国务院工业和信息化主管部门会同国务院生态环境、住房和城乡建设、市场监督管理等部门，公布低噪声施工设备指导名录并适时更新。

第42条　在噪声敏感建筑物集中区域施工作业，建设单位应当按照国家规定，设置噪声自动监测系统，与监督管理部门联网，保存原始监测记录，对监测数据的真实性和准确性负责。

第43条　在噪声敏感建筑物集中区域，禁止夜间进行产生噪声的建筑施工作业，但抢修、抢险施工作业，因生产工艺要求或者其他特殊需要必须连续施工作业的除外。

因特殊需要必须连续施工作业的，应当取得地方人民政府住房和城乡建设、生态环境主管部门或者地方人民政府指定的部门的证明，并在施工现场显著位置公示或者以其他方式公告附近居民。

第六章　交通运输噪声污染防治

第44条　本法所称交通运输噪声，是指机动车、铁路机车车辆、城市轨道交通车辆、机动船舶、航空器等交通运输工具在运行时产生的干扰周围生活环境的声音。

第45条　各级人民政府及其有关部门制定、修改国土空间规划和交通运输等相关规划，应当综合考虑公路、城市道路、铁路、城市轨道交通线路、水路、港口和民用机场及其起降航线对周围声环境的影响。

新建公路、铁路线路选线设计，应当尽量避开噪声敏感建筑物集中区域。

新建民用机场选址与噪声敏感建筑物集中区域的距离应当符合标准要求。

第46条　制定交通基础设施工程技术规范，应当明确噪声污染防治要求。

新建、改建、扩建经过噪声敏感建筑物集中区域的高速公路、城市高架、铁路和城市轨道交通线路等的，建设单位应当在可能造成噪声污染的重点路段设置声屏障或者采取其他减少振动、降低噪声的措施，符合有关交通基础设施工程技术规范以及标准要求。

建设单位违反前款规定的，由县级以上人民政府指定的部门责令制定、实施治理方案。

第47条　机动车的消声器和喇叭应当符合国家规定。禁止驾驶拆除或者损坏消声器、加装排气管等擅自改装的机动车以轰鸣、疾驶等方式造成噪声污染。

使用机动车音响器材，应当控制音量，防止噪声污染。

机动车应当加强维修和保养，保持性能良好，防止噪声污染。

第48条　机动车、铁路机车车辆、城市轨道交通车辆、机动船舶等交通运输工具运行时，应当按照规定使用喇叭等声响装置。

警车、消防救援车、工程救险车、救护车等机动车安装、使用警报器，应当符合国务院公安等部门的规定；非执行紧急任务，不得使用警报器。

第49条　地方人民政府生态环境主管部门会同公安机关根据声环境保护的需要，可以划定禁止机动车行驶和使用喇叭等声响装置的路段和时间，向社会公告，并由公安机关交通管理部门依法设置相关标志、标线。

第50条　在车站、铁路站场、港口等地指挥作业时使用广播喇叭的，应当控制音量，减轻噪声污染。

第51条　公路养护管理单位、城市道路养护维修单位应当加强对公路、城市道路的维护和保养，保持减少振动、降低噪声设施正常运行。

城市轨道交通运营单位、铁路运输企业应当加强对城市轨道交通线路和城市轨道交通车辆、铁路线路和铁路机车车辆的维护和保养，保持减少振动、降低噪声设施正常运行，并按照国家规定进行监测，保存原始监测记录，对监测数据的真实性和准确性负责。

第52条 民用机场所在地人民政府，应当根据环境影响评价以及监测结果确定的民用航空器噪声对机场周围生活环境产生影响的范围和程度，划定噪声敏感建筑物禁止建设区域和限制建设区域，并实施控制。

在禁止建设区域禁止新建与航空无关的噪声敏感建筑物。

在限制建设区域确需建设噪声敏感建筑物的，建设单位应当对噪声敏感建筑物进行建筑隔声设计，符合民用建筑隔声设计相关标准要求。

第53条 民用航空器应当符合国务院民用航空主管部门规定的适航标准中的有关噪声要求。

第54条 民用机场管理机构负责机场起降航空器噪声的管理，会同航空运输企业、通用航空企业、空中交通管理部门等单位，采取低噪声飞行程序、起降跑道优化、运行架次和时段控制、高噪声航空器运行限制或者周围噪声敏感建筑物隔声降噪等措施，防止、减轻民用航空器噪声污染。

民用机场管理机构应当按照国家规定，对机场周围民用航空器噪声进行监测，保存原始监测记录，对监测数据的真实性和准确性负责，监测结果定期向民用航空、生态环境主管部门报送。

第55条 因公路、城市道路和城市轨道交通运行排放噪声造成严重污染的，设区的市、县级人民政府应当组织有关部门和其他有关单位对噪声污染情况进行调查评估和责任认定，制定噪声污染综合治理方案。

噪声污染责任单位应当按照噪声污染综合治理方案的要求采取管理或者工程措施，减轻噪声污染。

第 56 条　因铁路运行排放噪声造成严重污染的，铁路运输企业和设区的市、县级人民政府应当对噪声污染情况进行调查，制定噪声污染综合治理方案。

铁路运输企业和设区的市、县级人民政府有关部门和其他有关单位应当按照噪声污染综合治理方案的要求采取有效措施，减轻噪声污染。

第 57 条　因民用航空器起降排放噪声造成严重污染的，民用机场所在地人民政府应当组织有关部门和其他有关单位对噪声污染情况进行调查，综合考虑经济、技术和管理措施，制定噪声污染综合治理方案。

民用机场管理机构、地方各级人民政府和其他有关单位应当按照噪声污染综合治理方案的要求采取有效措施，减轻噪声污染。

第 58 条　制定噪声污染综合治理方案，应当征求有关专家和公众等的意见。

第七章　社会生活噪声污染防治

第 59 条　本法所称社会生活噪声，是指人为活动产生的除工业噪声、建筑施工噪声和交通运输噪声之外的干扰周围生活环境的声音。

第 60 条　全社会应当增强噪声污染防治意识，自觉减少社会生活噪声排放，积极开展噪声污染防治活动，形成人人有责、人人参与、人人受益的良好噪声污染防治氛围，共同维护生活环境和谐安宁。

第 61 条　文化娱乐、体育、餐饮等场所的经营管理者应当采取有效措施，防止、减轻噪声污染。

第 62 条　使用空调器、冷却塔、水泵、油烟净化器、风机、发电机、变压器、锅炉、装卸设备等可能产生社会生活噪声污染的设备、设施的企业事业单位和其他经营管理者等，应当采取优化布局、集中排放等措施，防止、减轻噪声污染。

第 63 条　禁止在商业经营活动中使用高音广播喇叭或者采用其他持续反复发出高噪声的方法进行广告宣传。

对商业经营活动中产生的其他噪声，经营者应当采取有效措施，防止噪声污染。

第 64 条　禁止在噪声敏感建筑物集中区域使用高音广播喇叭，但紧急情况以及地方人民政府规定的特殊情形除外。

在街道、广场、公园等公共场所组织或者开展娱乐、健身等活动，应当遵守公共场所管理者有关活动区域、时段、音量等规定，采取有效措施，防止噪声污染；不得违反规定使用音响器材产生过大音量。

公共场所管理者应当合理规定娱乐、健身等活动的区域、时段、音量，可以采取设置噪声自动监测和显示设施等措施加强管理。

第 65 条　家庭及其成员应当培养形成减少噪声产生的良好习惯，乘坐公共交通工具、饲养宠物和其他日常活动尽量避免产生噪声对周围人员造成干扰，互谅互让解决噪声纠纷，共同维护声环境质量。

使用家用电器、乐器或者进行其他家庭场所活动，应当控制音量或者采取其他有效措施，防止噪声污染。

第 66 条　对已竣工交付使用的住宅楼、商铺、办公楼等建筑物进行室内装修活动，应当按照规定限定作业时间，采取有效措施，防止、减轻噪声污染。

第67条　新建居民住房的房地产开发经营者应当在销售场所公示住房可能受到噪声影响的情况以及采取或者拟采取的防治措施,并纳入买卖合同。

新建居民住房的房地产开发经营者应当在买卖合同中明确住房的共用设施设备位置和建筑隔声情况。

第68条　居民住宅区安装电梯、水泵、变压器等共用设施设备的,建设单位应当合理设置,采取减少振动、降低噪声的措施,符合民用建筑隔声设计相关标准要求。

已建成使用的居民住宅区电梯、水泵、变压器等共用设施设备由专业运营单位负责维护管理,符合民用建筑隔声设计相关标准要求。

第69条　基层群众性自治组织指导业主委员会、物业服务人、业主通过制定管理规约或者其他形式,约定本物业管理区域噪声污染防治要求,由业主共同遵守。

第70条　对噪声敏感建筑物集中区域的社会生活噪声扰民行为,基层群众性自治组织、业主委员会、物业服务人应当及时劝阻、调解;劝阻、调解无效的,可以向负有社会生活噪声污染防治监督管理职责的部门或者地方人民政府指定的部门报告或者投诉,接到报告或者投诉的部门应当依法处理。

第八章　法律责任

第71条　违反本法规定,拒绝、阻挠监督检查,或者在接受监督检查时弄虚作假的,由生态环境主管部门或者其他负有噪声污染防治监督管理职责的部门责令改正,处二万元以上二十万元以下的罚款。

第 72 条　违反本法规定，生产、进口、销售超过噪声限值的产品的，由县级以上人民政府市场监督管理部门、海关按照职责责令改正，没收违法所得，并处货值金额一倍以上三倍以下的罚款；情节严重的，报经有批准权的人民政府批准，责令停业、关闭。

违反本法规定，生产、进口、销售、使用淘汰的设备，或者采用淘汰的工艺的，由县级以上人民政府指定的部门责令改正，没收违法所得，并处货值金额一倍以上三倍以下的罚款；情节严重的，报经有批准权的人民政府批准，责令停业、关闭。

第 73 条　违反本法规定，建设单位建设噪声敏感建筑物不符合民用建筑隔声设计相关标准要求的，由县级以上地方人民政府住房和城乡建设主管部门责令改正，处建设工程合同价款百分之二以上百分之四以下的罚款。

违反本法规定，建设单位在噪声敏感建筑物禁止建设区域新建与航空无关的噪声敏感建筑物的，由地方人民政府指定的部门责令停止违法行为，处建设工程合同价款百分之二以上百分之十以下的罚款，并报经有批准权的人民政府批准，责令拆除。

第 74 条　违反本法规定，在噪声敏感建筑物集中区域新建排放噪声的工业企业的，由生态环境主管部门责令停止违法行为，处十万元以上五十万元以下的罚款，并报经有批准权的人民政府批准，责令关闭。

违反本法规定，在噪声敏感建筑物集中区域改建、扩建工业企业，未采取有效措施防止工业噪声污染的，由生态环境主管部门责令改正，处十万元以上五十万元以下的罚款；拒不改正的，报经有批准权的人民政府批准，责令关闭。

第 75 条　违反本法规定，无排污许可证或者超过噪声排放标准排放工业噪声的，由生态环境主管部门责令改正或者限制生产、停产整治，并处二万元以上二十万元以下的罚款；情节严重的，报经有批准权的人民政府批准，责令停业、关闭。

第76条　违反本法规定，有下列行为之一，由生态环境主管部门责令改正，处二万元以上二十万元以下的罚款；拒不改正的，责令限制生产、停产整治：

（一）实行排污许可管理的单位未按照规定对工业噪声开展自行监测，未保存原始监测记录，或者未向社会公开监测结果的；

（二）噪声重点排污单位未按照国家规定安装、使用、维护噪声自动监测设备，或者未与生态环境主管部门的监控设备联网的。

第77条　违反本法规定，建设单位、施工单位有下列行为之一，由工程所在地人民政府指定的部门责令改正，处一万元以上十万元以下的罚款；拒不改正的，可以责令暂停施工：

（一）超过噪声排放标准排放建筑施工噪声的；

（二）未按照规定取得证明，在噪声敏感建筑物集中区域夜间进行产生噪声的建筑施工作业的。

第78条　违反本法规定，有下列行为之一，由工程所在地人民政府指定的部门责令改正，处五千元以上五万元以下的罚款；拒不改正的，处五万元以上二十万元以下的罚款：

（一）建设单位未按照规定将噪声污染防治费用列入工程造价的；

（二）施工单位未按照规定制定噪声污染防治实施方案，或者未采取有效措施减少振动、降低噪声的；

（三）在噪声敏感建筑物集中区域施工作业的建设单位未按照国家规定设置噪声自动监测系统，未与监督管理部门联网，或者未保存原始监测记录的；

（四）因特殊需要必须连续施工作业，建设单位未按照规定公告附近居民的。

第79条 违反本法规定，驾驶拆除或者损坏消声器、加装排气管等擅自改装的机动车轰鸣、疾驶，机动车运行时未按照规定使用声响装置，或者违反禁止机动车行驶和使用声响装置的路段和时间规定的，由县级以上地方人民政府公安机关交通管理部门依照有关道路交通安全的法律法规处罚。

违反本法规定，铁路机车车辆、城市轨道交通车辆、机动船舶等交通运输工具运行时未按照规定使用声响装置的，由交通运输、铁路监督管理、海事等部门或者地方人民政府指定的城市轨道交通有关部门按照职责责令改正，处五千元以上一万元以下的罚款。

第80条 违反本法规定，有下列行为之一，由交通运输、铁路监督管理、民用航空等部门或者地方人民政府指定的城市道路、城市轨道交通有关部门，按照职责责令改正，处五千元以上五万元以下的罚款；拒不改正的，处五万元以上二十万元以下的罚款：

（一）公路养护管理单位、城市道路养护维修单位、城市轨道交通运营单位、铁路运输企业未履行维护和保养义务，未保持减少振动、降低噪声设施正常运行的；

（二）城市轨道交通运营单位、铁路运输企业未按照国家规定进行监测，或者未保存原始监测记录的；

（三）民用机场管理机构、航空运输企业、通用航空企业未采取措施防止、减轻民用航空器噪声污染的；

（四）民用机场管理机构未按照国家规定对机场周围民用航空器噪声进行监测，未保存原始监测记录，或者监测结果未定期报送的。

第81条　违反本法规定，有下列行为之一，由地方人民政府指定的部门责令改正，处五千元以上五万元以下的罚款；拒不改正的，处五万元以上二十万元以下的罚款，并可以报经有批准权的人民政府批准，责令停业：

（一）超过噪声排放标准排放社会生活噪声的；

（二）在商业经营活动中使用高音广播喇叭或者采用其他持续反复发出高噪声的方法进行广告宣传的；

（三）未对商业经营活动中产生的其他噪声采取有效措施造成噪声污染的。

第82条　违反本法规定，有下列行为之一，由地方人民政府指定的部门说服教育，责令改正；拒不改正的，给予警告，对个人可以处二百元以上一千元以下的罚款，对单位可以处二千元以上二万元以下的罚款：

（一）在噪声敏感建筑物集中区域使用高音广播喇叭的；

（二）在公共场所组织或者开展娱乐、健身等活动，未遵守公共场所管理者有关活动区域、时段、音量等规定，未采取有效措施造成噪声污染，或者违反规定使用音响器材产生过大音量的；

（三）对已竣工交付使用的建筑物进行室内装修活动，未按照规定在限定的作业时间内进行，或者未采取有效措施造成噪声污染的；

（四）其他违反法律规定造成社会生活噪声污染的。

第83条　违反本法规定，有下列行为之一，由县级以上地方人民政府房产管理部门责令改正，处一万元以上五万元以下的罚款；拒不改正的，责令暂停销售：

（一）新建居民住房的房地产开发经营者未在销售场所公示住房可能受到噪声影响的情况以及采取或者拟采取的防治措施，或者未纳入买卖合同的；

（二）新建居民住房的房地产开发经营者未在买卖合同中明确住房的共用设施设备位置或者建筑隔声情况的。

第84条　违反本法规定，有下列行为之一，由地方人民政府指定的部门责令改正，处五千元以上五万元以下的罚款；拒不改正的，处五万元以上二十万元以下的罚款：

（一）居民住宅区安装共用设施设备，设置不合理或者未采取减少振动、降低噪声的措施，不符合民用建筑隔声设计相关标准要求的；

（二）对已建成使用的居民住宅区共用设施设备，专业运营单位未进行维护管理，不符合民用建筑隔声设计相关标准要求的。

第85条　噪声污染防治监督管理人员滥用职权、玩忽职守、徇私舞弊的，由监察机关或者任免机关、单位依法给予处分。

第86条　受到噪声侵害的单位和个人，有权要求侵权人依法承担民事责任。

对赔偿责任和赔偿金额纠纷，可以根据当事人的请求，由相应的负有噪声污染防治监督管理职责的部门、人民调解委员会调解处理。

国家鼓励排放噪声的单位、个人和公共场所管理者与受到噪声侵害的单位和个人友好协商，通过调整生产经营时间、施工作业时间，采取减少振动、降低噪声措施，支付补偿金、异地安置等方式，妥善解决噪声纠纷。

第87条　违反本法规定，产生社会生活噪声，经劝阻、调解和处理未能制止，持续干扰他人正常生活、工作和学习，或者有其他扰乱公共秩序、妨害社会管理等违反治安管理行为的，由公安机关依法给予治安管理处罚。

违反本法规定，构成犯罪的，依法追究刑事责任。

第九章 附 则

第88条 本法中下列用语的含义：

（一）噪声排放，是指噪声源向周围生活环境辐射噪声；

（二）夜间，是指晚上十点至次日早晨六点之间的期间，设区的市级以上人民政府可以另行规定本行政区域夜间的起止时间，夜间时段长度为八小时；

（三）噪声敏感建筑物，是指用于居住、科学研究、医疗卫生、文化教育、机关团体办公、社会福利等需要保持安静的建筑物；

（四）交通干线，是指铁路、高速公路、一级公路、二级公路、城市快速路、城市主干路、城市次干路、城市轨道交通线路、内河高等级航道。

第89条 省、自治区、直辖市或者设区的市、自治州根据实际情况，制定本地方噪声污染防治具体办法。

第90条 本法自2022年6月5日起施行。《中华人民共和国环境噪声污染防治法》同时废止。

4.《易制毒化学品管理条例》

第一章 总 则

第1条 为了加强易制毒化学品管理，规范易制毒化学品的生产、经营、购买、运输和进口、出口行为，防止易制毒化学品被用于制造毒品，维护经济和社会秩序，制定本条例。

第2条 国家对易制毒化学品的生产、经营、购买、运输和进口、出口实行分类管理和许可制度。

易制毒化学品分为三类。第一类是可以用于制毒的主要原料，第二类、第三类是可以用于制毒的化学配剂。易制毒化学品的具体分类和品种，由本条例附表列示。

易制毒化学品的分类和品种需要调整的，由国务院公安部门会同国务院药品监督管理部门、安全生产监督管理部门、商务主管部门、卫生主管部门和海关总署提出方案，报国务院批准。

省、自治区、直辖市人民政府认为有必要在本行政区域内调整分类或者增加本条例规定以外的品种的，应当向国务院公安部门提出，由国务院公安部门会同国务院有关行政主管部门提出方案，报国务院批准。

第3条 国务院公安部门、药品监督管理部门、安全生产监督管理部门、商务主管部门、卫生主管部门、海关总署、价格主管部门、铁路主管部门、交通主管部门、市场监督管理部门、生态环境主管部门在各自的职责范围内，负责全国的易制毒化学品有关管理工作；县级以上地方各级人民政府有关行政主管部门在各自的职责范围内，负责本行政区域内的易制毒化学品有关管理工作。

县级以上地方各级人民政府应当加强对易制毒化学品管理工作的领导，及时协调解决易制毒化学品管理工作中的问题。

第4条 易制毒化学品的产品包装和使用说明书，应当标明产品的名称（含学名和通用名）、化学分子式和成分。

第5条 易制毒化学品的生产、经营、购买、运输和进口、出口，除应当遵守本条例的规定外，属于药品和危险化学品的，还应当遵守法律、其他行政法规对药品和危险化学品的有关规定。

禁止走私或者非法生产、经营、购买、转让、运输易制毒化学品。

禁止使用现金或者实物进行易制毒化学品交易。但是，个人合法购买第一类中的药品类易制毒化学品药品制剂和第三类易制毒化学品的除外。

生产、经营、购买、运输和进口、出口易制毒化学品的单位，应当建立单位内部易制毒化学品管理制度。

第6条　国家鼓励向公安机关等有关行政主管部门举报涉及易制毒化学品的违法行为。接到举报的部门应当为举报者保密。对举报属实的，县级以上人民政府及有关行政主管部门应当给予奖励。

第二章　生产、经营管理

第7条　申请生产第一类易制毒化学品，应当具备下列条件，并经本条例第八条规定的行政主管部门审批，取得生产许可证后，方可进行生产：

（一）属依法登记的化工产品生产企业或者药品生产企业；

（二）有符合国家标准的生产设备、仓储设施和污染物处理设施；

（三）有严格的安全生产管理制度和环境突发事件应急预案；

（四）企业法定代表人和技术、管理人员具有安全生产和易制毒化学品的有关知识，无毒品犯罪记录；

（五）法律、法规、规章规定的其他条件。

申请生产第一类中的药品类易制毒化学品，还应当在仓储场所等重点区域设置电视监控设施以及与公安机关联网的报警装置。

第8条　申请生产第一类中的药品类易制毒化学品的，由省、自治区、直辖市人民政府药品监督管理部门审批；申请生产第一类中的非药品类易制毒化学品的，由省、自治区、直辖市人民政府安全生产监督管理部门审批。

前款规定的行政主管部门应当自收到申请之日起60日内，对申请人提交的申请材料进行审查。对符合规定的，发给生产许可证，或者在企业已经取得的有关生产许可证件上标注；不予许可的，应当书面说明理由。

审查第一类易制毒化学品生产许可申请材料时，根据需要，可以进行实地核查和专家评审。

第 9 条 申请经营第一类易制毒化学品，应当具备下列条件，并经本条例第十条规定的行政主管部门审批，取得经营许可证后，方可进行经营：

（一）属依法登记的化工产品经营企业或者药品经营企业；

（二）有符合国家规定的经营场所，需要储存、保管易制毒化学品的，还应当有符合国家技术标准的仓储设施；

（三）有易制毒化学品的经营管理制度和健全的销售网络；

（四）企业法定代表人和销售、管理人员具有易制毒化学品的有关知识，无毒品犯罪记录；

（五）法律、法规、规章规定的其他条件。

第 10 条 申请经营第一类中的药品类易制毒化学品的，由省、自治区、直辖市人民政府药品监督管理部门审批；申请经营第一类中的非药品类易制毒化学品的，由省、自治区、直辖市人民政府安全生产监督管理部门审批。

前款规定的行政主管部门应当自收到申请之日起30日内，对申请人提交的申请材料进行审查。对符合规定的，发给经营许可证，或者在企业已经取得的有关经营许可证件上标注；不予许可的，应当书面说明理由。

审查第一类易制毒化学品经营许可申请材料时，根据需要，可以进行实地核查。

第 11 条 取得第一类易制毒化学品生产许可或者依照本条例第十三条第一款规定已经履行第二类、第三类易制毒化学品备案手续的生产企业，可以经销自产的易制毒化学品。但是，在厂外设立销售网点经销第一类易制毒化学品的，应当依照本条例的规定取得经营许可。

第一类中的药品类易制毒化学品药品单方制剂，由麻醉药品定点经营企业经销，且不得零售。

第12条 取得第一类易制毒化学品生产、经营许可的企业，应当凭生产、经营许可证到市场监督管理部门办理经营范围变更登记。未经变更登记，不得进行第一类易制毒化学品的生产、经营。

第一类易制毒化学品生产、经营许可证被依法吊销的，行政主管部门应当自作出吊销决定之日起5日内通知市场监督管理部门；被吊销许可证的企业，应当及时到市场监督管理部门办理经营范围变更或者企业注销登记。

第13条 生产第二类、第三类易制毒化学品的，应当自生产之日起30日内，将生产的品种、数量等情况，向所在地的设区的市级人民政府安全生产监督管理部门备案。

经营第二类易制毒化学品的，应当自经营之日起30日内，将经营的品种、数量、主要流向等情况，向所在地的设区的市级人民政府安全生产监督管理部门备案；经营第三类易制毒化学品的，应当自经营之日起30日内，将经营的品种、数量、主要流向等情况，向所在地的县级人民政府安全生产监督管理部门备案。

前两款规定的行政主管部门应当于收到备案材料的当日发给备案证明。

第三章 购买管理

第14条 申请购买第一类易制毒化学品，应当提交下列证件，经本条例第十五条规定的行政主管部门审批，取得购买许可证：

（一）经营企业提交企业营业执照和合法使用需要证明；

(二)其他组织提交登记证书(成立批准文件)和合法使用需要证明。

第 15 条 申请购买第一类中的药品类易制毒化学品的,由所在地的省、自治区、直辖市人民政府药品监督管理部门审批;申请购买第一类中的非药品类易制毒化学品的,由所在地的省、自治区、直辖市人民政府公安机关审批。

前款规定的行政主管部门应当自收到申请之日起 10 日内,对申请人提交的申请材料和证件进行审查。对符合规定的,发给购买许可证;不予许可的,应当书面说明理由。

审查第一类易制毒化学品购买许可申请材料时,根据需要,可以进行实地核查。

第 16 条 持有麻醉药品、第一类精神药品购买印鉴卡的医疗机构购买第一类中的药品类易制毒化学品的,无须申请第一类易制毒化学品购买许可证。

个人不得购买第一类、第二类易制毒化学品。

第 17 条 购买第二类、第三类易制毒化学品的,应当在购买前将所需购买的品种、数量,向所在地的县级人民政府公安机关备案。个人自用购买少量高锰酸钾的,无须备案。

第 18 条 经营单位销售第一类易制毒化学品时,应当查验购买许可证和经办人的身份证明。对委托代购的,还应当查验购买人持有的委托文书。

经营单位在查验无误、留存上述证明材料的复印件后,方可出售第一类易制毒化学品;发现可疑情况的,应当立即向当地公安机关报告。

第 19 条 经营单位应当建立易制毒化学品销售台账,如实记录销售的品种、数量、日期、购买方等情况。销售台账和证明材料复印件应当保存2年备查。

第一类易制毒化学品的销售情况，应当自销售之日起5日内报当地公安机关备案；第一类易制毒化学品的使用单位，应当建立使用台账，并保存2年备查。

第二类、第三类易制毒化学品的销售情况，应当自销售之日起30日内报当地公安机关备案。

第四章 运输管理

第20条 跨设区的市级行政区域（直辖市为跨市界）或者在国务院公安部门确定的禁毒形势严峻的重点地区跨县级行政区域运输第一类易制毒化学品的，由运出地的设区的市级人民政府公安机关审批；运输第二类易制毒化学品的，由运出地的县级人民政府公安机关审批。经审批取得易制毒化学品运输许可证后，方可运输。

运输第三类易制毒化学品的，应当在运输前向运出地的县级人民政府公安机关备案。公安机关应当于收到备案材料的当日发给备案证明。

第21条 申请易制毒化学品运输许可，应当提交易制毒化学品的购销合同，货主是企业的，应当提交营业执照；货主是其他组织的，应当提交登记证书（成立批准文件）；货主是个人的，应当提交其个人身份证明。经办人还应当提交本人的身份证明。

公安机关应当自收到第一类易制毒化学品运输许可申请之日起10日内，收到第二类易制毒化学品运输许可申请之日起3日内，对申请人提交的申请材料进行审查。对符合规定的，发给运输许可证；不予许可的，应当书面说明理由。

审查第一类易制毒化学品运输许可申请材料时，根据需要，可以进行实地核查。

第22条　对许可运输第一类易制毒化学品的，发给一次有效的运输许可证。

对许可运输第二类易制毒化学品的，发给3个月有效的运输许可证；6个月内运输安全状况良好的，发给12个月有效的运输许可证。

易制毒化学品运输许可证应当载明拟运输的易制毒化学品的品种、数量、运入地、货主及收货人、承运人情况以及运输许可证种类。

第23条　运输供教学、科研使用的100克以下的麻黄素样品和供医疗机构制剂配方使用的小包装麻黄素以及医疗机构或者麻醉药品经营企业购买麻黄素片剂6万片以下、注射剂1.5万支以下，货主或者承运人持有依法取得的购买许可证明或者麻醉药品调拨单的，无须申请易制毒化学品运输许可。

第24条　接受货主委托运输的，承运人应当查验货主提供的运输许可证或者备案证明，并查验所运货物与运输许可证或者备案证明载明的易制毒化学品品种等情况是否相符；不相符的，不得承运。

运输易制毒化学品，运输人员应当自启运起全程携带运输许可证或者备案证明。公安机关应当在易制毒化学品的运输过程中进行检查。

运输易制毒化学品，应当遵守国家有关货物运输的规定。

第25条　因治疗疾病需要，患者、患者近亲属或者患者委托的人凭医疗机构出具的医疗诊断书和本人的身份证明，可以随身携带第一类中的药品类易制毒化学品药品制剂，但是不得超过医用单张处方的最大剂量。

医用单张处方最大剂量，由国务院卫生主管部门规定、公布。

第五章 进口、出口管理

第 26 条　申请进口或者出口易制毒化学品，应当提交下列材料，经国务院商务主管部门或者其委托的省、自治区、直辖市人民政府商务主管部门审批，取得进口或者出口许可证后，方可从事进口、出口活动：

（一）对外贸易经营者备案登记证明复印件；

（二）营业执照副本；

（三）易制毒化学品生产、经营、购买许可证或者备案证明；

（四）进口或者出口合同（协议）副本；

（五）经办人的身份证明。

申请易制毒化学品出口许可的，还应当提交进口方政府主管部门出具的合法使用易制毒化学品的证明或者进口方合法使用的保证文件。

第 27 条　受理易制毒化学品进口、出口申请的商务主管部门应当自收到申请材料之日起 20 日内，对申请材料进行审查，必要时可以进行实地核查。对符合规定的，发给进口或者出口许可证；不予许可的，应当书面说明理由。

对进口第一类中的药品类易制毒化学品的，有关的商务主管部门在作出许可决定前，应当征得国务院药品监督管理部门的同意。

第 28 条　麻黄素等属于重点监控物品范围的易制毒化学品，由国务院商务主管部门会同国务院有关部门核定的企业进口、出口。

第 29 条　国家对易制毒化学品的进口、出口实行国际核查制度。易制毒化学品国际核查目录及核查的具体办法，由国务院商务主管部门会同国务院公安部门规定、公布。

国际核查所用时间不计算在许可期限之内。

对向毒品制造、贩运情形严重的国家或者地区出口易制毒化学品以及本条例规定品种以外的化学品的，可以在国际核查措施以外实施其他管制措施，具体办法由国务院商务主管部门会同国务院公安部门、海关总署等有关部门规定、公布。

第30条 进口、出口或者过境、转运、通运易制毒化学品的，应当如实向海关申报，并提交进口或者出口许可证。海关凭许可证办理通关手续。

易制毒化学品在境外与保税区、出口加工区等海关特殊监管区域、保税场所之间进出的，适用前款规定。

易制毒化学品在境内与保税区、出口加工区等海关特殊监管区域、保税场所之间进出的，或者在上述海关特殊监管区域、保税场所之间进出的，无须申请易制毒化学品进口或者出口许可证。

进口第一类中的药品类易制毒化学品，还应当提交药品监督管理部门出具的进口药品通关单。

第31条 进出境人员随身携带第一类中的药品类易制毒化学品药品制剂和高锰酸钾，应当以自用且数量合理为限，并接受海关监管。

进出境人员不得随身携带前款规定以外的易制毒化学品。

第六章 监督检查

第32条 县级以上人民政府公安机关、负责药品监督管理的部门、安全生产监督管理部门、商务主管部门、卫生主管部门、价格主管部门、铁路主管部门、交通主管部门、市场监督管理部门、生态环境主管部门和海关，应当依照本条例和有关法律、行政法规的规定，在各自的职责范围内，加强对易制毒化学品生产、经营、购买、运输、价格以及进口、出口的监督检查;对非法生产、经营、购买、运输易制毒化学品,或者走私易制毒化学品的行为,依法予以查处。

前款规定的行政主管部门在进行易制毒化学品监督检查时,可以依法查看现场、查阅和复制有关资料、记录有关情况、扣押相关的证据材料和违法物品;必要时,可以临时查封有关场所。

被检查的单位或者个人应当如实提供有关情况和材料、物品,不得拒绝或者隐匿。

第33条 对依法收缴、查获的易制毒化学品,应当在省、自治区、直辖市或者设区的市级人民政府公安机关、海关或者生态环境主管部门的监督下,区别易制毒化学品的不同情况进行保管、回收,或者依照环境保护法律、行政法规的有关规定,由有资质的单位在生态环境主管部门的监督下销毁。其中,对收缴、查获的第一类中的药品类易制毒化学品,一律销毁。

易制毒化学品违法单位或者个人无力提供保管、回收或者销毁费用的,保管、回收或者销毁的费用在回收所得中开支,或者在有关行政主管部门的禁毒经费中列支。

第34条 易制毒化学品丢失、被盗、被抢的,发案单位应当立即向当地公安机关报告,并同时报告当地的县级人民政府负责药品监督管理的部门、安全生产监督管理部门、商务主管部门或者卫生主管部门。接到报案的公安机关应当及时立案查处,并向上级公安机关报告;有关行政主管部门应当逐级上报并配合公安机关的查处。

第35条 有关行政主管部门应当将易制毒化学品许可以及依法吊销许可的情况通报有关公安机关和市场监督管理部门;市场监督管理部门应当将生产、经营易制毒化学品企业依法变更或者注销登记的情况通报有关公安机关和行政主管部门。

第36条 生产、经营、购买、运输或者进口、出口易制毒化学品的单位，应当于每年3月31日前向许可或者备案的行政主管部门和公安机关报告本单位上年度易制毒化学品的生产、经营、购买、运输或者进口、出口情况；有条件的生产、经营、购买、运输或者进口、出口单位，可以与有关行政主管部门建立计算机联网，及时通报有关经营情况。

第37条 县级以上人民政府有关行政主管部门应当加强协调合作，建立易制毒化学品管理情况、监督检查情况以及案件处理情况的通报、交流机制。

第七章 法律责任

第38条 违反本条例规定，未经许可或者备案擅自生产、经营、购买、运输易制毒化学品，伪造申请材料骗取易制毒化学品生产、经营、购买或者运输许可证，使用他人的或者伪造、变造、失效的许可证生产、经营、购买、运输易制毒化学品的，由公安机关没收非法生产、经营、购买或者运输的易制毒化学品、用于非法生产易制毒化学品的原料以及非法生产、经营、购买或者运输易制毒化学品的设备、工具，处非法生产、经营、购买或者运输的易制毒化学品货值10倍以上20倍以下的罚款，货值的20倍不足1万元的，按1万元罚款；有违法所得的，没收违法所得；有营业执照的，由市场监督管理部门吊销营业执照；构成犯罪的，依法追究刑事责任。

对有前款规定违法行为的单位或者个人，有关行政主管部门可以自作出行政处罚决定之日起3年内，停止受理其易制毒化学品生产、经营、购买、运输或者进口、出口许可申请。

第39条 违反本条例规定，走私易制毒化学品的，由海关没收走私的易制毒化学品；有违法所得的，没收违法所得，并依照海关法律、行政法规给予行政处罚；构成犯罪的，依法追究刑事责任。

第 40 条 违反本条例规定，有下列行为之一的，由负有监督管理职责的行政主管部门给予警告，责令限期改正，处 1 万元以上 5 万元以下的罚款；对违反规定生产、经营、购买的易制毒化学品可以予以没收；逾期不改正的，责令限期停产停业整顿；逾期整顿不合格的，吊销相应的许可证：

（一）易制毒化学品生产、经营、购买、运输或者进口、出口单位未按规定建立安全管理制度的；

（二）将许可证或者备案证明转借他人使用的；

（三）超出许可的品种、数量生产、经营、购买易制毒化学品的；

（四）生产、经营、购买单位不记录或者不如实记录交易情况、不按规定保存交易记录或者不如实、不及时向公安机关和有关行政主管部门备案销售情况的；

（五）易制毒化学品丢失、被盗、被抢后未及时报告，造成严重后果的；

（六）除个人合法购买第一类中的药品类易制毒化学品药品制剂以及第三类易制毒化学品外，使用现金或者实物进行易制毒化学品交易的；

（七）易制毒化学品的产品包装和使用说明书不符合本条例规定要求的；

（八）生产、经营易制毒化学品的单位不如实或者不按时向有关行政主管部门和公安机关报告年度生产、经销和库存等情况的。

企业的易制毒化学品生产经营许可被依法吊销后，未及时到市场监督管理部门办理经营范围变更或者企业注销登记的，依照前款规定，对易制毒化学品予以没收，并处罚款。

第41条　运输的易制毒化学品与易制毒化学品运输许可证或者备案证明载明的品种、数量、运入地、货主及收货人、承运人等情况不符，运输许可证种类不当，或者运输人员未全程携带运输许可证或者备案证明的，由公安机关责令停运整改，处5000元以上5万元以下的罚款；有危险物品运输资质的，运输主管部门可以依法吊销其运输资质。

个人携带易制毒化学品不符合品种、数量规定的，没收易制毒化学品，处1000元以上5000元以下的罚款。

第42条　生产、经营、购买、运输或者进口、出口易制毒化学品的单位或者个人拒不接受有关行政主管部门监督检查的，由负有监督管理职责的行政主管部门责令改正，对直接负责的主管人员以及其他直接责任人员给予警告；情节严重的，对单位处1万元以上5万元以下的罚款，对直接负责的主管人员以及其他直接责任人员处1000元以上5000元以下的罚款；有违反治安管理行为的，依法给予治安管理处罚；构成犯罪的，依法追究刑事责任。

第43条　易制毒化学品行政主管部门工作人员在管理工作中有应当许可而不许可、不应当许可而滥许可，不依法受理备案，以及其他滥用职权、玩忽职守、徇私舞弊行为的，依法给予行政处分；构成犯罪的，依法追究刑事责任。

第八章　附　　则

第44条　易制毒化学品生产、经营、购买、运输和进口、出口许可证，由国务院有关行政主管部门根据各自的职责规定式样并监制。

第45条　本条例自2005年11月1日起施行。

本条例施行前已经从事易制毒化学品生产、经营、购买、运输或者进口、出口业务的，应当自本条例施行之日起6个月内，依照本条例的规定重新申请许可。

附表：易制毒化学品的分类和品种目录（略）

📖 **报案**：是指单位和个人（包括被害人）向公安机关及其人民警察报告发现有违反治安管理的行为发生或违反治安管理行为人的行为。

控告：是指被害人及其近亲属对侵犯自己人身权利、财产权利的违反治安管理行为向公安机关告诉，要求追究违反治安管理行为人法律责任的行为。控告是被害人维护自己合法权益、寻求法律帮助的主要途径。注意，当被害人及其近亲属知道具体侵害人时，则为"控告"；如果只知道侵害行为发生，而不知具体侵害人，则为"报案"。

举报：是指除了当事人以外的其他知情人向公安机关检举、揭发违反治安管理行为人的违法事实或者潜逃的违反治安管理行为人的线索的行为。

第89条 饲养动物违法行为

❶ 饲养动物，干扰他人正常生活的，处警告；警告后不改正的，或者放任动物恐吓他人的，处一千元以下罚款。

❷ 违反有关法律、法规、规章规定，出售、饲养烈性犬等危险动物的，处警告；警告后不改正的，或者致使动物伤害他人的，处五日以下拘留或者一千元以下罚款；情节较重的，处五日以上十日以下拘留。

❸ 未对动物采取安全措施，致使动物伤害他人的，处一千元以下罚款；情节较重的，处五日以上十日以下拘留。

❹ 驱使动物伤害他人的，依照本法第五十一条的规定处罚。

第四章 处罚程序

第一节 调 查

第90条 立案调查

公安机关对报案、控告、举报或者违反治安管理行为人主动投案，以及其他国家机关移送的违反治安管理案件，应当立即立案并进行调查；认为不属于违反治安管理行为的，应当告知报案人、控告人、举报人、投案人，并说明理由。

> 条文注释

第 89 条　【饲养动物违法行为】

饲养动物者，如不尽心饲养管理动物，极易给周围他人的生活带来负面影响，扰乱他人正常生活。例如，饲养的动物生性凶猛，使附近居民出行和心理健康受到影响；或是该动物叫声过大，影响他人正常休息等。对此，应当先予以警告，警告后不改正的，再处以罚款。放任动物恐吓他人的行为，行为人主观上应当预见到该行为可能会给他人人身和财产带来损害，而放任这种结果的发生，故应当予以处罚。驱使动物伤害他人，行为人主观上出于故意，主观恶性程度较深，动物已经成为其伤害他人的工具，其行为性质应定性为故意伤害他人身体的行为，应按照《治安管理处罚法》第 51 条的规定处罚。

在适用本条规定时，对于饲养动物干扰他人正常生活的，应当先予警告，只有经警告后还不改正的，才可处以罚款。而对于放任动物恐吓他人的，则必须给予罚款的处罚，而不能给予警告。对于驱使动物伤害他人的，即动物的主人或者饲养人员利用各种方式唆使动物伤害他人。如果造成的伤害经鉴定在轻伤以上，则构成了故意伤害他人的犯罪，此时，饲养的动物就成了犯罪的工具；如果造成的伤害不够轻伤，则按照故意伤害他人身体的违反治安管理行为来处罚。

相关规定

1.《民法典》

第1245条 饲养的动物造成他人损害的,动物饲养人或者管理人应当承担侵权责任;但是,能够证明损害是因被侵权人故意或者重大过失造成的,可以不承担或者减轻责任。

第1246条 违反管理规定,未对动物采取安全措施造成他人损害的,动物饲养人或者管理人应当承担侵权责任;但是,能够证明损害是因被侵权人故意造成的,可以减轻责任。

第1247条 禁止饲养的烈性犬等危险动物造成他人损害的,动物饲养人或者管理人应当承担侵权责任。

第1248条 动物园的动物造成他人损害的,动物园应当承担侵权责任;但是,能够证明尽到管理职责的,不承担侵权责任。

第1249条 遗弃、逃逸的动物在遗弃、逃逸期间造成他人损害的,由动物原饲养人或者管理人承担侵权责任。

第1250条 因第三人的过错致使动物造成他人损害的,被侵权人可以向动物饲养人或者管理人请求赔偿,也可以向第三人请求赔偿。动物饲养人或者管理人赔偿后,有权向第三人追偿。

第1251条 饲养动物应当遵守法律法规,尊重社会公德,不得妨碍他人生活。

2.《刑事诉讼法》

第19条 刑事案件的侦查由公安机关进行,法律另有规定的除外。

人民检察院在对诉讼活动实行法律监督中发现的司法工作人员利用职权实施的非法拘禁、刑讯逼供、非法搜查等侵犯公民权利、损害司法公正的犯罪，可以由人民检察院立案侦查。对于公安机关管辖的国家机关工作人员利用职权实施的重大犯罪案件，需要由人民检察院直接受理的时候，经省级以上人民检察院决定，可以由人民检察院立案侦查。

自诉案件，由人民法院直接受理。

3.《公安机关办理行政案件程序规定》

第49条　对行政案件进行调查时，应当合法、及时、客观、全面地收集、调取证据材料，并予以审查、核实。

第50条　需要调查的案件事实包括：

（一）违法嫌疑人的基本情况；

（二）违法行为是否存在；

（三）违法行为是否为违法嫌疑人实施；

（四）实施违法行为的时间、地点、手段、后果以及其他情节；

（五）违法嫌疑人有无法定从重、从轻、减轻以及不予行政处罚的情形；

（六）与案件有关的其他事实。

第51条　公安机关调查取证时，应当防止泄露工作秘密。

第52条　公安机关进行询问、辨认、检查、勘验，实施行政强制措施等调查取证工作时，人民警察不得少于二人，并表明执法身份。

接报案、受案登记、接受证据、信息采集、调解、送达文书等工作，可以由一名人民警察带领警务辅助人员进行，但应当全程录音录像。

第53条　对查获或者到案的违法嫌疑人应当进行安全检查，发现违禁品或者管制器具、武器、易燃易爆等危险品以及与案件有关的需要作为证据的物品的,应当立即扣押;对违法嫌疑人随身携带的与案件无关的物品,应当按照有关规定予以登记、保管、退还。安全检查不需要开具检查证。

前款规定的扣押适用本规定第五十五条和第五十六条以及本章第七节的规定。

第 54 条 办理行政案件时,可以依法采取下列行政强制措施:

(一)对物品、设施、场所采取扣押、扣留、查封、先行登记保存、抽样取证、封存文件资料等强制措施,对恐怖活动嫌疑人的存款、汇款、债券、股票、基金份额等财产还可以采取冻结措施;

(二)对违法嫌疑人采取保护性约束措施、继续盘问、强制传唤、强制检测、拘留审查、限制活动范围,对恐怖活动嫌疑人采取约束措施等强制措施。

第 55 条 实施行政强制措施应当遵守下列规定:

(一)实施前须依法向公安机关负责人报告并经批准;

(二)通知当事人到场,当场告知当事人采取行政强制措施的理由、依据以及当事人依法享有的权利、救济途径。当事人不到场的,邀请见证人到场,并在现场笔录中注明;

(三)听取当事人的陈述和申辩;

(四)制作现场笔录,由当事人和办案人民警察签名或者盖章,当事人拒绝的,在笔录中注明。当事人不在场的,由见证人和办案人民警察在笔录上签名或者盖章;

(五)实施限制公民人身自由的行政强制措施的,应当当场告知当事人家属实施强制措施的公安机关、理由、地点和期限;无法当场告知的,应当在实施强制措施后立即通过电话、短信、传真等方式通知;身份不明、拒不提供家属联系方式或者因自然灾害等不可抗力导致无法通知的，可以不予通知。告知、通知家属情况或者无法通知家属的原因应当在询问笔录中注明。

（六）法律、法规规定的其他程序。

勘验、检查时实施行政强制措施，制作勘验、检查笔录的，不再制作现场笔录。

实施行政强制措施的全程录音录像，已经具备本条第一款第二项、第三项规定的实质要素的，可以替代书面现场笔录，但应当对视听资料的关键内容和相应时间段等作文字说明。

第 56 条 情况紧急，当场实施行政强制措施的，办案人民警察应当在二十四小时内依法向其所属的公安机关负责人报告，并补办批准手续。当场实施限制公民人身自由的行政强制措施的，办案人民警察应当在返回单位后立即报告，并补办批准手续。公安机关负责人认为不应当采取行政强制措施的，应当立即解除。

第 57 条 为维护社会秩序，人民警察对有违法嫌疑的人员，经表明执法身份后，可以当场盘问、检查。对当场盘问、检查后，不能排除其违法嫌疑，依法可以适用继续盘问的，可以将其带至公安机关，经公安派出所负责人批准，对其继续盘问。对违反出境入境管理的嫌疑人依法适用继续盘问的，应当经县级以上公安机关或者出入境边防检查机关负责人批准。

继续盘问的时限一般为十二小时；对在十二小时以内确实难以证实或者排除其违法犯罪嫌疑的，可以延长至二十四小时；对不讲真实姓名、住址、身份，且在二十四小时以内仍不能证实或者排除其违法犯罪嫌疑的，可以延长至四十八小时。

第 58 条 违法嫌疑人在醉酒状态中，对本人有危险或者对他人的人身、财产或者公共安全有威胁的，可以对其采取保护性措施约束至酒醒，也可以通知其家属、亲友或者所属单位将其领回看管，必要时，应当送医院醒酒。对行为举止失控的醉酒人，可以使用约束带或者警绳等进行约束，但是不得使用手铐、脚镣等警械。

约束过程中，应当指定专人严加看护。确认醉酒人酒醒后，应当立即解除约束，并进行询问。约束时间不计算在询问查证时间内。

第59条 对恐怖活动嫌疑人实施约束措施，应当遵守下列规定：

（一）实施前须经县级以上公安机关负责人批准；

（二）告知嫌疑人采取约束措施的理由、依据以及其依法享有的权利、救济途径；

（三）听取嫌疑人的陈述和申辩；

（四）出具决定书。

公安机关可以采取电子监控、不定期检查等方式对被约束人遵守约束措施的情况进行监督。

约束措施的期限不得超过三个月。对不需要继续采取约束措施的，应当及时解除并通知被约束人。

第91条　严禁非法收集证据

❶公安机关及其人民警察对治安案件的调查，应当依法进行。严禁刑讯逼供或者采用威胁、引诱、欺骗等非法手段收集证据。

❷以非法手段收集的证据不得作为处罚的根据。

第92条　收集、调取证据

❶公安机关办理治安案件，有权向有关单位和个人收集、调取证据。有关单位和个人应当如实提供证据。

❷公安机关向有关单位和个人收集、调取证据时，应当告知其必须如实提供证据，以及伪造、隐匿、毁灭证据或者提供虚假证言应当承担的法律责任。

第93条　其他案件证据材料的使用

在办理刑事案件过程中以及其他执法办案机关在移送案件前依法收集的物证、书证、视听资料、电子数据等证据材料，可以作为治安案件的证据使用。

第94条　保密义务

公安机关及其人民警察在办理治安案件时，对涉及的国家秘密、商业秘密、个人隐私或者个人信息，应当予以保密。

☞ **国家秘密**：是指关系国家的安全和利益，依照法定程序确定，在一定时期内只限于一定范围的人知悉的事项。国家秘密分为绝密、机密、秘密三级。

商业秘密：是指不为公众所知悉，能为权利人带来经济利益，具有实用性并经权利人采取保密措施的技术信息和经营信息。

个人隐私：主要是指纯粹个人的，与公众无关的，当事人不愿意让他人知道或他人不便知道的信息。涉及治安案件时，个人隐私主要包括以下内容：病历、身体缺陷、健康状况、财产状况、收入状况、社会关系、家庭情况、婚恋情况、爱好、心理活动、未来计划、肖像、家庭电话号码、住址、宗教信仰、档案材料、计算机储存的个人资料、域名、网名、电子邮件地址等。

条文注释

第 91 条　【严禁非法收集证据】

（1）刑讯逼供，是指采取刑讯或其他使人在肉体上剧烈痛苦的方法取得当事人的供述，如用棍子打、用鞭子抽、烙铁烫等残酷手段，达到屈打成招的目的。

（2）非法手段，是指除了刑讯逼供、威胁、引诱、欺骗以外，还包括冻饿、不允许休息、服用药物使其不清醒以及其他不人道的残忍或有辱人格的手段。"非法证据"的范围相当广泛，包括使用"非法手段"收集的一切证据。对于这些非法证据应当予以排除，不应作为处罚的依据。此外，如果办案人员刑讯逼供，构成犯罪的，还应当依据《刑法》有关规定追究刑事责任。

第 92 条　【收集、调取证据】

本条是此次修订新增的内容。调查取证，是指公安机关为了查明案件事实，向有关单位、个人进行调查、收集证据。调查取证由具有执法资格的办案人员实施。公安机关调查取证时，有关单位和个人需予以配合。当事人或者有关人员应如实回答询问，并协助调查取证，不得拒绝和阻挠。有关单位和个人不得伪造、隐匿、毁灭证据，不得提供虚假证言，不得妨害执法办案，否则将承担法律责任。

第 93 条　【其他案件证据材料的使用】

证据制度是治安管理处罚的重点，对于保证治安案件办理质量、正确适用处罚措施具有关键作用。本条是此次修订新增的内容，一定程度上借鉴了《刑事诉讼法》第 54 条第 2 款的规定，即"行政机关在行政执法和查办案件过程中收集的物证、书证、视听资料、电子数据等证据材料，在刑事诉讼中可以作为证据使用"。

相关规定

1.《行政处罚法》

第27条 违法行为涉嫌犯罪的，行政机关应当及时将案件移送司法机关，依法追究刑事责任。对依法不需要追究刑事责任或者免予刑事处罚，但应当给予行政处罚的，司法机关应当及时将案件移送有关行政机关。

行政处罚实施机关与司法机关之间应当加强协调配合，建立健全案件移送制度，加强证据材料移交、接收衔接，完善案件处理信息通报机制。

2.《反电信网络诈骗法》

第26条 公安机关办理电信网络诈骗案件依法调取证据的，互联网服务提供者应当及时提供技术支持和协助。

互联网服务提供者依照本法规定对有关涉诈信息、活动进行监测时，发现涉诈违法犯罪线索、风险信息的，应当依照国家有关规定，根据涉诈风险类型、程度情况移送公安、金融、电信、网信等部门。有关部门应当建立完善反馈机制，将相关情况及时告知移送单位。

3.《刑事诉讼法》

第43条 辩护律师经证人或者其他有关单位和个人同意，可以向他们收集与本案有关的材料，也可以申请人民检察院、人民法院收集、调取证据，或者申请人民法院通知证人出庭作证。

辩护律师经人民检察院或者人民法院许可，并且经被害人或者其近亲属、被害人提供的证人同意，可以向他们收集与本案有关的材料。

4.《居民身份证法》

第6条　居民身份证式样由国务院公安部门制定。居民身份证由公安机关统一制作、发放。

居民身份证具备视读与机读两种功能，视读、机读的内容限于本法第三条第一款规定的项目。

公安机关及其人民警察对因制作、发放、查验、扣押居民身份证而知悉的公民的个人信息，应当予以保密。

第19条　国家机关或者金融、电信、交通、教育、医疗等单位的工作人员泄露在履行职责或者提供服务过程中获得的居民身份证记载的公民个人信息，构成犯罪的，依法追究刑事责任；尚不构成犯罪的，由公安机关处十日以上十五日以下拘留，并处五千元罚款，有违法所得的，没收违法所得。

单位有前款行为，构成犯罪的，依法追究刑事责任；尚不构成犯罪的，由公安机关对其直接负责的主管人员和其他直接责任人员，处十日以上十五日以下拘留，并处十万元以上五十万元以下罚款，有违法所得的，没收违法所得。

有前两款行为，对他人造成损害的，依法承担民事责任。

5.《保守国家秘密法》

第一章　总　　则

第1条　为了保守国家秘密，维护国家安全和利益，保障改革开放和社会主义现代化建设事业的顺利进行，根据宪法，制定本法。

第2条　国家秘密是关系国家安全和利益，依照法定程序确定，在一定时间内只限一定范围的人员知悉的事项。

第3条　坚持中国共产党对保守国家秘密（以下简称保密）工作的领导。中央保密工作领导机构领导全国保密工作，研究制定、指导实施国家保密工作战略和重大方针政策，统筹协调国家保密重大事项和重要工作，推进国家保密法治建设。

第 4 条　保密工作坚持总体国家安全观，遵循党管保密、依法管理、积极防范、突出重点、技管并重、创新发展的原则，既确保国家秘密安全，又便利信息资源合理利用。

法律、行政法规规定公开的事项，应当依法公开。

第 5 条　国家秘密受法律保护。

一切国家机关和武装力量、各政党和各人民团体、企业事业组织和其他社会组织以及公民都有保密的义务。

任何危害国家秘密安全的行为，都必须受到法律追究。

第 6 条　国家保密行政管理部门主管全国的保密工作。县级以上地方各级保密行政管理部门主管本行政区域的保密工作。

第 7 条　国家机关和涉及国家秘密的单位（以下简称机关、单位）管理本机关和本单位的保密工作。

中央国家机关在其职权范围内管理或者指导本系统的保密工作。

第 8 条　机关、单位应当实行保密工作责任制，依法设置保密工作机构或者指定专人负责保密工作，健全保密管理制度，完善保密防护措施，开展保密宣传教育，加强保密监督检查。

第 9 条　国家采取多种形式加强保密宣传教育，将保密教育纳入国民教育体系和公务员教育培训体系，鼓励大众传播媒介面向社会进行保密宣传教育，普及保密知识，宣传保密法治，增强全社会的保密意识。

第 10 条　国家鼓励和支持保密科学技术研究和应用，提升自主创新能力，依法保护保密领域的知识产权。

第 11 条 县级以上人民政府应当将保密工作纳入本级国民经济和社会发展规划，所需经费列入本级预算。

机关、单位开展保密工作所需经费应当列入本机关、本单位年度预算或者年度收支计划。

第 12 条 国家加强保密人才培养和队伍建设，完善相关激励保障机制。

对在保守、保护国家秘密工作中做出突出贡献的组织和个人，按照国家有关规定给予表彰和奖励。

第二章　国家秘密的范围和密级

第 13 条 下列涉及国家安全和利益的事项，泄露后可能损害国家在政治、经济、国防、外交等领域的安全和利益的，应当确定为国家秘密：

（一）国家事务重大决策中的秘密事项；

（二）国防建设和武装力量活动中的秘密事项；

（三）外交和外事活动中的秘密事项以及对外承担保密义务的秘密事项；

（四）国民经济和社会发展中的秘密事项；

（五）科学技术中的秘密事项；

（六）维护国家安全活动和追查刑事犯罪中的秘密事项；

（七）经国家保密行政管理部门确定的其他秘密事项。

政党的秘密事项中符合前款规定的，属于国家秘密。

第 14 条 国家秘密的密级分为绝密、机密、秘密三级。

绝密级国家秘密是最重要的国家秘密，泄露会使国家安全和利益遭受特别严重的损害；机密级国家秘密是重要的国家秘密，泄露会使国家安全和利益遭受严重的损害；秘密级国家秘密是一般的国家秘密，泄露会使国家安全和利益遭受损害。

第15条　国家秘密及其密级的具体范围（以下简称保密事项范围），由国家保密行政管理部门单独或者会同有关中央国家机关规定。

军事方面的保密事项范围，由中央军事委员会规定。

保密事项范围的确定应当遵循必要、合理原则，科学论证评估，并根据情况变化及时调整。保密事项范围的规定应当在有关范围内公布。

第16条　机关、单位主要负责人及其指定的人员为定密责任人，负责本机关、本单位的国家秘密确定、变更和解除工作。

机关、单位确定、变更和解除本机关、本单位的国家秘密，应当由承办人提出具体意见，经定密责任人审核批准。

第17条　确定国家秘密的密级，应当遵守定密权限。

中央国家机关、省级机关及其授权的机关、单位可以确定绝密级、机密级和秘密级国家秘密；设区的市级机关及其授权的机关、单位可以确定机密级和秘密级国家秘密；特殊情况下无法按照上述规定授权定密的，国家保密行政管理部门或者省、自治区、直辖市保密行政管理部门可以授予机关、单位定密权限。具体的定密权限、授权范围由国家保密行政管理部门规定。

下级机关、单位认为本机关、本单位产生的有关定密事项属于上级机关、单位的定密权限，应当先行采取保密措施，并立即报请上级机关、单位确定；没有上级机关、单位的，应当立即提请有相应定密权限的业务主管部门或者保密行政管理部门确定。

公安机关、国家安全机关在其工作范围内按照规定的权限确定国家秘密的密级。

第 18 条　机关、单位执行上级确定的国家秘密事项或者办理其他机关、单位确定的国家秘密事项，需要派生定密的，应当根据所执行、办理的国家秘密事项的密级确定。

第 19 条　机关、单位对所产生的国家秘密事项，应当按照保密事项范围的规定确定密级，同时确定保密期限和知悉范围；有条件的可以标注密点。

第 20 条　国家秘密的保密期限，应当根据事项的性质和特点，按照维护国家安全和利益的需要，限定在必要的期限内；不能确定期限的，应当确定解密的条件。

国家秘密的保密期限，除另有规定外，绝密级不超过三十年，机密级不超过二十年，秘密级不超过十年。

机关、单位应当根据工作需要，确定具体的保密期限、解密时间或者解密条件。

机关、单位对在决定和处理有关事项工作过程中确定需要保密的事项，根据工作需要决定公开的，正式公布时即视为解密。

第 21 条　国家秘密的知悉范围，应当根据工作需要限定在最小范围。

国家秘密的知悉范围能够限定到具体人员的，限定到具体人员；不能限定到具体人员的，限定到机关、单位，由该机关、单位限定到具体人员。

国家秘密的知悉范围以外的人员，因工作需要知悉国家秘密的，应当经过机关、单位主要负责人或者其指定的人员批准。原定密机关、单位对扩大国家秘密的知悉范围有明确规定的，应当遵守其规定。

第 22 条　机关、单位对承载国家秘密的纸介质、光介质、电磁介质等载体（以下简称国家秘密载体）以及属于国家秘密的设备、产品，应当作出国家秘密标志。

涉及国家秘密的电子文件应当按照国家有关规定作出国家秘密标志。

不属于国家秘密的，不得作出国家秘密标志。

第 23 条　国家秘密的密级、保密期限和知悉范围，应当根据情况变化及时变更。国家秘密的密级、保密期限和知悉范围的变更，由原定密机关、单位决定，也可以由其上级机关决定。

国家秘密的密级、保密期限和知悉范围变更的，应当及时书面通知知悉范围内的机关、单位或者人员。

第 24 条　机关、单位应当每年审核所确定的国家秘密。

国家秘密的保密期限已满的，自行解密。在保密期限内因保密事项范围调整不再作为国家秘密，或者公开后不会损害国家安全和利益，不需要继续保密的，应当及时解密；需要延长保密期限的，应当在原保密期限届满前重新确定密级、保密期限和知悉范围。提前解密或者延长保密期限的，由原定密机关、单位决定，也可以由其上级机关决定。

第 25 条　机关、单位对是否属于国家秘密或者属于何种密级不明确或者有争议的，由国家保密行政管理部门或者省、自治区、直辖市保密行政管理部门按照国家保密规定确定。

第三章　保密制度

第 26 条　国家秘密载体的制作、收发、传递、使用、复制、保存、维修和销毁，应当符合国家保密规定。

绝密级国家秘密载体应当在符合国家保密标准的设施、设备中保存，并指定专人管理；未经原定密机关、单位或者其上级机关批准，不得复制和摘抄；收发、传递和外出携带，应当指定人员负责，并采取必要的安全措施。

第27条　属于国家秘密的设备、产品的研制、生产、运输、使用、保存、维修和销毁，应当符合国家保密规定。

第28条　机关、单位应当加强对国家秘密载体的管理，任何组织和个人不得有下列行为：

（一）非法获取、持有国家秘密载体；

（二）买卖、转送或者私自销毁国家秘密载体；

（三）通过普通邮政、快递等无保密措施的渠道传递国家秘密载体；

（四）寄递、托运国家秘密载体出境；

（五）未经有关主管部门批准，携带、传递国家秘密载体出境；

（六）其他违反国家秘密载体保密规定的行为。

第29条　禁止非法复制、记录、存储国家秘密。

禁止未按照国家保密规定和标准采取有效保密措施，在互联网及其他公共信息网络或者有线和无线通信中传递国家秘密。

禁止在私人交往和通信中涉及国家秘密。

第30条　存储、处理国家秘密的计算机信息系统（以下简称涉密信息系统）按照涉密程度实行分级保护。

涉密信息系统应当按照国家保密规定和标准规划、建设、运行、维护，并配备保密设施、设备。保密设施、设备应当与涉密信息系统同步规划、同步建设、同步运行。

涉密信息系统应当按照规定，经检查合格后，方可投入使用，并定期开展风险评估。

第 31 条　机关、单位应当加强对信息系统、信息设备的保密管理，建设保密自监管设施，及时发现并处置安全保密风险隐患。任何组织和个人不得有下列行为：

（一）未按照国家保密规定和标准采取有效保密措施，将涉密信息系统、涉密信息设备接入互联网及其他公共信息网络；

（二）未按照国家保密规定和标准采取有效保密措施，在涉密信息系统、涉密信息设备与互联网及其他公共信息网络之间进行信息交换；

（三）使用非涉密信息系统、非涉密信息设备存储或者处理国家秘密；

（四）擅自卸载、修改涉密信息系统的安全技术程序、管理程序；

（五）将未经安全技术处理的退出使用的涉密信息设备赠送、出售、丢弃或者改作其他用途；

（六）其他违反信息系统、信息设备保密规定的行为。

第 32 条　用于保护国家秘密的安全保密产品和保密技术装备应当符合国家保密规定和标准。

国家建立安全保密产品和保密技术装备抽检、复检制度，由国家保密行政管理部门设立或者授权的机构进行检测。

第 33 条　报刊、图书、音像制品、电子出版物的编辑、出版、印制、发行，广播节目、电视节目、电影的制作和播放，网络信息的制作、复制、发布、传播，应当遵守国家保密规定。

第 34 条　网络运营者应当加强对其用户发布的信息的管理，配合监察机关、保密行政管理部门、公安机关、国家安全机关对涉嫌泄露国家秘密案件进行调查处理；发现利用互联网及其他公共信息网络发布的信息涉嫌泄露国家秘密的，应当立即停止传输该信息，保存有关记录，向保密行政管理部门或者公安机关、国家安全机关报告；应当根据保密行政管理部门或者公安机关、国家安全机关的要求，删除涉及泄露国家秘密的信息，并对有关设备进行技术处理。

第 35 条　机关、单位应当依法对拟公开的信息进行保密审查，遵守国家保密规定。

第 36 条　开展涉及国家秘密的数据处理活动及其安全监管应当符合国家保密规定。

国家保密行政管理部门和省、自治区、直辖市保密行政管理部门会同有关主管部门建立安全保密防控机制，采取安全保密防控措施，防范数据汇聚、关联引发的泄密风险。

机关、单位应当对汇聚、关联后属于国家秘密事项的数据依法加强安全管理。

第 37 条　机关、单位向境外或者向境外在中国境内设立的组织、机构提供国家秘密，任用、聘用的境外人员因工作需要知悉国家秘密的，按照国家有关规定办理。

第 38 条　举办会议或者其他活动涉及国家秘密的，主办单位应当采取保密措施，并对参加人员进行保密教育，提出具体保密要求。

第 39 条　机关、单位应当将涉及绝密级或者较多机密级、秘密级国家秘密的机构确定为保密要害部门，将集中制作、存放、保管国家秘密载体的专门场所确定为保密要害部位，按照国家保密规定和标准配备、使用必要的技术防护设施、设备。

第 40 条 军事禁区、军事管理区和属于国家秘密不对外开放的其他场所、部位,应当采取保密措施,未经有关部门批准,不得擅自决定对外开放或者扩大开放范围。

涉密军事设施及其他重要涉密单位周边区域应当按照国家保密规定加强保密管理。

第 41 条 从事涉及国家秘密业务的企业事业单位,应当具备相应的保密管理能力,遵守国家保密规定。

从事国家秘密载体制作、复制、维修、销毁,涉密信息系统集成,武器装备科研生产,或者涉密军事设施建设等涉及国家秘密业务的企业事业单位,应当经过审查批准,取得保密资质。

第 42 条 采购涉及国家秘密的货物、服务的机关、单位,直接涉及国家秘密的工程建设、设计、施工、监理等单位,应当遵守国家保密规定。

机关、单位委托企业事业单位从事涉及国家秘密的业务,应当与其签订保密协议,提出保密要求,采取保密措施。

第 43 条 在涉密岗位工作的人员(以下简称涉密人员),按照涉密程度分为核心涉密人员、重要涉密人员和一般涉密人员,实行分类管理。

任用、聘用涉密人员应当按照国家有关规定进行审查。

涉密人员应当具有良好的政治素质和品行,经过保密教育培训,具备胜任涉密岗位的工作能力和保密知识技能,签订保密承诺书,严格遵守国家保密规定,承担保密责任。

涉密人员的合法权益受法律保护。对因保密原因合法权益受到影响和限制的涉密人员,按照国家有关规定给予相应待遇或者补偿。

第 44 条　机关、单位应当建立健全涉密人员管理制度，明确涉密人员的权利、岗位责任和要求，对涉密人员履行职责情况开展经常性的监督检查。

第 45 条　涉密人员出境应当经有关部门批准，有关机关认为涉密人员出境将对国家安全造成危害或者对国家利益造成重大损失的，不得批准出境。

第 46 条　涉密人员离岗离职应当遵守国家保密规定。机关、单位应当开展保密教育提醒，清退国家秘密载体，实行脱密期管理。涉密人员在脱密期内，不得违反规定就业和出境，不得以任何方式泄露国家秘密；脱密期结束后，应当遵守国家保密规定，对知悉的国家秘密继续履行保密义务。涉密人员严重违反离岗离职及脱密期国家保密规定的，机关、单位应当及时报告同级保密行政管理部门，由保密行政管理部门会同有关部门依法采取处置措施。

第 47 条　国家工作人员或者其他公民发现国家秘密已经泄露或者可能泄露时，应当立即采取补救措施并及时报告有关机关、单位。机关、单位接到报告后，应当立即作出处理，并及时向保密行政管理部门报告。

第四章　监督管理

第 48 条　国家保密行政管理部门依照法律、行政法规的规定，制定保密规章和国家保密标准。

第 49 条　保密行政管理部门依法组织开展保密宣传教育、保密检查、保密技术防护、保密违法案件调查处理工作，对保密工作进行指导和监督管理。

第 50 条　保密行政管理部门发现国家秘密确定、变更或者解除不当的，应当及时通知有关机关、单位予以纠正。

第 51 条　保密行政管理部门依法对机关、单位遵守保密法律法规和相关制度的情况进行检查；涉嫌保密违法的，应当及时调查处理或者组织、督促有关机关、单位调查处理；涉嫌犯罪的，应当依法移送监察机关、司法机关处理。

对严重违反国家保密规定的涉密人员，保密行政管理部门应当建议有关机关、单位将其调离涉密岗位。

有关机关、单位和个人应当配合保密行政管理部门依法履行职责。

第 52 条　保密行政管理部门在保密检查和案件调查处理中，可以依法查阅有关材料、询问人员、记录情况，先行登记保存有关设施、设备、文件资料等；必要时，可以进行保密技术检测。

保密行政管理部门对保密检查和案件调查处理中发现的非法获取、持有的国家秘密载体，应当予以收缴；发现存在泄露国家秘密隐患的，应当要求采取措施，限期整改；对存在泄露国家秘密隐患的设施、设备、场所，应当责令停止使用。

第 53 条　办理涉嫌泄露国家秘密案件的机关，需要对有关事项是否属于国家秘密、属于何种密级进行鉴定的，由国家保密行政管理部门或者省、自治区、直辖市保密行政管理部门鉴定。

第 54 条　机关、单位对违反国家保密规定的人员不依法给予处分的，保密行政管理部门应当建议纠正；对拒不纠正的，提请其上一级机关或者监察机关对该机关、单位负有责任的领导人员和直接责任人员依法予以处理。

第 55 条　设区的市级以上保密行政管理部门建立保密风险评估机制、监测预警制度、应急处置制度，会同有关部门开展信息收集、分析、通报工作。

第 56 条　保密协会等行业组织依照法律、行政法规的规定开展活动，推动行业自律，促进行业健康发展。

第五章　法律责任

第 57 条　违反本法规定，有下列情形之一，根据情节轻重，依法给予处分；有违法所得的，没收违法所得：

（一）非法获取、持有国家秘密载体的；

（二）买卖、转送或者私自销毁国家秘密载体的；

（三）通过普通邮政、快递等无保密措施的渠道传递国家秘密载体的；

（四）寄递、托运国家秘密载体出境，或者未经有关主管部门批准，携带、传递国家秘密载体出境的；

（五）非法复制、记录、存储国家秘密的；

（六）在私人交往和通信中涉及国家秘密的；

（七）未按照国家保密规定和标准采取有效保密措施，在互联网及其他公共信息网络或者有线和无线通信中传递国家秘密的；

（八）未按照国家保密规定和标准采取有效保密措施，将涉密信息系统、涉密信息设备接入互联网及其他公共信息网络的；

（九）未按照国家保密规定和标准采取有效保密措施，在涉密信息系统、涉密信息设备与互联网及其他公共信息网络之间进行信息交换的；

（十）使用非涉密信息系统、非涉密信息设备存储、处理国家秘密的；

（十一）擅自卸载、修改涉密信息系统的安全技术程序、管理程序的；

（十二）将未经安全技术处理的退出使用的涉密信息设备赠送、

出售、丢弃或者改作其他用途的；

（十三）其他违反本法规定的情形。

有前款情形尚不构成犯罪，且不适用处分的人员，由保密行政管理部门督促其所在机关、单位予以处理。

第58条　机关、单位违反本法规定，发生重大泄露国家秘密案件的，依法对直接负责的主管人员和其他直接责任人员给予处分。不适用处分的人员，由保密行政管理部门督促其主管部门予以处理。

机关、单位违反本法规定，对应当定密的事项不定密，对不应当定密的事项定密，或者未履行解密审核责任，造成严重后果的，依法对直接负责的主管人员和其他直接责任人员给予处分。

第59条　网络运营者违反本法第三十四条规定的，由公安机关、国家安全机关、电信主管部门、保密行政管理部门按照各自职责分工依法予以处罚。

第60条　取得保密资质的企业事业单位违反国家保密规定的，由保密行政管理部门责令限期整改，给予警告或者通报批评；有违法所得的，没收违法所得；情节严重的，暂停涉密业务、降低资质等级；情节特别严重的，吊销保密资质。

未取得保密资质的企业事业单位违法从事本法第四十一条第二款规定的涉密业务的，由保密行政管理部门责令停止涉密业务，给予警告或者通报批评；有违法所得的，没收违法所得。

第61条　保密行政管理部门的工作人员在履行保密管理职责中滥用职权、玩忽职守、徇私舞弊的，依法给予处分。

第62条　违反本法规定，构成犯罪的，依法追究刑事责任。

第六章　附　　则

第63条　中国人民解放军和中国人民武装警察部队开展保密工

作的具体规定，由中央军事委员会根据本法制定。

第64条　机关、单位对履行职能过程中产生或者获取的不属于国家秘密但泄露后会造成一定不利影响的事项，适用工作秘密管理办法采取必要的保护措施。工作秘密管理办法另行规定。

第65条　本法自2024年5月1日起施行。

6.《公安机关办理行政案件程序规定》

第8条　公安机关及其人民警察在办理行政案件时，对涉及的国家秘密、商业秘密或者个人隐私，应当保密。

第27条　公安机关必须依照法定程序，收集能够证实违法嫌疑人是否违法、违法情节轻重的证据。

严禁刑讯逼供和以威胁、欺骗等非法方法收集证据。采用刑讯逼供等非法方法收集的违法嫌疑人的陈述和申辩以及采用暴力、威胁等非法方法收集的被侵害人陈述、其他证人证言，不能作为定案的根据。收集物证、书证不符合法定程序，可能严重影响执法公正的，应当予以补正或者作出合理解释；不能补正或者作出合理解释的，不能作为定案的根据。

第28条　公安机关向有关单位和个人收集、调取证据时，应当告知其必须如实提供证据，并告知其伪造、隐匿、毁灭证据，提供虚假证词应当承担的法律责任。

需要向有关单位和个人调取证据的，经公安机关办案部门负责人批准，开具调取证据通知书，明确调取的证据和提供时限。被调取人应当在通知书上盖章或者签名，被调取人拒绝的，公安机关应当注明。必要时，公安机关应当采用录音、录像等方式固定证据内容及取证过程。

需要向有关单位紧急调取证据的，公安机关可以在电话告知人民警察身份的同时，将调取证据通知书连同办案人民警察的人民警察证复印件通过传真、互联网通讯工具等方式送达有关单位。

案例指引

吴某涛与辽宁省沈阳市公安局和平分局沈水湾派出所不履行法定职责纠纷上诉案[①]

公安机关作为其辖区内户口登记机关，依法向有关单位或个人提供公民信息，这不属于泄露公民个人信息的行为。公安机关在提供公民信息的同时，应当告知不得将获得的公民信息泄露给他人以及泄露给他人应自行承担的相应法律责任。公安机关拒绝向合法申请查询的有关单位或个人提供公民信息的行为，属于行政不作为，有关单位或个人可以提起履责之诉。

---

① 参见王金利、荆彤：《公安机关拒绝合法信息查询构成不作为》，载《人民司法·案例》2020年第20期。

第 95 条　人民警察的回避

❶人民警察在办理治安案件过程中，遇有下列情形之一的，应当回避；违反治安管理行为人、被侵害人或者其法定代理人也有权要求他们回避：

（一）是本案当事人或者当事人的近亲属的；
（二）本人或者其近亲属与本案有利害关系的；
（三）与本案当事人有其他关系，可能影响案件公正处理的。

❷人民警察的回避，由其所属的公安机关决定；公安机关负责人的回避，由上一级公安机关决定。

第 96 条　传唤与强制传唤

❶需要传唤违反治安管理行为人接受调查的，经公安机关办案部门负责人批准，使用传唤证传唤。对现场发现的违反治安管理行为人，人民警察经出示人民警察证，可以口头传唤，但应当在询问笔录中注明。

❷公安机关应当将传唤的原因和依据告知被传唤人。对无正当理由不接受传唤或者逃避传唤的人，经公安机关办案部门负责人批准，可以强制传唤。

☞ **回避**：是指办理治安案件的人民警察因与案件或者案件当事人有利害关系或者其他特殊关系，可能影响案件公正处理而不得参加该案件的调查、处理工作的制度。

近亲属：是指配偶、父母、子女、兄弟姐妹、祖父母、外祖父母、孙子女、外孙子女和其他具有扶养、赡养关系的亲属。

传唤：是指公安机关的办案人员对违反治安管理行为人或者嫌疑人，限令其在指定的时间、指定的地点接受询问的一项法律措施。传唤分为三种：书面传唤、口头传唤和强制传唤。

公安机关办案部门负责人：是指在公安机关中，具体负责办理违反治安管理案件部门的负责人，如公安局里的治安科、治安股的负责人，派出所所长等。

相关规定

1.《公安机关办理行政案件程序规定》

第 17 条 公安机关负责人、办案人民警察有下列情形之一的,应当自行提出回避申请,案件当事人及其法定代理人有权要求他们回避:

(一)是本案的当事人或者当事人近亲属的;

(二)本人或者其近亲属与本案有利害关系的;

(三)与本案当事人有其他关系,可能影响案件公正处理的。

第 18 条 公安机关负责人、办案人民警察提出回避申请的,应当说明理由。

第 19 条 办案人民警察的回避,由其所属的公安机关决定;公安机关负责人的回避,由上一级公安机关决定。

第 20 条 当事人及其法定代理人要求公安机关负责人、办案人民警察回避的,应当提出申请,并说明理由。口头提出申请的,公安机关应当记录在案。

第 21 条 对当事人及其法定代理人提出的回避申请,公安机关应当在收到申请之日起二日内作出决定并通知申请人。

第 22 条 公安机关负责人、办案人民警察具有应当回避的情形之一,本人没有申请回避,当事人及其法定代理人也没有申请其回避的,有权决定其回避的公安机关可以指令其回避。

第 23 条 在行政案件调查过程中,鉴定人和翻译人员需要回避的,适用本章的规定。

鉴定人、翻译人员的回避,由指派或者聘请的公安机关决定。

第 24 条　在公安机关作出回避决定前，办案人民警察不得停止对行政案件的调查。

作出回避决定后，公安机关负责人、办案人民警察不得再参与该行政案件的调查和审核、审批工作。

第 25 条　被决定回避的公安机关负责人、办案人民警察、鉴定人和翻译人员，在回避决定作出前所进行的与案件有关的活动是否有效，由作出回避决定的公安机关根据是否影响案件依法公正处理等情况决定。

第 66 条　询问违法嫌疑人，可以到违法嫌疑人住处或者单位进行，也可以将违法嫌疑人传唤到其所在市、县内的指定地点进行。

第 67 条　需要传唤违法嫌疑人接受调查的，经公安派出所、县级以上公安机关办案部门或者出入境边防检查机关负责人批准，使用传唤证传唤。对现场发现的违法嫌疑人，人民警察经出示人民警察证，可以口头传唤，并在询问笔录中注明违法嫌疑人到案经过、到案时间和离开时间。

单位违反公安行政管理规定，需要传唤其直接负责的主管人员和其他直接责任人员的，适用前款规定。

对无正当理由不接受传唤或者逃避传唤的违反治安管理、出境入境管理的嫌疑人以及法律规定可以强制传唤的其他违法嫌疑人，经公安派出所、县级以上公安机关办案部门或者出入境边防检查机关负责人批准，可以强制传唤。强制传唤时，可以依法使用手铐、警绳等约束性警械。

公安机关应当将传唤的原因和依据告知被传唤人，并通知其家属。公安机关通知被传唤人家属适用本规定第五十五条第一款第五项的规定。

第 68 条　使用传唤证传唤的，违法嫌疑人被传唤到案后和询问查证结束后，应当由其在传唤证上填写到案和离开时间并签名。拒绝填写或者签名的，办案人民警察应当在传唤证上注明。

第 69 条　对被传唤的违法嫌疑人，应当及时询问查证，询问查证的时间不得超过八小时；案情复杂，违法行为依法可能适用行政拘留处罚的，询问查证的时间不得超过二十四小时。

不得以连续传唤的形式变相拘禁违法嫌疑人。

2.《公安机关适用继续盘问规定》

第 7 条　为维护社会治安秩序，公安机关的人民警察对有违法犯罪嫌疑的人员，经表明执法身份后，可以当场盘问、检查。

未穿着制式服装的人民警察在当场盘问、检查前，必须出示执法证件表明人民警察身份。

第 8 条　对有违法犯罪嫌疑的人员当场盘问、检查后，不能排除其违法犯罪嫌疑，且具有下列情形之一的，人民警察可以将其带至公安机关继续盘问：

（一）被害人、证人控告或者指认其有犯罪行为的；

（二）有正在实施违反治安管理或者犯罪行为嫌疑的；

（三）有违反治安管理或者犯罪嫌疑且身份不明的；

（四）携带的物品可能是违反治安管理或者犯罪的赃物的。

第 9 条　对具有下列情形之一的人员，不得适用继续盘问：

（一）有违反治安管理或者犯罪嫌疑，但未经当场盘问、检查的；

（二）经过当场盘问、检查，已经排除违反治安管理和犯罪嫌疑的；

（三）涉嫌违反治安管理行为的法定最高处罚为警告、罚款或者其他非限制人身自由的行政处罚的；

（四）从其住处、工作地点抓获以及其他应当依法直接适用传唤或者拘传的；

（五）已经到公安机关投案自首的；

（六）明知其所涉案件已经作为治安案件受理或者已经立为刑事案件的；

（七）不属于公安机关管辖的案件或者事件当事人的；

（八）患有精神病、急性传染病或者其他严重疾病的；

（九）其他不符合本规定第八条所列条件的。

第10条 对符合本规定第八条所列条件，同时具有下列情形之一的人员，可以适用继续盘问，但必须在带至公安机关之时起的四小时以内盘问完毕，且不得送入候问室：

（一）怀孕或者正在哺乳自己不满一周岁婴儿的妇女；

（二）不满十六周岁的未成年人；

（三）已满七十周岁的老年人。

对前款规定的人员在晚上九点至次日早上七点之间释放的，应当通知其家属或者监护人领回；对身份不明或者没有家属和监护人而无法通知的，应当护送至其住地。

第11条 继续盘问的时限一般为十二小时；对在十二小时以内确实难以证实或者排除其违法犯罪嫌疑的，可以延长至二十四小时；对不讲真实姓名、住址、身份，且在二十四小时以内仍不能证实或者排除其违法犯罪嫌疑的，可以延长至四十八小时。

前款规定的时限自有违法犯罪嫌疑的人员被带至公安机关之时起，至被盘问人可以自由离开公安机关之时或者被决定刑事拘留、逮捕、行政拘留、强制戒毒而移交有关监管场所执行之时止，包括呈报和审批继续盘问、延长继续盘问时限、处理决定的时间。

第 12 条　公安机关应当严格依照本规定的适用范围和时限适用继续盘问，禁止实施下列行为：

（一）超适用范围继续盘问；

（二）超时限继续盘问；

（三）适用继续盘问不履行审批、登记手续；

（四）以继续盘问代替处罚；

（五）将继续盘问作为催要罚款、收费的手段；

（六）批准继续盘问后不立即对有违法犯罪嫌疑的人员继续进行盘问；

（七）以连续继续盘问的方式变相拘禁他人。

> **案例指引**
>
> **1. 陈某诉重庆市丰都县公安局行政强制案**[1]
>
> 根据《行政强制法》的规定，我国将行政强制分为行政强制措施和行政强制执行，口头传唤是一种行政强制措施。根据《行政强制法》第2条第2款的规定，合法的行政强制措施至少有以下四个特点：第一，行政性，即行政强制措施是有权的行政主体依法定程序作出的行政行为；第二，控制性，即具有强制性，能够对行政相对人的人身或财产权益进行一定的强制控制；第三，暂时性，即该措施并非对行政相对人相关权利的最终处分；第四，限制性，即实施行政强制措施应当进行限制，其适用条件必须是"为制止违法行为、防止证据损毁、避免危害发生、控制危险扩大等情形"。判断口头传唤是否违法，要同时具备上述四个特点，防止偏颇。
>
> **2. 季某霞与南通市通州区公安局等治安行政处罚行政纠纷上诉案**[2]
>
> 在治安管理案件中，传唤程序影响处罚决定的合法性，虽应撤销行政处罚决定，但鉴于行政相对人明显的违法行为以及定性准确、量罚适当，且已执行完毕的行政处罚决定，从人民警察执行职务的有效性和秩序性出发，应考虑确认违法判决的适用。

---

[1] 载人民法院案例库，案例编号：2023-12-3-002-002，最后访问日期：2025年7月5日。
[2] 参见高鸿、金保阳、刘海燕：《确认违法判决在违法传唤案件中的适用》，载《人民司法·案例》2017年第20期。

☞ **情况复杂**：一是情况复杂，即短时间内难以完成询问查证工作，如涉案人数众多、违反治安管理行为人流窜作案；涉及伤情鉴定或者物品鉴定问题；等等。二是依照《治安管理处罚法》规定可能适用行政拘留处罚的，即违反治安管理行为人的违法情节较重、社会危害性大，依照《治安管理处罚法》的规定可能被处以行政拘留处罚的。

询问笔录：是指在询问过程中制作的，用以记载询问中提出的问题和回答，以及询问过程中所发生事项的重要法律文书，是行政执法机关调查行政案件的重要证据来源。行政执法机关及其执法人员询问当事人时，应当制作询问笔录。

第97条　询问查证时限和通知家属

❶对违反治安管理行为人，公安机关传唤后应当及时询问查证，询问查证的时间不得超过八小时；涉案人数众多、违反治安管理行为人身份不明的，询问查证的时间不得超过十二小时；情况复杂，依照本法规定可能适用行政拘留处罚的，询问查证的时间不得超过二十四小时。在执法办案场所询问违反治安管理行为人，应当全程同步录音录像。

❷公安机关应当及时将传唤的原因和处所通知被传唤人家属。

❸询问查证期间，公安机关应当保证违反治安管理行为人的饮食、必要的休息时间等正当需求。

第98条　制作询问笔录，询问未成年人

❶询问笔录应当交被询问人核对；对没有阅读能力的，应当向其宣读。记载有遗漏或者差错的，被询问人可以提出补充或者更正。被询问人确认笔录无误后，应当签名、盖章或者按指印，询问的人民警察也应当在笔录上签名。

❷被询问人要求就被询问事项自行提供书面材料的，应当准许；必要时，人民警察也可以要求被询问人自行书写。

❸询问不满十八周岁的违反治安管理行为人，应当通知其父母或者其他监护人到场；其父母或者其他监护人不能到场的，也可以通知其他成年亲属，所在学校、单位、居住地基层组织或者未成年人保护组织的代表等合适成年人到场，并将有关情况记录在案。确实无法通知或者通知后未到场的，应当在笔录中注明。

条文注释

第98条 【制作询问笔录，询问未成年人】

实践中，公安机关办案民警应当事先做好未成年人的父母或者其他监护人的思想工作，使其配合人民警察做好询问工作，如协助人民警察教育未成年人消除顾虑、如实陈述等，同时还要告诫其不得干扰询问等。值得注意的是，在询问不满18周岁的违反治安管理行为人时，应当通知其父母或其他监护人到场；其父母或者其他监护人不能到场的，也可以通知其他成年亲属，所在学校、单位、居住地基层组织或者未成年人保护组织的代表等合适成年人到场，并将有关情况记录在案。确实无法通知或者通知后未到场的，应当在笔录中注明。否则，其询问笔录不得作为行政诉讼中的证据使用。

> **相关规定**

《公安机关办理行政案件程序规定》

第 69 条　对被传唤的违法嫌疑人，应当及时询问查证，询问查证的时间不得超过八小时；案情复杂，违法行为依法可能适用行政拘留处罚的，询问查证的时间不得超过二十四小时。

不得以连续传唤的形式变相拘禁违法嫌疑人。

第 70 条　对于投案自首或者群众扭送的违法嫌疑人，公安机关应当立即进行询问查证，并在询问笔录中记明违法嫌疑人到案经过、到案和离开时间。询问查证时间适用本规定第六十九条第一款的规定。

对于投案自首或者群众扭送的违法嫌疑人，公安机关应当适用本规定第五十五条第一款第五项的规定通知其家属。

第 71 条　在公安机关询问违法嫌疑人，应当在办案场所进行。

询问查证期间应当保证违法嫌疑人的饮食和必要的休息时间，并在询问笔录中注明。

在询问查证的间隙期间，可以将违法嫌疑人送入候问室，并按照候问室的管理规定执行。

第 72 条　询问违法嫌疑人、被侵害人或者其他证人，应当个别进行。

第 75 条　询问未成年人时，应当通知其父母或者其他监护人到场，其父母或者其他监护人不能到场的，也可以通知未成年人的其他成年亲属，所在学校、单位、居住地基层组织或者未成年人保护组织的代表到场，并将有关情况记录在案。确实无法通知或者通知后未到场的，应当在询问笔录中注明。

第 77 条　询问笔录应当交被询问人核对，对没有阅读能力的，应当向其宣读。记录有误或者遗漏的，应当允许被询问人更正或者补充，并要求其在修改处捺指印。被询问人确认笔录无误后，应当在询问笔录上逐页签名或者捺指印。拒绝签名和捺指印的，办案人民警察应当在询问笔录中注明。

办案人民警察应当在询问笔录上签名，翻译人员应当在询问笔录的结尾处签名。

询问时，可以全程录音、录像，并保持录音、录像资料的完整性。

第78条 询问违法嫌疑人时，应当听取违法嫌疑人的陈述和申辩。对违法嫌疑人的陈述和申辩，应当核查。

第 99 条　询问被侵害人和其他证人

❶人民警察询问被侵害人或者其他证人，可以在现场进行，也可以到其所在单位、住处或者其提出的地点进行；必要时，也可以通知其到公安机关提供证言。

❷人民警察在公安机关以外询问被侵害人或者其他证人，应当出示人民警察证。

❸询问被侵害人或者其他证人，同时适用本法第九十八条的规定。

第 100 条　代为询问、远程视频询问

❶违反治安管理行为人、被侵害人或者其他证人在异地的，公安机关可以委托异地公安机关代为询问，也可以通过公安机关的视频系统远程询问。

❷通过远程视频方式询问的，应当向被询问人宣读询问笔录，被询问人确认笔录无误后，询问的人民警察应当在笔录上注明。询问和宣读过程应当全程同步录音录像。

第 101 条　询问聋哑人和不通晓当地通用的语言文字的人

❶询问聋哑的违反治安管理行为人、被侵害人或者其他证人，应当有通晓手语等交流方式的人提供帮助，并在笔录上注明。

❷询问不通晓当地通用的语言文字的违反治安管理行为人、被侵害人或者其他证人，应当配备翻译人员，并在笔录上注明。

条文注释

第 99 条　【询问被侵害人和其他证人】

证人与被侵害人都不是违反治安管理行为人，因此对他们进行询问不得使用传唤的方式。询问被侵害人或者其他证人，可以在现场进行，也可以到其所在单位、住处或者其提出的地点进行。对于"必要时"，可以通知其到公安机关提供证言。此处的"必要时"要根据实际情况决定，比如案情涉及国家秘密，为了防止泄密的；或者证人与被侵害人的近亲属与此案有利害关系的；等等。人民警察询问被侵害人或者其他证人时应当出示人民警察证，以消除当事人的戒备心理，使其放下包袱配合询问工作。

第 100 条　【代为询问、远程视频询问】

本条是新增的内容，具体包括以下两方面内容：一是委托异地公安机关代为询问；二是通过远程视频询问。需要进行远程视频询问的，应当由协作地公安机关事先核实被询问人的身份。办案地公安机关应当制作询问笔录并传输至协作地公安机关。询问笔录经被询问人确认并逐页签名或者捺指印后，由协作地公安机关协作人员签名或者盖章，并将原件或者电子签名笔录提供给办案地公安机关。办案地公安机关负责询问的人民警察应当在首页注明收到日期，并签名或者盖章。询问过程应当全程录音录像。

> **相关规定**

《公安机关办理行政案件程序规定》

第76条　询问聋哑人，应当有通晓手语的人提供帮助，并在询问笔录中注明被询问人的聋哑情况以及翻译人员的姓名、住址、工作单位和联系方式。

对不通晓当地通用的语言文字的被询问人，应当为其配备翻译人员，并在询问笔录中注明翻译人员的姓名、住址、工作单位和联系方式。

第79条　询问被侵害人或者其他证人，可以在现场进行，也可以到其单位、学校、住所、其居住地居（村）民委员会或者其提出的地点进行。必要时，也可以书面、电话或者当场通知其到公安机关提供证言。

在现场询问的，办案人民警察应当出示人民警察证。

询问前，应当了解被询问人的身份以及其与被侵害人、其他证人、违法嫌疑人之间的关系。

第120条　需要进行远程视频询问、处罚前告知的，应当由协作地公安机关事先核实被询问、告知人的身份。办案地公安机关应当制作询问、告知笔录并传输至协作地公安机关。询问、告知笔录经被询问、告知人确认并逐页签名或者捺指印后，由协作地公安机关协作人员签名或者盖章，并将原件或者电子签名笔录提供给办案地公安机关。办案地公安机关负责询问、告知的人民警察应当在首页注明收到日期，并签名或者盖章。询问、告知过程应当全程录音录像。

第 102 条　人身检查和提取、采集生物信息、样本

为了查明案件事实，确定违反治安管理行为人、被侵害人的某些特征、伤害情况或者生理状态，需要对其人身进行检查，提取或者采集肖像、指纹信息和血液、尿液等生物样本的，经公安机关办案部门负责人批准后进行。对已经提取、采集的信息或者样本，不得重复提取、采集。提取或者采集被侵害人的信息或者样本，应当征得被侵害人或者其监护人同意。

第 103 条　场所、物品及人身的检查

❶公安机关对与违反治安管理行为有关的场所或者违反治安管理行为人的人身、物品可以进行检查。检查时，人民警察不得少于二人，并应当出示人民警察证。

❷对场所进行检查的，经县级以上人民政府公安机关负责人批准，使用检查证检查；对确有必要立即进行检查的，人民警察经出示人民警察证，可以当场检查，并应当全程同步录音录像。检查公民住所应当出示县级以上人民政府公安机关开具的检查证。

❸检查妇女的身体，应当由女性工作人员或者医师进行。

☞ **场所**：主要是指违反治安管理行为发生的现场及其他可能留有相关痕迹、物品等证据的地方。

物品：主要是指违反治安管理行为人实施违反治安管理行为的工具、现场遗留物及赃物等，如违禁品、涉案财物、凶器、作案工具、毛发及血迹等。

检查：是指公安机关及其人民警察办理治安案件时，对场所或者违反治安管理行为人的人身、物品进行检验查看的一项调查取证的强制性措施。

女性工作人员：是指女性警察以及其他接受公安机关委托的女性人员，如女协警等。

医师：作为医务工作者，不管男女，都可以对妇女的身体进行必要的检查。

条文注释

第102条 【人身检查和提取、采集生物信息、样本】

生物识别信息，是指通过对个体生物特征的测量和分析，被用于身份验证或身份识别的数据。它利用人体固有的生物特征进行身份认证，有效防止了传统身份认证方式中可能存在的欺诈、盗用等问题。血液、尿液等作为常见的生物样本，对评估案件特征、相关当事人的伤害情况或者生理状态具有重要价值。提取或者采集被侵害人的信息或者样本，应当征得被侵害人或者其监护人同意。

第103条 【场所、物品及人身的检查】

检查权力的行使应当遵守下列程序及要求：

(1) 检查的对象仅限于与违反治安管理行为有关的场所或者违反治安管理行为人的人身、物品。

(2) 检查的人数要求。检查时，人民警察不得少于2人。

(3) 检查的证件要求。在一般情况下，人民警察出示人民警察证即可进行检查。

(4) 对场所进行检查的要求。对场所进行检查的，经县级以上人民政府公安机关负责人批准，使用检查证检查；对确有必要立即进行检查的，人民警察经出示人民警察证，可以当场检查，并应当全程同步录音录像。检查公民住所应当出示县级以上人民政府公安机关开具的检查证。

(5) 检查人员的要求。检查妇女的身体，应当由女性工作人员或者医师进行。这是对妇女权益的保护。

> 相关规定

1.《宪法》

第39条　中华人民共和国公民的住宅不受侵犯。禁止非法搜查或者非法侵入公民的住宅。

2.《出境入境管理法》

第7条　经国务院批准,公安部、外交部根据出境入境管理的需要,可以对留存出境入境人员的指纹等人体生物识别信息作出规定。

外国政府对中国公民签发签证、出境入境管理有特别规定的,中国政府可以根据情况采取相应的对等措施。

3.《反恐怖主义法》

第50条　公安机关调查恐怖活动嫌疑,可以依照有关法律规定对嫌疑人员进行盘问、检查、传唤,可以提取或者采集肖像、指纹、虹膜图像等人体生物识别信息和血液、尿液、脱落细胞等生物样本,并留存其签名。

公安机关调查恐怖活动嫌疑,可以通知了解有关情况的人员到公安机关或者其他地点接受询问。

4.《公安机关办理行政案件程序规定》

第53条　对查获或者到案的违法嫌疑人应当进行安全检查,发现违禁品或者管制器具、武器、易燃易爆等危险品以及与案件有关的需要作为证据的物品的,应当立即扣押;对违法嫌疑人随身携带的与案件无关的物品,应当按照有关规定予以登记、保管、退还。安全检查不需要开具检查证。

前款规定的扣押适用本规定第五十五条和第五十六条以及本章第七节的规定。

第82条 对与违法行为有关的场所、物品、人身可以进行检查。检查时，人民警察不得少于二人，并应当出示人民警察证和县级以上公安机关开具的检查证。对确有必要立即进行检查的，人民警察经出示人民警察证，可以当场检查；但检查公民住所的，必须有证据表明或者有群众报警公民住所内正在发生危害公共安全或者公民人身安全的案（事）件，或者违法存放危险物质，不立即检查可能会对公共安全或者公民人身、财产安全造成重大危害。

对机关、团体、企业、事业单位或者公共场所进行日常执法监督检查，依照有关法律、法规和规章执行，不适用前款规定。

第83条 对违法嫌疑人，可以依法提取或者采集肖像、指纹等人体生物识别信息；涉嫌酒后驾驶机动车、吸毒、从事恐怖活动等违法行为的，可以依照《中华人民共和国道路交通安全法》《中华人民共和国禁毒法》《中华人民共和国反恐怖主义法》等规定提取或者采集血液、尿液、毛发、脱落细胞等生物样本。人身安全检查和当场检查时已经提取、采集的信息，不再提取、采集。

第104条 检查笔录的制作

检查的情况应当制作检查笔录，由检查人、被检查人和见证人签名、盖章或者按指印；被检查人不在场或者被检查人、见证人拒绝签名的，人民警察应当在笔录上注明。

第105条 对物品的扣押

❶公安机关办理治安案件，对与案件有关的需要作为证据的物品，可以扣押；对被侵害人或者善意第三人合法占有的财产，不得扣押，应当予以登记，但是对其中与案件有关的必须鉴定的物品，可以扣押，鉴定后应当立即解除。对与案件无关的物品，不得扣押。

❷对扣押的物品，应当会同在场见证人和被扣押物品持有人查点清楚，当场开列清单一式二份，由调查人员、见证人和持有人签名或者盖章，一份交给持有人，另一份附卷备查。

❸实施扣押前应当报经公安机关负责人批准；因情况紧急或者物品价值不大，当场实施扣押的，人民警察应当及时向其所属公安机关负责人报告，并补办批准手续。公安机关负责人认为不应当扣押的，应当立即解除。当场实施扣押的，应当全程同步录音录像。

❹对扣押的物品，应当妥善保管，不得挪作他用；对不宜长期保存的物品，按照有关规定处理。经查明与案件无关或者经核实属于被侵害人或者他人合法财产的，应当登记后立即退还；满六个月无人对该财产主张权利或者无法查清权利人的，应当公开拍卖或者按照国家有关规定处理，所得款项上缴国库。

☞ 检查笔录：作为一种现场笔录，与检查所得到的物证、书证、视听资料以及勘验笔录等共同构成违法行为调查的证据链。要求检查笔录应当有相关人员的签章或者按指印，主要是为了保障检查笔录的真实性和合法性。检查笔录一般由检查人、被检查人和见证人签名、盖章或者按指印。特殊情况下，被检查人不在场或者被检查人、见证人拒绝签名的，人民警察应当在笔录上注明，此时不影响检查笔录的效力。

扣押：是指有管辖权的行政机关把当事人的可作为必要证据的物品、文件、视听资料等财物转移至另外场所，加以控制，防止当事人占有、使用或处分的行为。扣押是涉及案件调查的重要手段，具有作为证据进一步分析和证明的功能。扣押的范围仅限于"与案件有关的"且"需要作为证据的物品"，与案件无关的物品不得扣押。对被侵害人或者善意第三人合法占有的财产，不得扣押，应当予以登记。

> **相关规定**

1.《行政处罚法》

第 51 条 违法事实确凿并有法定依据，对公民处以二百元以下、对法人或者其他组织处以三千元以下罚款或者警告的行政处罚的，可以当场作出行政处罚决定。法律另有规定的，从其规定。

2.《公安机关办理行政案件程序规定》

第 86 条 检查情况应当制作检查笔录。检查笔录由检查人员、被检查人或者见证人签名；被检查人不在场或者拒绝签名的，办案人民警察应当在检查笔录中注明。

检查时的全程录音录像可以替代书面检查笔录，但应当对视听资料的关键内容和相应时间段等作文字说明。

第 96 条 鉴定人鉴定后，应当出具鉴定意见。鉴定意见应当载明委托人、委托鉴定的事项、提交鉴定的相关材料、鉴定的时间、依据和结论性意见等内容，并由鉴定人签名或者盖章。通过分析得出鉴定意见的，应当有分析过程的说明。鉴定意见应当附有鉴定机构和鉴定人的资质证明或者其他证明文件。

鉴定人对鉴定意见负责，不受任何机关、团体、企业、事业单位和个人的干涉。多人参加鉴定，对鉴定意见有不同意见的，应当注明。

鉴定人故意作虚假鉴定的，应当承担法律责任。

第 110 条 在证据可能灭失或者以后难以取得的情况下，经公安机关办案部门负责人批准，可以先行登记保存。

先行登记保存期间，证据持有人及其他人员不得损毁或者转移证据。

对先行登记保存的证据，应当在七日内作出处理决定。逾期不作出处理决定的，视为自动解除。

第111条 实施扣押、扣留、查封、抽样取证、先行登记保存等证据保全措施时，应当会同当事人查点清楚，制作并当场交付证据保全决定书。必要时，应当对采取证据保全措施的证据进行拍照或者对采取证据保全的过程进行录像。证据保全决定书应当载明下列事项：

（一）当事人的姓名或者名称、地址；

（二）抽样取证、先行登记保存、扣押、扣留、查封的理由、依据和期限；

（三）申请行政复议或者提起行政诉讼的途径和期限；

（四）作出决定的公安机关的名称、印章和日期。

证据保全决定书应当附清单，载明被采取证据保全措施的场所、设施、物品的名称、规格、数量、特征等，由办案人民警察和当事人签名后，一份交当事人，一份附卷。有见证人的，还应当由见证人签名。当事人或者见证人拒绝签名的，办案人民警察应当在证据保全清单上注明。

对可以作为证据使用的录音带、录像带，在扣押时应当予以检查，记明案由、内容以及录取和复制的时间、地点等，并妥为保管。

对扣押的电子数据原始存储介质，应当封存，保证在不解除封存状态的情况下，无法增加、删除、修改电子数据，并在证据保全清单中记录封存状态。

第112条 扣押、扣留、查封期限为三十日，情况复杂的，经县级以上公安机关负责人批准，可以延长三十日；法律、行政法规另有规定的除外。延长扣押、扣留、查封期限的，应当及时书面告知当事人,并说明理由。

对物品需要进行鉴定的,鉴定期间不计入扣押、扣留、查封期间,但应当将鉴定的期间书面告知当事人。

第106条　鉴定

为了查明案情，需要解决案件中有争议的专门性问题的，应当指派或者聘请具有专门知识的人员进行鉴定；鉴定人鉴定后，应当写出鉴定意见，并且签名。

第107条　辨认

❶为了查明案情，人民警察可以让违反治安管理行为人、被侵害人和其他证人对与违反治安管理行为有关的场所、物品进行辨认，也可以让被侵害人、其他证人对违反治安管理行为人进行辨认，或者让违反治安管理行为人对其他违反治安管理行为人进行辨认。

❷辨认应当制作辨认笔录，由人民警察和辨认人签名、盖章或者按指印。

第108条　两人执法、一人执法及录音录像

❶公安机关进行询问、辨认、勘验，实施行政强制措施等调查取证工作时，人民警察不得少于二人。

❷公安机关在规范设置、严格管理的执法办案场所进行询问、扣押、辨认的，或者进行调解的，可以由一名人民警察进行。

❸依照前款规定由一名人民警察进行询问、扣押、辨认、调解的，应当全程同步录音录像。未按规定全程同步录音录像或者录音录像资料损毁、丢失的，相关证据不能作为处罚的根据。

> ☞ 鉴定：是指公安机关在查处违反治安管理的案件时，为解决案件的专门性问题，指派或者聘请具有专门知识的人进行鉴定，并提供鉴定意见的活动。实践中，需要通过鉴定解决的专门性问题包括：伤情鉴定、价格鉴定、违禁品和危险品鉴定、精神病鉴定、毒品尿样鉴定、声像资料鉴定。鉴定人可以由公安机关指派或者聘请，但必须是"具有专门知识的人员"。

条文注释

第 107 条 【辨认】

辨认,是指公安机关为了查明案情,必要时让违反治安管理行为人、被侵害人、证人等对与违反治安管理行为有关的场所、物品进行辨认的一种调查行为。此项措施借鉴了刑事诉讼中的辨认制度。对于人物辨认,要确保被辨认的人员在年龄、体型、外貌等方面具有一定的相似性,避免明显的差异误导辨认人。同时,被辨认人的排列应当随机,不能有特定的顺序或暗示。对于物品辨认,应将需要辨认的物品与类似物品放在一起,物品的摆放应无规律可循,且不能给予辨认人任何关于目标物品位置的提示。对于场所辨认,应提供相似的环境或场景照片,让辨认人在多个选项中进行选择。公安民警在制作辨认笔录时,要严格按照法律规定和程序要求进行操作,确保辨认过程的公正、合法、准确,为案件的侦破和审理提供有力的证据支持。

第 108 条 【两人执法、一人执法及录音录像】

本条是新增条文。第 1 款规定了不得少于 2 名人民警察执法的情形,第 2 款规定了 1 名人民警察执法的情形与条件,第 3 款规定了 1 名人民警察执法全程录音录像的要求。

根据本条第 2 款和第 3 款的规定,进行治安调解以及在规范设置、严格管理的执法办案场所进行询问、扣押、辨认时,可以由 1 名人民警察进行。但是必须全程同步录音录像。如未按规定进行全程同步录音录像,或者录音录像资料损毁、丢失,则相关证据不能作为处罚的依据。

相关规定

1.《海警法》

第 68 条　海警机构询问、讯问、继续盘问、辨认违法犯罪嫌疑人以及对违法犯罪嫌疑人进行安全检查、信息采集等执法活动,应当在办案场所进行。紧急情况下必须在现场进行询问、讯问或者有其他不宜在办案场所进行询问、讯问的情形除外。

海警机构应当按照国家有关规定以文字、音像等形式,对海上维权执法活动进行全过程记录,归档保存。

2.《行政处罚法》

第 47 条　行政机关应当依法以文字、音像等形式,对行政处罚的启动、调查取证、审核、决定、送达、执行等进行全过程记录,归档保存。

3.《全国人民代表大会常务委员会关于司法鉴定管理问题的决定》

十、司法鉴定实行鉴定人负责制度。鉴定人应当独立进行鉴定,对鉴定意见负责并在鉴定书上签名或者盖章。多人参加的鉴定,对鉴定意见有不同意见的,应当注明。

4.《公安机关办理行政案件程序规定》

第 52 条　公安机关进行询问、辨认、检查、勘验,实施行政强制措施等调查取证工作时,人民警察不得少于二人,并表明执法身份。

接报案、受案登记、接受证据、信息采集、调解、送达文书等工作,可以由一名人民警察带领警务辅助人员进行,但应当全程录音录像。

第87条　为了查明案情，需要对专门性技术问题进行鉴定的，应当指派或者聘请具有专门知识的人员进行。

需要聘请本公安机关以外的人进行鉴定的，应当经公安机关办案部门负责人批准后，制作鉴定聘请书。

第88条　公安机关应当为鉴定提供必要的条件，及时送交有关检材和比对样本等原始材料，介绍与鉴定有关的情况，并且明确提出要求鉴定解决的问题。

办案人民警察应当做好检材的保管和送检工作，并注明检材送检环节的责任人，确保检材在流转环节中的同一性和不被污染。

禁止强迫或者暗示鉴定人作出某种鉴定意见。

第89条　对人身伤害的鉴定由法医进行。

卫生行政主管部门许可的医疗机构具有执业资格的医生出具的诊断证明，可以作为公安机关认定人身伤害程度的依据，但具有本规定第九十条规定情形的除外。

对精神病的鉴定，由有精神病鉴定资格的鉴定机构进行。

第90条　人身伤害案件具有下列情形之一的，公安机关应当进行伤情鉴定：

（一）受伤程度较重，可能构成轻伤以上伤害程度的；

（二）被侵害人要求作伤情鉴定的；

（三）违法嫌疑人、被侵害人对伤害程度有争议的。

第91条　对需要进行伤情鉴定的案件，被侵害人拒绝提供诊断证明或者拒绝进行伤情鉴定的，公安机关应当将有关情况记录在案，并可以根据已认定的事实作出处理决定。

经公安机关通知，被侵害人无正当理由未在公安机关确定的时间内作伤情鉴定的，视为拒绝鉴定。

第 92 条　对电子数据涉及的专门性问题难以确定的，由司法鉴定机构出具鉴定意见，或者由公安部指定的机构出具报告。

第 93 条　涉案物品价值不明或者难以确定的，公安机关应当委托价格鉴证机构估价。

根据当事人提供的购买发票等票据能够认定价值的涉案物品，或者价值明显不够刑事立案标准的涉案物品，公安机关可以不进行价格鉴证。

第 94 条　对涉嫌吸毒的人员，应当进行吸毒检测，被检测人员应当配合；对拒绝接受检测的，经县级以上公安机关或者其派出机构负责人批准，可以强制检测。采集女性被检测人检测样本，应当由女性工作人员进行。

对涉嫌服用国家管制的精神药品、麻醉药品驾驶机动车的人员，可以对其进行体内国家管制的精神药品、麻醉药品含量检验。

第 95 条　对有酒后驾驶机动车嫌疑的人，应当对其进行呼气酒精测试，对具有下列情形之一的，应当立即提取血样，检验血液酒精含量：

（一）当事人对呼气酒精测试结果有异议的；

（二）当事人拒绝配合呼气酒精测试的；

（三）涉嫌醉酒驾驶机动车的；

（四）涉嫌饮酒后驾驶机动车发生交通事故的。

当事人对呼气酒精测试结果无异议的，应当签字确认。事后提出异议的，不予采纳。

第 96 条　鉴定人鉴定后，应当出具鉴定意见。鉴定意见应当载明委托人、委托鉴定的事项、提交鉴定的相关材料、鉴定的时间、依据和结论性意见等内容，并由鉴定人签名或者盖章。通过分析得出鉴定意见的，应当有分析过程的说明。鉴定意见应当附有鉴定机构和鉴定人的资质证明或者其他证明文件。

鉴定人对鉴定意见负责，不受任何机关、团体、企业、事业单位和个人的干涉。多人参加鉴定，对鉴定意见有不同意见的，应当注明。

鉴定人故意作虚假鉴定的，应当承担法律责任。

第97条　办案人民警察应当对鉴定意见进行审查。

对经审查作为证据使用的鉴定意见，公安机关应当在收到鉴定意见之日起五日内将鉴定意见复印件送达违法嫌疑人和被侵害人。

医疗机构出具的诊断证明作为公安机关认定人身伤害程度的依据的，应当将诊断证明结论书面告知违法嫌疑人和被侵害人。

违法嫌疑人或者被侵害人对鉴定意见有异议的，可以在收到鉴定意见复印件之日起三日内提出重新鉴定的申请，经县级以上公安机关批准后，进行重新鉴定。同一行政案件的同一事项重新鉴定以一次为限。

当事人是否申请重新鉴定，不影响案件的正常办理。

公安机关认为必要时，也可以直接决定重新鉴定。

第98条　具有下列情形之一的，应当进行重新鉴定：

（一）鉴定程序违法或者违反相关专业技术要求，可能影响鉴定意见正确性的；

（二）鉴定机构、鉴定人不具备鉴定资质和条件的；

（三）鉴定意见明显依据不足的；

（四）鉴定人故意作虚假鉴定的；

（五）鉴定人应当回避而没有回避的；

（六）检材虚假或者被损坏的；

（七）其他应当重新鉴定的。

不符合前款规定情形的，经县级以上公安机关负责人批准，作出不准予重新鉴定的决定，并在作出决定之日起的三日以内书面通知申请人。

第 99 条　重新鉴定，公安机关应当另行指派或者聘请鉴定人。

第 100 条　鉴定费用由公安机关承担，但当事人自行鉴定的除外。

5.《公安机关办理刑事案件程序规定》

第 248 条　为了查明案情，解决案件中某些专门性问题，应当指派、聘请有专门知识的人进行鉴定。

需要聘请有专门知识的人进行鉴定，应当经县级以上公安机关负责人批准后，制作鉴定聘请书。

第 249 条　公安机关应当为鉴定人进行鉴定提供必要的条件，及时向鉴定人送交有关检材和对比样本等原始材料，介绍与鉴定有关的情况，并且明确提出要求鉴定解决的问题。

禁止暗示或者强迫鉴定人作出某种鉴定意见。

第 250 条　侦查人员应当做好检材的保管和送检工作，并注明检材送检环节的责任人，确保检材在流转环节中的同一性和不被污染。

第 251 条　鉴定人应当按照鉴定规则，运用科学方法独立进行鉴定。鉴定后，应当出具鉴定意见，并在鉴定意见书上签名，同时附上鉴定机构和鉴定人的资质证明或者其他证明文件。

多人参加鉴定，鉴定人有不同意见的，应当注明。

第 252 条　对鉴定意见，侦查人员应当进行审查。

对经审查作为证据使用的鉴定意见，公安机关应当及时告知犯罪嫌疑人、被害人或者其法定代理人。

第 253 条　犯罪嫌疑人、被害人对鉴定意见有异议提出申请，以及办案部门或者侦查人员对鉴定意见有疑义的,可以将鉴定意见送交其他有专门知识的人员提出意见。必要时,询问鉴定人并制作笔录附卷。

第254条　经审查,发现有下列情形之一的,经县级以上公安机关负责人批准,应当补充鉴定:

(一) 鉴定内容有明显遗漏的;

(二) 发现新的有鉴定意义的证物的;

(三) 对鉴定证物有新的鉴定要求的;

(四) 鉴定意见不完整,委托事项无法确定的;

(五) 其他需要补充鉴定的情形。

经审查,不符合上述情形的,经县级以上公安机关负责人批准,作出不准予补充鉴定的决定,并在作出决定后三日以内书面通知申请人。

第255条　经审查,发现有下列情形之一的,经县级以上公安机关负责人批准,应当重新鉴定:

(一) 鉴定程序违法或者违反相关专业技术要求的;

(二) 鉴定机构、鉴定人不具备鉴定资质和条件的;

(三) 鉴定人故意作虚假鉴定或者违反回避规定的;

(四) 鉴定意见依据明显不足的;

(五) 检材虚假或者被损坏的;

(六) 其他应当重新鉴定的情形。

重新鉴定,应当另行指派或者聘请鉴定人。

经审查,不符合上述情形的,经县级以上公安机关负责人批准,作出不准予重新鉴定的决定,并在作出决定后三日以内书面通知申请人。

第 256 条　公诉人、当事人或者辩护人、诉讼代理人对鉴定意见有异议，经人民法院依法通知的，公安机关鉴定人应当出庭作证。

鉴定人故意作虚假鉴定的，应当依法追究其法律责任。

第 257 条　对犯罪嫌疑人作精神病鉴定的时间不计入办案期限，其他鉴定时间都应当计入办案期限。

6.《人民检察院刑事诉讼规则》

第 223 条　为了查明案情，必要时，检察人员可以让被害人、证人和犯罪嫌疑人对与犯罪有关的物品、文件、尸体或场所进行辨认；也可以让被害人、证人对犯罪嫌疑人进行辨认，或者让犯罪嫌疑人对其他犯罪嫌疑人进行辨认。

第 224 条　辨认应当在检察人员的主持下进行，执行辨认的人员不得少于二人。在辨认前，应当向辨认人详细询问被辨认对象的具体特征，避免辨认人见到被辨认对象，并应当告知辨认人有意作虚假辨认应负的法律责任。

第 225 条　几名辨认人对同一被辨认对象进行辨认时，应当由每名辨认人单独进行。必要时，可以有见证人在场。

第 226 条　辨认时，应当将辨认对象混杂在其他对象中。不得在辨认前向辨认人展示辨认对象及其影像资料，不得给辨认人任何暗示。

辨认犯罪嫌疑人时，被辨认的人数不得少于七人，照片不得少于十张。

辨认物品时，同类物品不得少于五件，照片不得少于五张。

对犯罪嫌疑人的辨认，辨认人不愿公开进行时，可以在不暴露辨认人的情况下进行，并应当为其保守秘密。

7.《最高人民法院关于适用〈中华人民共和国刑事诉讼法〉的解释》

第 105 条　辨认笔录具有下列情形之一的，不得作为定案的根据：

（一）辨认不是在调查人员、侦查人员主持下进行的；

（二）辨认前使辨认人见到辨认对象的；

（三）辨认活动没有个别进行的；

（四）辨认对象没有混杂在具有类似特征的其他对象中，或者供辨认的对象数量不符合规定的；

（五）辨认中给辨认人明显暗示或者明显有指认嫌疑的；

（六）违反有关规定，不能确定辨认笔录真实性的其他情形。

第二节 决 定

第 109 条　治安管理处罚的决定机关

治安管理处罚由县级以上地方人民政府公安机关决定；其中警告、一千元以下的罚款，可以由公安派出所决定。

第 110 条　行政拘留的折抵

对决定给予行政拘留处罚的人，在处罚前已经采取强制措施限制人身自由的时间，应当折抵。限制人身自由一日，折抵行政拘留一日。

第 111 条　本人陈述的证据地位

公安机关查处治安案件，对没有本人陈述，但其他证据能够证明案件事实的，可以作出治安管理处罚决定。但是，只有本人陈述，没有其他证据证明的，不能作出治安管理处罚决定。

第 112 条　告知义务、陈述与申辩权

❶公安机关作出治安管理处罚决定前，应当告知违反治安管理行为人拟作出治安管理处罚的内容及事实、理由、依据，并告知违反治安管理行为人依法享有的权利。

❷违反治安管理行为人有权陈述和申辩。公安机关必须充分听取违反治安管理行为人的意见，对违反治安管理行为人提出的事实、理由和证据，应当进行复核；违反治安管理行为人提出的事实、理由或者证据成立的，公安机关应当采纳。

❸违反治安管理行为人不满十八周岁的，还应当依照前两款的规定告知未成年人的父母或者其他监护人，充分听取其意见。

❹公安机关不得因违反治安管理行为人的陈述、申辩而加重其处罚。

☞ **告知义务、陈述与申辩权**：是指公安机关作出治安管理处罚决定前，应当告知违反治安管理行为人拟作出治安管理处罚的事实、理由、依据，并告知违反治安管理行为人依法享有的权利。告知义务的履行可以保证当事人行使其陈述和申辩的权利。陈述权，是指违反治安管理行为人对公安机关给予治安管理处罚所认定的事实及适用法律是否准确、适当，陈述自己的看法和意见，同时也可以提出自己的主张和权利要求。申辩权，是指违反治安管理行为人对公安机关的指控、证据等提出不同意见，进行申辩，以正当手段如采取包括要求召开听证会等方式，驳斥公安机关的指控以及驳斥公安机关提出的不利证据。

条文注释

第 109 条　【治安管理处罚的决定机关】

本条规定了治安管理处罚的决定机关。这里要说明的有两点：一是治安管理的处罚权只能由公安机关行使，而且是县级以上地方人民政府公安机关。二是对于违反治安管理行为处以较轻的处罚，即警告和1000元以下（含1000元）的罚款时，可以由公安派出所决定。

第 110 条　【行政拘留的折抵】

本条是关于行政拘留折抵的规定。依据本条的规定，首先，只有被采取强制措施限制人身自由的时间才可以折抵行政拘留处罚，其他措施是不可以折抵的，比如询问查证和继续盘问的时间就不可以折抵。其次，被折抵的处罚只能是行政拘留，而不能是警告、罚款等其他处罚措施。最后，折抵计算是限制人身自由一日，折抵行政拘留一日，即"一日对一日"。

第 111 条　【本人陈述的证据地位】

本条规定了公安机关查处治安案件时"重证据不轻信口供"的原则。该原则要求公安机关作出治安管理处罚决定时，必须以事实清楚、证据确凿为前提。根据本条立法的精神，"重证据不轻信口供"原则，不仅适用于单独违反治安管理的治安案件，而且也适用于共同违反治安管理的治安案件。在共同违反治安管理的案件中，只有共同违反治安管理行为人的陈述，而没有其他证据印证的，一般也不能作出治安管理处罚决定；没有共同违反治安管理行为人的陈述，只要其他证据确实充分，能够相互印证，形成证据链的，也可以依法作出治安管理处罚决定。

相关规定

1.《行政处罚法》

第 7 条　公民、法人或者其他组织对行政机关所给予的行政处罚，享有陈述权、申辩权；对行政处罚不服的，有权依法申请行政复议或者提起行政诉讼。

公民、法人或者其他组织因行政机关违法给予行政处罚受到损害的，有权依法提出赔偿要求。

2.《公安机关办理行政案件程序规定》

第 54 条　办理行政案件时，可以依法采取下列行政强制措施：

（一）对物品、设施、场所采取扣押、扣留、查封、先行登记保存、抽样取证、封存文件资料等强制措施，对恐怖活动嫌疑人的存款、汇款、债券、股票、基金份额等财产还可以采取冻结措施；

（二）对违法嫌疑人采取保护性约束措施、继续盘问、强制传唤、强制检测、拘留审查、限制活动范围，对恐怖活动嫌疑人采取约束措施等强制措施。

第 163 条　对决定给予行政拘留处罚的人，在处罚前因同一行为已经被采取强制措施限制人身自由的时间应当折抵。限制人身自由一日，折抵执行行政拘留一日。询问查证、继续盘问和采取约束措施的时间不予折抵。

被采取强制措施限制人身自由的时间超过决定的行政拘留期限的，行政拘留决定不再执行。

第 167 条　在作出行政处罚决定前，应当告知违法嫌疑人拟作出行政处罚决定的事实、理由及依据，并告知违法嫌疑人依法享有陈述权和申辩权。单位违法的，应当告知其法定代表人、主要负责人或者其授权的人员。

适用一般程序作出行政处罚决定的，采用书面形式或者笔录形式告知。

依照本规定第一百七十二条第一款第三项作出不予行政处罚决定的，可以不履行本条第一款规定的告知程序。

第 168 条　对违法行为事实清楚，证据确实充分，依法应当予以行政处罚，因违法行为人逃跑等原因无法履行告知义务的，公安机关可以采取公告方式予以告知。自公告之日起七日内，违法嫌疑人未提出申辩的，可以依法作出行政处罚决定。

第 169 条　违法嫌疑人有权进行陈述和申辩。对违法嫌疑人提出的新的事实、理由和证据，公安机关应当进行复核。

公安机关不得因违法嫌疑人申辩而加重处罚。

第 250 条　外国人具有下列情形之一的，经县级以上公安机关或者出入境边防检查机关决定，可以限期出境：

（一）违反治安管理的；

（二）从事与停留居留事由不相符的活动的；

（三）违反中国法律、法规规定，不适宜在中国境内继续停留居留的。

对外国人决定限期出境的，应当规定外国人离境的期限，注销其有效签证或者停留居留证件。限期出境的期限不得超过三十日。

第 251 条　外国人违反治安管理或者出境入境管理，情节严重，尚不构成犯罪的，承办的公安机关可以层报公安部处以驱逐出境。公安部作出的驱逐出境决定为最终决定，由承办机关宣布并执行。

被驱逐出境的外国人，自被驱逐出境之日起十年内不准入境。

> **案例指引**
>
> **代某某诉天津市某区公安局行政处罚案**[①]
>
> (1) 公安机关经调查作出不予行政处罚的决定后,经补充调查又发现新的证据,能够认定违法行为的,应当依法重新作出处理决定,但需先撤销原不予行政处罚决定。
>
> (2) 撤销原不予行政处罚决定属于对外发生法律效力的具体行政行为,应当作出撤销原不予行政处罚决定的书面决定并送达行政相对人,不能仅通过内部审批或其他内部手续撤销原不予行政处罚决定后径行作出新的行政处罚决定,否则属于程序违法。
>
> (3) 在重新作出的行政处罚决定认定事实清楚、适用法律正确、程序合法的情形下,未明示撤销原不予行政处罚决定并未实质侵害相对人的合法权益,即该违法情形属于程序轻微违法,判决确认重新作出的行政处罚决定程序违法即可,无须予以撤销。

[①] 载人民法院案例库,案例编号:2023-12-3-001-014,最后访问日期:2025年7月5日。

第113条　治安案件调查结束后的处理

❶治安案件调查结束后，公安机关应当根据不同情况，分别作出以下处理：

（一）确有依法应当给予治安管理处罚的违法行为的，根据情节轻重及具体情况，作出处罚决定；

（二）依法不予处罚的，或者违法事实不能成立的，作出不予处罚决定；

（三）违法行为已涉嫌犯罪的，移送有关主管机关依法追究刑事责任；

（四）发现违反治安管理行为人有其他违法行为的，在对违反治安管理行为作出处罚决定的同时，通知或者移送有关主管机关处理。

❷对情节复杂或者重大违法行为给予治安管理处罚，公安机关负责人应当集体讨论决定。

第114条　法制审核

❶有下列情形之一的，在公安机关作出治安管理处罚决定之前，应当由从事治安管理处罚决定法制审核的人员进行法制审核；未经法制审核或者审核未通过的，不得作出决定：

（一）涉及重大公共利益的；

（二）直接关系当事人或者第三人重大权益，经过听证程序的；

（三）案件情况疑难复杂、涉及多个法律关系的。

❷公安机关中初次从事治安管理处罚决定法制审核的人员，应当通过国家统一法律职业资格考试取得法律职业资格。

条文注释

第 113 条 【治安案件调查结束后的处理】

不予处罚,是指公安机关对实施了违反治安管理行为的人,因其具有法律、法规所规定的法定情形而不适用治安管理处罚的法律制度。不予处罚是"教育与处罚相结合"原则的具体体现。法定的不予处罚的情形有:不满 14 周岁的人违反治安管理的;精神病人、智力残疾人在不能辨认或者不能控制自己行为的时候违反治安管理的;盲人或者又聋又哑的人违反治安管理的;情节轻微的;主动消除或者减轻违法后果的;取得被侵害人谅解的;出于他人胁迫或者诱骗的;主动投案,向公安机关如实陈述自己的违法行为的;有立功表现的;制止不法侵害超过必要限度情节较轻的。

第 114 条 【法制审核】

公安行政处罚决定法制审核制度重在合法行政,核心在于通过推进专业化、法治化,既实现内部职能分离与互相监督,又提高公安执法效率,规范治安处罚行为,确保治安处罚行为合法。本次修订主要是与《行政处罚法》相关规定相衔接。治安管理处罚决定法制审核的情形包括涉及重大公共利益,直接关系当事人或者第三人重大权益且经过听证程序的,案件情况疑难复杂、涉及多个法律关系。此外,本条第 2 款还规定,公安机关中初次从事治安管理处罚决定法制审核的人员,应当通过国家统一法律职业资格考试取得法律职业资格。

相关规定

1.《行政处罚法》

第35条 违法行为构成犯罪，人民法院判处拘役或者有期徒刑时，行政机关已经给予当事人行政拘留的，应当依法折抵相应刑期。

违法行为构成犯罪，人民法院判处罚金时，行政机关已经给予当事人罚款的，应当折抵相应罚金；行政机关尚未给予当事人罚款的，不再给予罚款。

第58条 有下列情形之一，在行政机关负责人作出行政处罚的决定之前，应当由从事行政处罚决定法制审核的人员进行法制审核；未经法制审核或者审核未通过的，不得作出决定：

（一）涉及重大公共利益的；

（二）直接关系当事人或者第三人重大权益，经过听证程序的；

（三）案件情况疑难复杂、涉及多个法律关系的；

（四）法律、法规规定应当进行法制审核的其他情形。

行政机关中初次从事行政处罚决定法制审核的人员，应当通过国家统一法律职业资格考试取得法律职业资格。

2.《优化营商环境条例》

第58条 行政执法机关应当按照国家有关规定，全面落实行政执法公示、行政执法全过程记录和重大行政执法决定法制审核制度，实现行政执法信息及时准确公示、行政执法全过程留痕和可回溯管理、重大行政执法决定法制审核全覆盖。

3.《公安机关办理行政案件程序规定》

第172条 公安机关根据行政案件的不同情况分别作出下列处理决定：

（一）确有违法行为，应当给予行政处罚的，根据其情节和危害后果的轻重，作出行政处罚决定；

（二）确有违法行为，但有依法不予行政处罚情形的，作出不予行政处罚决定；有违法所得和非法财物、违禁品、管制器具的，应当予以追缴或者收缴；

（三）违法事实不能成立的，作出不予行政处罚决定；

（四）对需要给予社区戒毒、强制隔离戒毒、收容教养等处理的，依法作出决定；

（五）违法行为涉嫌构成犯罪的，转为刑事案件办理或者移送有权处理的主管机关、部门办理，无需撤销行政案件。公安机关已经作出行政处理决定的，应当附卷；

（六）发现违法行为人有其他违法行为的，在依法作出行政处理决定的同时，通知有关行政主管部门处理。

对已经依照前款第三项作出不予行政处罚决定的案件，又发现新的证据的，应当依法及时调查；违法行为能够认定的，依法重新作出处理决定，并撤销原不予行政处罚决定。

治安案件有被侵害人的，公安机关应当在作出不予行政处罚或者处罚决定之日起二日内将决定书复印件送达被侵害人。无法送达的，应当注明。

> 治安管理处罚决定书：是一种法律文书，意味着行政处罚决定的成立。制作治安管理处罚决定书，既是公安机关依法履行治安管理职责的一项权利，同时也是公安机关依法履行治安管理职责时必须履行的一项义务。无论是当场处罚还是依照一般程序作出的处罚，都应当制作行政处罚决定书，并应当交付当事人。

当场：是指在向被处罚人宣告处罚决定书的现场，而不是单指处罚的现场。

无法当场向被处罚人宣告：主要是指被处罚人不在场，或者经通知被处罚人拒不到场听取公安机关向其宣告处罚决定书的情形。

第115条　处罚决定书的内容

❶公安机关作出治安管理处罚决定的，应当制作治安管理处罚决定书。决定书应当载明下列内容：

（一）被处罚人的姓名、性别、年龄、身份证件的名称和号码、住址；

（二）违法事实和证据；

（三）处罚的种类和依据；

（四）处罚的执行方式和期限；

（五）对处罚决定不服，申请行政复议、提起行政诉讼的途径和期限；

（六）作出处罚决定的公安机关的名称和作出决定的日期。

❷决定书应当由作出处罚决定的公安机关加盖印章。

第116条　处罚决定书的宣告、通知和送达

❶公安机关应当向被处罚人宣告治安管理处罚决定书，并当场交付被处罚人；无法当场向被处罚人宣告的，应当在二日以内送达被处罚人。决定给予行政拘留处罚的，应当及时通知被处罚人的家属。

❷有被侵害人的，公安机关应当将决定书送达被侵害人。

> **相关规定**

1.《行政处罚法》

第61条 行政处罚决定书应当在宣告后当场交付当事人；当事人不在场的，行政机关应当在七日内依照《中华人民共和国民事诉讼法》的有关规定，将行政处罚决定书送达当事人。

当事人同意并签订确认书的，行政机关可以采用传真、电子邮件等方式，将行政处罚决定书等送达当事人。

2.《公安机关办理行政案件程序规定》

第161条 一人有两种以上违法行为的，分别决定，合并执行，可以制作一份决定书，分别写明对每种违法行为的处理内容和合并执行的内容。

一个案件有多个违法行为人的，分别决定，可以制作一式多份决定书，写明给予每个人的处理决定，分别送达每一个违法行为人。

第251条 外国人违反治安管理或者出境入境管理，情节严重，尚不构成犯罪的，承办的公安机关可以层报公安部处以驱逐出境。公安部作出的驱逐出境决定为最终决定，由承办机关宣布并执行。

被驱逐出境的外国人，自被驱逐出境之日起十年内不准入境。

第252条 对外国人处以罚款或者行政拘留并处限期出境或者驱逐出境的，应当于罚款或者行政拘留执行完毕后执行限期出境或者驱逐出境。

第253条 办理涉外行政案件，应当按照国家有关办理涉外案件的规定，严格执行请示报告、内部通报、对外通知等各项制度。

第254条 对外国人作出行政拘留、拘留审查或者其他限制人身自由以及限制活动范围的决定后，决定机关应当在四十八小时内将外国人的姓名、性别、入境时间、护照或者其他身份证件号码，案件发生的时间、地点及有关情况，违法的主要事实，已采取的措施及其法律依据等情况报告省级公安机关；省级公安机关应当在规定期限内，将有关情况通知该外国人所属国家的驻华使馆、领馆，并通报同级人民政府外事部门。当事人要求不通知使馆、领馆，且我国与当事人国籍国未签署双边协议规定必须通知的，可以不通知，但应当由其本人提出书面请求。

第255条　外国人在被行政拘留、拘留审查或者其他限制人身自由以及限制活动范围期间死亡的，有关省级公安机关应当通知该外国人所属国家驻华使馆、领馆，同时报告公安部并通报同级人民政府外事部门。

第256条　外国人在被行政拘留、拘留审查或者其他限制人身自由以及限制活动范围期间，其所属国家驻华外交、领事官员要求探视的，决定机关应当及时安排。该外国人拒绝其所属国家驻华外交、领事官员探视的，公安机关可以不予安排，但应当由其本人出具书面声明。

> **案例指引**

司某立诉东明县公安局治安行政处罚案[①]

公安机关作出行政处罚决定,不仅要遵照《治安管理处罚法》,而且要符合《行政处罚法》的规定。公安机关作出的拘留10日治安行政处罚决定属于《行政处罚法》第38条第2款规定的"情节复杂或者重大违法行为给予较重的行政处罚"(现为第57条第2款规定的"对情节复杂或者重大违法行为给予行政处罚"),公安机关负责人应当集体讨论决定。处罚决定未经负责人集体讨论而作出,属严重程序违法,应予撤销。

[①] 参见焦炜华、陈希国:《应经而未经集体讨论的行政处罚决定应予撤销》,载《人民司法》2016年第5期。

☞ **吊销许可证件**：是指公安机关依法收回违反治安管理行为人或者单位已经取得的从事某种活动的权利或者资格证书，以取消或者禁止被处罚人从事某种活动的特许权利或者资格的处罚。比如，旅馆的特种行业许可证、剧毒化学品准购证等。

责令停业整顿措施：是指公安机关对行政相对人在经营活动中存在的严重违法行为或者其他严重问题采取的强制其在一定期间内暂时停止生产经营活动、进行整顿的最终处理决定，属于可以独立适用的行政处罚。

办理治安案件的期限：是指公安机关对治安案件立案后，对治安案件进行调查直至作出处理决定的最长时间，从立案之日起到依法作出决定之日止。

第117条　听证

❶公安机关作出吊销许可证件、处四千元以上罚款的治安管理处罚决定或者采取责令停业整顿措施前，应当告知违反治安管理行为人有权要求举行听证；违反治安管理行为人要求听证的，公安机关应当及时依法举行听证。

❷对依照本法第二十三条第二款规定可能执行行政拘留的未成年人，公安机关应当告知未成年人和其监护人有权要求举行听证；未成年人和其监护人要求听证的，公安机关应当及时依法举行听证。对未成年人案件的听证不公开举行。

❸前两款规定以外的案情复杂或者具有重大社会影响的案件，违反治安管理行为人要求听证，公安机关认为必要的，应当及时依法举行听证。

❹公安机关不得因违反治安管理行为人要求听证而加重其处罚。

第118条　办案期限

❶公安机关办理治安案件的期限，自立案之日起不得超过三十日；案情重大、复杂的，经上一级公安机关批准，可以延长三十日。期限延长以二次为限。公安派出所办理的案件需要延长期限的，由所属公安机关批准。

❷为了查明案情进行鉴定的期间、听证的期间，不计入办理治安案件的期限。

相关规定

1. 《行政处罚法》

第 63 条　行政机关拟作出下列行政处罚决定，应当告知当事人有要求听证的权利，当事人要求听证的，行政机关应当组织听证：

（一）较大数额罚款；

（二）没收较大数额违法所得、没收较大价值非法财物；

（三）降低资质等级、吊销许可证件；

（四）责令停产停业、责令关闭、限制从业；

（五）其他较重的行政处罚；

（六）法律、法规、规章规定的其他情形。

当事人不承担行政机关组织听证的费用。

第 64 条　听证应当依照以下程序组织：

（一）当事人要求听证的，应当在行政机关告知后五日内提出；

（二）行政机关应当在举行听证的七日前，通知当事人及有关人员听证的时间、地点；

（三）除涉及国家秘密、商业秘密或者个人隐私依法予以保密外，听证公开举行；

（四）听证由行政机关指定的非本案调查人员主持；当事人认为主持人与本案有直接利害关系的，有权申请回避；

（五）当事人可以亲自参加听证，也可以委托一至二人代理；

（六）当事人及其代理人无正当理由拒不出席听证或者未经许可中途退出听证的，视为放弃听证权利，行政机关终止听证；

（七）举行听证时，调查人员提出当事人违法的事实、证据和行政处罚建议，当事人进行申辩和质证；

（八）听证应当制作笔录。笔录应当交当事人或者其代理人核对无误后签字或者盖章。当事人或者其代理人拒绝签字或者盖章的，由听证主持人在笔录中注明。

2.《公安机关办理行政案件程序规定》

第 123 条　在作出下列行政处罚决定之前，应当告知违法嫌疑人有要求举行听证的权利：

（一）责令停产停业；

（二）吊销许可证或者执照；

（三）较大数额罚款；

（四）法律、法规和规章规定违法嫌疑人可以要求举行听证的其他情形。

前款第三项所称"较大数额罚款"，是指对个人处以二千元以上罚款，对单位处以一万元以上罚款，对违反边防出境入境管理法律、法规和规章的个人处以六千元以上罚款。对依据地方性法规或者地方政府规章作出的罚款处罚，适用听证的罚款数额按照地方规定执行。

第 124 条　听证由公安机关法制部门组织实施。

依法具有独立执法主体资格的公安机关业务部门以及出入境边防检查站依法作出行政处罚决定的，由其非本案调查人员组织听证。

第 125 条　公安机关不得因违法嫌疑人提出听证要求而加重处罚。

第 126 条　听证人员应当就行政案件的事实、证据、程序、适用法律等方面全面听取当事人陈述和申辩。

第 127 条　听证设听证主持人一名，负责组织听证；记录员一名，负责制作听证笔录。必要时，可以设听证员一至二名，协助听证主持人进行听证。

本案调查人员不得担任听证主持人、听证员或者记录员。

第 128 条　听证主持人决定或者开展下列事项：

（一）举行听证的时间、地点；

（二）听证是否公开举行；

（三）要求听证参加人到场参加听证，提供或者补充证据；

（四）听证的延期、中止或者终止；

（五）主持听证，就案件的事实、理由、证据、程序、适用法律等组织质证和辩论；

（六）维持听证秩序，对违反听证纪律的行为予以制止；

（七）听证员、记录员的回避；

（八）其他有关事项。

第 129 条　听证参加人包括：

（一）当事人及其代理人；

（二）本案办案人民警察；

（三）证人、鉴定人、翻译人员；

（四）其他有关人员。

第 130 条　当事人在听证活动中享有下列权利：

（一）申请回避；

（二）委托一至二人代理参加听证；

（三）进行陈述、申辩和质证；

（四）核对、补正听证笔录；

（五）依法享有的其他权利。

第 131 条　与听证案件处理结果有直接利害关系的其他公民、法人或者其他组织，作为第三人申请参加听证的，应当允许。为查明案情，必要时，听证主持人也可以通知其参加听证。

第 132 条　对适用听证程序的行政案件，办案部门在提出处罚意见后，应当告知违法嫌疑人拟作出的行政处罚和有要求举行听证的权利。

第 133 条　违法嫌疑人要求听证的，应当在公安机关告知后三日内提出申请。

第 134 条　违法嫌疑人放弃听证或者撤回听证要求后，处罚决定作出前，又提出听证要求的，只要在听证申请有效期限内，应当允许。

第 135 条　公安机关收到听证申请后，应当在二日内决定是否受理。认为听证申请人的要求不符合听证条件，决定不予受理的，应当制作不予受理听证通知书，告知听证申请人。逾期不通知听证申请人的，视为受理。

第 136 条　公安机关受理听证后，应当在举行听证的七日前将举行听证通知书送达听证申请人，并将举行听证的时间、地点通知其他听证参加人。

第 137 条　听证应当在公安机关收到听证申请之日起十日内举行。

除涉及国家秘密、商业秘密、个人隐私的行政案件外，听证应当公开举行。

第 138 条　听证申请人不能按期参加听证的，可以申请延期，是否准许，由听证主持人决定。

第 139 条　二个以上违法嫌疑人分别对同一行政案件提出听证要求的，可以合并举行。

第 140 条　同一行政案件中有二个以上违法嫌疑人，其中部分违法嫌疑人提出听证申请的，应当在听证举行后一并作出处理决定。

第 141 条 听证开始时，听证主持人核对听证参加人；宣布案由；宣布听证员、记录员和翻译人员名单；告知当事人在听证中的权利和义务；询问当事人是否提出回避申请；对不公开听证的行政案件，宣布不公开听证的理由。

第 142 条 听证开始后，首先由办案人民警察提出听证申请人违法的事实、证据和法律依据及行政处罚意见。

第 143 条 办案人民警察提出证据时，应当向听证会出示。对证人证言、鉴定意见、勘验笔录和其他作为证据的文书，应当当场宣读。

第 144 条 听证申请人可以就办案人民警察提出的违法事实、证据和法律依据以及行政处罚意见进行陈述、申辩和质证，并可以提出新的证据。

第三人可以陈述事实，提出新的证据。

第 145 条 听证过程中，当事人及其代理人有权申请通知新的证人到会作证，调取新的证据。对上述申请，听证主持人应当当场作出是否同意的决定；申请重新鉴定的，按照本规定第七章第五节有关规定办理。

第 146 条 听证申请人、第三人和办案人民警察可以围绕案件的事实、证据、程序、适用法律、处罚种类和幅度等问题进行辩论。

第 147 条 辩论结束后，听证主持人应当听取听证申请人、第三人、办案人民警察各方最后陈述意见。

第 148 条 听证过程中，遇有下列情形之一，听证主持人可以中止听证：

（一）需要通知新的证人到会、调取新的证据或者需要重新鉴定或者勘验的；

（二）因回避致使听证不能继续进行的；

（三）其他需要中止听证的。

中止听证的情形消除后，听证主持人应当及时恢复听证。

第149条 听证过程中，遇有下列情形之一，应当终止听证：

（一）听证申请人撤回听证申请的；

（二）听证申请人及其代理人无正当理由拒不出席或者未经听证主持人许可中途退出听证的；

（三）听证申请人死亡或者作为听证申请人的法人或者其他组织被撤销、解散的；

（四）听证过程中，听证申请人或者其代理人扰乱听证秩序，不听劝阻，致使听证无法正常进行的；

（五）其他需要终止听证的。

第150条 听证参加人和旁听人员应当遵守听证会场纪律。对违反听证会场纪律的，听证主持人应当警告制止；对不听制止，干扰听证正常进行的旁听人员，责令其退场。

第151条 记录员应当将举行听证的情况记入听证笔录。听证笔录应当载明下列内容：

（一）案由；

（二）听证的时间、地点和方式；

（三）听证人员和听证参加人的身份情况；

（四）办案人民警察陈述的事实、证据和法律依据以及行政处罚意见；

（五）听证申请人或者其代理人的陈述和申辩；

（六）第三人陈述的事实和理由；

（七）办案人民警察、听证申请人或者其代理人、第三人质证、辩论的内容；

（八）证人陈述的事实；

（九）听证申请人、第三人、办案人民警察的最后陈述意见；

（十）其他事项。

第 152 条　听证笔录应当交听证申请人阅读或者向其宣读。听证笔录中的证人陈述部分，应当交证人阅读或者向其宣读。听证申请人或者证人认为听证笔录有误的，可以请求补充或者改正。听证申请人或者证人审核无误后签名或者捺指印。听证申请人或者证人拒绝的，由记录员在听证笔录中记明情况。

听证笔录经听证主持人审阅后，由听证主持人、听证员和记录员签名。

第 153 条　听证结束后，听证主持人应当写出听证报告书，连同听证笔录一并报送公安机关负责人。

听证报告书应当包括下列内容：

（一）案由；

（二）听证人员和听证参加人的基本情况；

（三）听证的时间、地点和方式；

（四）听证会的基本情况；

（五）案件事实；

（六）处理意见和建议。

第 165 条　公安机关办理治安案件的期限，自受理之日起不得超过三十日；案情重大、复杂的，经上一级公安机关批准，可以延长三十日。办理其他行政案件，有法定办案期限的，按照相关法律规定办理。

为了查明案情进行鉴定的期间，不计入办案期限。

对因违反治安管理行为人不明或者逃跑等客观原因造成案件在法定期限内无法作出行政处理决定的，公安机关应当继续进行调查取证，并向被侵害人说明情况，及时依法作出处理决定。

> ### 案例指引
>
> **沈某、蔡某诉南通市公安局开发区分局行政不作为案**[①]
>
> 通过行政审判职能的发挥，对公安机关在治安管理领域的履责要求作出规范，有利于治安纠纷的及时化解。《治安管理处罚法》明确规定了公安机关办理治安案件的期限。根据《公安机关办理行政案件程序规定》的相关规定，对于因民间纠纷引起的殴打他人等违反治安管理行为，情节较轻的，可以调解处理，调解案件的办案期限从调解未达成协议或者调解达成协议不履行之日起开始计算，但调解不能成为公安机关不及时履行职责的借口。本案中，在沈某已经明确表示不同意调解的情况下，公安机关就应在30日内依法作出处罚决定。对超过30日办案期限的，应提供证据证明经过上一级公安机关批准延长。而被告明显违反相关规定。当然，被告也认识到未及时履行职责的违法性，在原告起诉后1周内就作出处罚决定，体现了对法律的尊重和勇于纠错的诚意，并得到了原告谅解。在现代法治国家，一个明显违反法定期限的行政行为，即使实体内容完全合法，也会因为姗姗来迟而被贴上违法的标签。

[①] 载中国法院网 https：//www.chinacourt.org/article/detail/2015/01/id/1534650.shtml，最后访问日期：2025年7月5日。

第 119 条　当场处罚

违反治安管理行为事实清楚，证据确凿，处警告或者五百元以下罚款的，可以当场作出治安管理处罚决定。

第 120 条　当场处罚的程序

❶当场作出治安管理处罚决定的，人民警察应当向违反治安管理行为人出示人民警察证，并填写处罚决定书。处罚决定书应当当场交付被处罚人；有被侵害人的，并应当将决定书送达被侵害人。

❷前款规定的处罚决定书，应当载明被处罚人的姓名、违法行为、处罚依据、罚款数额、时间、地点以及公安机关名称，并由经办的人民警察签名或者盖章。

❸适用当场处罚，被处罚人对拟作出治安管理处罚的内容及事实、理由、依据没有异议的，可以由一名人民警察作出治安管理处罚决定，并应当全程同步录音录像。

❹当场作出治安管理处罚决定的，经办的人民警察应当在二十四小时以内报所属公安机关备案。

第 121 条　行政复议和行政诉讼

被处罚人、被侵害人对公安机关依照本法规定作出的治安管理处罚决定，作出的收缴、追缴决定，或者采取的有关限制性、禁止性措施等不服的，可以依法申请行政复议或者提起行政诉讼。

☞ **当场处罚**：是指人民警察对于违反治安管理行为人不再传唤到公安机关而直接当场作出治安管理处罚决定的一种处罚程序。此制度的意义在于为公安机关及人民警察迅速处理简单治安案件，高效履行治安管理职责，及时维护社会秩序提供了可行的程序。

行政复议：是指公民、法人或其他组织认为行政行为侵犯其合法权益，向行政机关提出申请，要求行政机关重新考虑其决定。它是运用行政机关系统内部的层级监督关系，由上级行政机关纠正下级行政机关的违法或不当行为，以保护相对人合法权益的程序，是行政系统内部对行政权的监督形式，是一种行政救济。

行政诉讼：是公民、法人或其他组织认为行政机关及其工作人员的行政行为，侵犯其合法权益，请求法院审查行政机关的行政行为是否合法，以维护自己的合法权益的一种诉讼行为。行政诉讼中，由独立于行政机关之外的司法机关来审查行政行为的合法与否。如果说行政复议是行政机关内部的一种监督制度，那么，行政诉讼则是对行政行为的一种外部监督制度。

相关规定

1.《行政诉讼法》

第 12 条 人民法院受理公民、法人或者其他组织提起的下列诉讼：

（一）对行政拘留、暂扣或者吊销许可证和执照、责令停产停业、没收违法所得、没收非法财物、罚款、警告等行政处罚不服的；

（二）对限制人身自由或者对财产的查封、扣押、冻结等行政强制措施和行政强制执行不服的；

（三）申请行政许可，行政机关拒绝或者在法定期限内不予答复，或者对行政机关作出的有关行政许可的其他决定不服的；

（四）对行政机关作出的关于确认土地、矿藏、水流、森林、山岭、草原、荒地、滩涂、海域等自然资源的所有权或者使用权的决定不服的；

（五）对征收、征用决定及其补偿决定不服的；

（六）申请行政机关履行保护人身权、财产权等合法权益的法定职责，行政机关拒绝履行或者不予答复的；

（七）认为行政机关侵犯其经营自主权或者农村土地承包经营权、农村土地经营权的；

（八）认为行政机关滥用行政权力排除或者限制竞争的；

（九）认为行政机关违法集资、摊派费用或者违法要求履行其他义务的；

（十）认为行政机关没有依法支付抚恤金、最低生活保障待遇或者社会保险待遇的；

（十一）认为行政机关不依法履行、未按照约定履行或者违法变

更、解除政府特许经营协议、土地房屋征收补偿协议等协议的;

(十二) 认为行政机关侵犯其他人身权、财产权等合法权益的。

除前款规定外,人民法院受理法律、法规规定可以提起诉讼的其他行政案件。

第 13 条 人民法院不受理公民、法人或者其他组织对下列事项提起的诉讼:

(一) 国防、外交等国家行为;

(二) 行政法规、规章或者行政机关制定、发布的具有普遍约束力的决定、命令;

(三) 行政机关对行政机关工作人员的奖惩、任免等决定;

(四) 法律规定由行政机关最终裁决的行政行为。

2.《行政复议法》

第 23 条 有下列情形之一的,申请人应当先向行政复议机关申请行政复议,对行政复议决定不服的,可以再依法向人民法院提起行政诉讼:

(一) 对当场作出的行政处罚决定不服;

(二) 对行政机关作出的侵犯其已经依法取得的自然资源的所有权或者使用权的决定不服;

(三) 认为行政机关存在本法第十一条规定的未履行法定职责情形;

(四) 申请政府信息公开,行政机关不予公开;

(五) 法律、行政法规规定应当先向行政复议机关申请行政复议的其他情形。

对前款规定的情形,行政机关在作出行政行为时应当告知公民、法人或者其他组织先向行政复议机关申请行政复议。

第29条 公民、法人或者其他组织申请行政复议，行政复议机关已经依法受理的，在行政复议期间不得向人民法院提起行政诉讼。

公民、法人或者其他组织向人民法院提起行政诉讼，人民法院已经依法受理的，不得申请行政复议。

3. 《公安机关办理行政案件程序规定》

第37条 违法事实确凿，且具有下列情形之一的，人民警察可以当场作出处罚决定，有违禁品的，可以当场收缴：

（一）对违反治安管理行为人或者道路交通违法行为人处二百元以下罚款或者警告的；

（二）出入境边防检查机关对违反出境入境管理行为人处五百元以下罚款或者警告的；

（三）对有其他违法行为的个人处五十元以下罚款或者警告、对单位处一千元以下罚款或者警告的；

（四）法律规定可以当场处罚的其他情形。

涉及卖淫、嫖娼、赌博、毒品的案件，不适用当场处罚。

第199条 被处理人对行政处理决定不服申请行政复议或者提起行政诉讼的，行政处理决定不停止执行，但法律另有规定的除外。

第三节 执 行

第 122 条 行政拘留处罚的执行

❶对被决定给予行政拘留处罚的人，由作出决定的公安机关送拘留所执行；执行期满，拘留所应当按时解除拘留，发给解除拘留证明书。

❷被决定给予行政拘留处罚的人在异地被抓获或者有其他有必要在异地拘留所执行情形的，经异地拘留所主管公安机关批准，可以在异地执行。

第 123 条 罚款处罚的执行

受到罚款处罚的人应当自收到处罚决定书之日起十五日以内，到指定的银行或者通过电子支付系统缴纳罚款。但是，有下列情形之一的，人民警察可以当场收缴罚款：

（一）被处二百元以下罚款，被处罚人对罚款无异议的；

（二）在边远、水上、交通不便地区，旅客列车上或者口岸，公安机关及其人民警察依照本法的规定作出罚款决定后，被处罚人到指定的银行或者通过电子支付系统缴纳罚款确有困难，经被处罚人提出的；

（三）被处罚人在当地没有固定住所，不当场收缴事后难以执行的。

☞ 送拘留所执行：是指作出行政拘留决定的公安机关将被决定行政拘留的人送至拘留所并交付执行，拘留所依法办理入所手续后即为送达。拘留所，是指依据法律规定，对被裁定接受行政拘留处罚的人员实施拘留的专门场所。

有必要在异地拘留所执行：指的是在异地执行有利于被拘留人改过自新，并能有效节约执法成本等情形。

自收到处罚决定书之日起 15 日以内：是指从被处罚人收到治安管理处罚决定书之日起开始计算的 15 日内，包括节假日在内。

被处罚人在当地没有固定住所：是指其在作出行政处罚决定的公安机关所在的市、县范围内，未拥有通过购买或自建方式取得的、具有所有权的房屋，也未长期租住或借住在亲友拥有的房屋中，且其居住时间已超过或预计将超过一段较长时间。

相关规定

1.《地方各级人民代表大会和地方各级人民政府组织法》

第40条　县级以上的地方各级人民代表大会代表，非经本级人民代表大会主席团许可，在大会闭会期间，非经本级人民代表大会常务委员会许可，不受逮捕或者刑事审判。如果因为是现行犯被拘留，执行拘留的公安机关应当立即向该级人民代表大会主席团或者常务委员会报告。

2.《行政处罚法》

第66条　行政处罚决定依法作出后，当事人应当在行政处罚决定书载明的期限内，予以履行。

当事人确有经济困难，需要延期或者分期缴纳罚款的，经当事人申请和行政机关批准，可以暂缓或者分期缴纳。

第67条　作出罚款决定的行政机关应当与收缴罚款的机构分离。

除依照本法第六十八条、第六十九条的规定当场收缴的罚款外，作出行政处罚决定的行政机关及其执法人员不得自行收缴罚款。

当事人应当自收到行政处罚决定书之日起十五日内，到指定的银行或者通过电子支付系统缴纳罚款。银行应当收受罚款，并将罚款直接上缴国库。

第69条　在边远、水上、交通不便地区，行政机关及其执法人员依照本法第五十一条、第五十七条的规定作出罚款决定后，当事人到指定的银行或者通过电子支付系统缴纳罚款确有困难，经当事人提出，行政机关及其执法人员可以当场收缴罚款。

第72条 当事人逾期不履行行政处罚决定的,作出行政处罚决定的行政机关可以采取下列措施:

(一) 到期不缴纳罚款的,每日按罚款数额的百分之三加处罚款,加处罚款的数额不得超出罚款的数额;

(二) 根据法律规定,将查封、扣押的财物拍卖、依法处理或者将冻结的存款、汇款划拨抵缴罚款;

(三) 根据法律规定,采取其他行政强制执行方式;

(四) 依照《中华人民共和国行政强制法》的规定申请人民法院强制执行。

行政机关批准延期、分期缴纳罚款的,申请人民法院强制执行的期限,自暂缓或者分期缴纳罚款期限结束之日起计算。

3.《出境入境管理法》

第87条 对违反出境入境管理行为处罚款的,被处罚人应当自收到处罚决定书之日起十五日内,到指定的银行缴纳罚款。被处罚人在所在地没有固定住所,不当场收缴罚款事后难以执行或者在口岸向指定银行缴纳罚款确有困难的,可以当场收缴。

4.《公安机关办理行政案件程序规定》

第36条 送达法律文书,应当遵守下列规定:

(一) 依照简易程序作出当场处罚决定的,应当将决定书当场交付被处罚人,并由被处罚人在备案的决定书上签名或者捺指印;被处罚人拒绝的,由办案人民警察在备案的决定书上注明;

(二) 除本款第一项规定外,作出行政处罚决定和其他行政处理决定,应当在宣告后将决定书当场交付被处理人,并由被处理人在附卷的决定书上签名或者捺指印,即为送达;被处理人拒绝的,由办案人民警察在附卷的决定书上注明;被处理人不在场的,公安机关应当在作出决定的七日内将决定书送达被处理人，治安管理处罚决定应当在二日内送达。

送达法律文书应当首先采取直接送达方式，交给受送达人本人；受送达人不在的，可以交付其成年家属、所在单位的负责人员或者其居住地居（村）民委员会代收。受送达人本人或者代收人拒绝接收或者拒绝签名和捺指印的，送达人可以邀请其邻居或者其他见证人到场，说明情况，也可以对拒收情况进行录音录像，把文书留在受送达人处，在附卷的法律文书上注明拒绝的事由、送达日期，由送达人、见证人签名或者捺指印，即视为送达。

无法直接送达的，委托其他公安机关代为送达，或者邮寄送达。经受送达人同意，可以采用传真、互联网通讯工具等能够确认其收悉的方式送达。

经采取上述送达方式仍无法送达的，可以公告送达。公告的范围和方式应当便于公民知晓，公告期限不得少于六十日。

第164条 违法行为人具有下列情形之一，依法应当给予行政拘留处罚的，应当作出处罚决定，但不送拘留所执行：

（一）已满十四周岁不满十六周岁的；

（二）已满十六周岁不满十八周岁，初次违反治安管理或者其他公安行政管理的。但是，曾被收容教养、被行政拘留依法不执行行政拘留或者曾因实施扰乱公共秩序，妨害公共安全，侵犯人身权利、财产权利，妨害社会管理的行为被人民法院判决有罪的除外；

（三）七十周岁以上的；

（四）孕妇或者正在哺乳自己婴儿的妇女。

第214条 公安机关作出罚款决定，被处罚人应当自收到行政处罚决定书之日起十五日内，到指定的银行缴纳罚款。具有下列情形之一的，公安机关及其办案人民警察可以当场收缴罚款，法律另有规定的，从其规定：

（一）对违反治安管理行为人处五十元以下罚款和对违反交通管理的行人、乘车人和非机动车驾驶人处罚款，被处罚人没有异议的；

（二）对违反治安管理、交通管理以外的违法行为人当场处二十元以下罚款的；

（三）在边远、水上、交通不便地区、旅客列车上或者口岸，被处罚人向指定银行缴纳罚款确有困难，经被处罚人提出的；

（四）被处罚人在当地没有固定住所，不当场收缴事后难以执行的。

对具有前款第一项和第三项情形之一的，办案人民警察应当要求被处罚人签名确认。

☞ 专用票据：此处的专用票据具有以下三层含义：（1）必须出具专用票据。（2）专用票据必须是省级以上人民政府财政部门统一制发的。（3）不出具统一制发的专用票据时，被处罚人有权拒绝缴纳罚款。

不致发生社会危险：是指暂缓执行行政拘留，被处罚人不会逃跑、干扰和阻碍证人作证、串供、毁灭伪造证据、再次实施违法犯罪等情形。对暂缓执行行政拘留可能发生社会危险的，则不能作出暂缓执行行政拘留的决定。

第124条 上交当场收缴的罚款

人民警察当场收缴的罚款，应当自收缴罚款之日起二日以内，交至所属的公安机关；在水上、旅客列车上当场收缴的罚款，应当自抵岸或者到站之日起二日以内，交至所属的公安机关；公安机关应当自收到罚款之日起二日以内将罚款缴付指定的银行。

第125条 专用票据

人民警察当场收缴罚款的，应当向被处罚人出具省级以上人民政府财政部门统一制发的专用票据；不出具统一制发的专用票据的，被处罚人有权拒绝缴纳罚款。

第126条 暂缓行政拘留和出所

❶被处罚人不服行政拘留处罚决定，申请行政复议、提起行政诉讼的，遇有参加升学考试、子女出生或者近亲属病危、死亡等情形的，可以向公安机关提出暂缓执行行政拘留的申请。公安机关认为暂缓执行行政拘留不致发生社会危险的，由被处罚人或者其近亲属提出符合本法第一百二十七条规定条件的担保人，或者按每日行政拘留二百元的标准交纳保证金，行政拘留的处罚决定暂缓执行。

❷正在被执行行政拘留处罚的人遇有参加升学考试、子女出生或者近亲属病危、死亡等情形，被拘留人或者其近亲属申请出所的，由公安机关依照前款规定执行。被拘留人出所的时间不计入拘留期限。

> 相关规定

1.《行政处罚法》

第66条　行政处罚决定依法作出后，当事人应当在行政处罚决定书载明的期限内，予以履行。

当事人确有经济困难，需要延期或者分期缴纳罚款的，经当事人申请和行政机关批准，可以暂缓或者分期缴纳。

第70条　行政机关及其执法人员当场收缴罚款的，必须向当事人出具国务院财政部门或者省、自治区、直辖市人民政府财政部门统一制发的专用票据；不出具财政部门统一制发的专用票据的，当事人有权拒绝缴纳罚款。

第73条　当事人对行政处罚决定不服，申请行政复议或者提起行政诉讼的，行政处罚不停止执行，法律另有规定的除外。

当事人对限制人身自由的行政处罚决定不服，申请行政复议或者提起行政诉讼的，可以向作出决定的机关提出暂缓执行申请。符合法律规定情形的，应当暂缓执行。

当事人申请行政复议或者提起行政诉讼的，加处罚款的数额在行政复议或者行政诉讼期间不予计算。

2.《行政复议法》

第73条　当事人经调解达成协议的，行政复议机关应当制作行政复议调解书，经各方当事人签字或者签章，并加盖行政复议机关印章，即具有法律效力。

调解未达成协议或者调解书生效前一方反悔的，行政复议机关应当依法审查或者及时作出行政复议决定。

3.《行政诉讼法》

第 56 条 诉讼期间，不停止行政行为的执行。但有下列情形之一的，裁定停止执行：

（一）被告认为需要停止执行的；

（二）原告或者利害关系人申请停止执行，人民法院认为该行政行为的执行会造成难以弥补的损失，并且停止执行不损害国家利益、社会公共利益的；

（三）人民法院认为该行政行为的执行会给国家利益、社会公共利益造成重大损害的；

（四）法律、法规规定停止执行的。

当事人对停止执行或者不停止执行的裁定不服的，可以申请复议一次。

4.《拘留所条例》

第 27 条 被拘留人遇有参加升学考试、子女出生或者近亲属病危、死亡等情形的，被拘留人或者其近亲属可以提出请假出所的申请。

请假出所的申请由拘留所提出审核意见，报拘留决定机关决定是否批准。拘留决定机关应当在被拘留人或者其近亲属提出申请的 12 小时内作出是否准予请假出所的决定。

被拘留人请假出所的时间不计入拘留期限。

5.《拘留所条例实施办法》

第 56 条 被拘留人遇有参加升学考试、子女出生或者近亲属病危、死亡等情形的，被拘留人或者其近亲属可以提出请假出所的申请，并提供相关证明材料。

拘留所接到被拘留人请假出所申请后，应当立即提出审核意见，填写被拘留人请假出所审批表，报拘留决定机关审批。拘留决定机关应当在被拘留人或者其近亲属提出申请的 12 小时以内作出是否准予请假出所的决定。

拘留决定机关批准请假出所的，拘留所发给被拘留人请假出所证明，安排被拘留人出所。

准假出所的时间一般不超过 7 天。被拘留人请假出所的时间不计入拘留期限。

6.《财政票据管理办法》

第 10 条　财政票据由省级以上财政部门按照管理权限分别监(印)制。

7.《公安机关办理行政案件程序规定》

第 215 条　公安机关及其人民警察当场收缴罚款的，应当出具省级或者国家财政部门统一制发的罚款收据。对不出具省级或者国家财政部门统一制发的罚款收据的，被处罚人有权拒绝缴纳罚款。

第 216 条　人民警察应当自收缴罚款之日起二日内，将当场收缴的罚款交至其所属公安机关；在水上当场收缴的罚款，应当自抵岸之日起二日内将当场收缴的罚款交至其所属公安机关；在旅客列车上当场收缴的罚款，应当自返回之日起二日内将当场收缴的罚款交至其所属公安机关。

公安机关应当自收到罚款之日起二日内将罚款缴付指定的银行。

第 222 条　被处罚人不服行政拘留处罚决定，申请行政复议或者提起行政诉讼的，可以向作出行政拘留决定的公安机关提出暂缓执行行政拘留的申请；口头提出申请的，公安机关人民警察应当予以记录，并由申请人签名或者捺指印。

被处罚人在行政拘留执行期间，提出暂缓执行行政拘留申请的，拘留所应当立即将申请转交作出行政拘留决定的公安机关。

第 223 条　公安机关应当在收到被处罚人提出暂缓执行行政拘留申请之时起二十四小时内作出决定。

公安机关认为暂缓执行行政拘留不致发生社会危险，且被处罚人或者其近亲属提出符合条件的担保人，或者按每日行政拘留二百元的标准交纳保证金的，应当作出暂缓执行行政拘留的决定。

对同一被处罚人，不得同时责令其提出保证人和交纳保证金。

被处罚人已送达拘留所执行的，公安机关应当立即将暂缓执行行政拘留决定送达拘留所，拘留所应当立即释放被处罚人。

第 224 条　被处罚人具有下列情形之一的，应当作出不暂缓执行行政拘留的决定，并告知申请人：

（一）暂缓执行行政拘留后可能逃跑的；

（二）有其他违法犯罪嫌疑，正在被调查或者侦查的；

（三）不宜暂缓执行行政拘留的其他情形。

第 225 条　行政拘留并处罚款的，罚款不因暂缓执行行政拘留而暂缓执行。

第 226 条　在暂缓执行行政拘留期间，被处罚人应当遵守下列规定：

（一）未经决定机关批准不得离开所居住的市、县；

（二）住址、工作单位和联系方式发生变动的，在二十四小时以内向决定机关报告；

（三）在行政复议和行政诉讼中不得干扰证人作证、伪造证据或者串供；

（四）不得逃避、拒绝或者阻碍处罚的执行。

在暂缓执行行政拘留期间，公安机关不得妨碍被处罚人依法行使行政复议和行政诉讼权利。

第 127 条　担保人的条件

担保人应当符合下列条件：
（一）与本案无牵连；
（二）享有政治权利，人身自由未受到限制；
（三）在当地有常住户口和固定住所；
（四）有能力履行担保义务。

第 128 条　担保人义务及法律责任

❶担保人应当保证被担保人不逃避行政拘留处罚的执行。

❷担保人不履行担保义务，致使被担保人逃避行政拘留处罚的执行的，处三千元以下罚款。

第 129 条　保证金的没收

被决定给予行政拘留处罚的人交纳保证金，暂缓行政拘留或者出所后，逃避行政拘留处罚的执行的，保证金予以没收并上缴国库，已经作出的行政拘留决定仍应执行。

第 130 条　保证金的退还

行政拘留的处罚决定被撤销，行政拘留处罚开始执行，或者出所后继续执行的，公安机关收取的保证金应当及时退还交纳人。

第五章　执法监督

第 131 条　执法原则

公安机关及其人民警察应当依法、公正、严格、高效办理治安案件，文明执法，不得徇私舞弊、玩忽职守、滥用职权。

☞ **享有政治权利**：是指担保人为被处罚人承担保证责任时，其本人没有因违法犯罪而被剥夺政治权利。依据《宪法》和法律的规定，政治权利是指下列权利：选举权和被选举权，言论、出版、集会、结社、游行、示威自由的权利，担任国家机关职务的权利，担任国有公司、企业、事业单位和人民团体领导职务的权利。

担保义务：(1) 保证被担保人遵守相关规定，即未经决定机关批准不得离开所居住的市、县；住址、工作单位和联系方式发生变动的，在 24 小时以内向决定机关报告；在行政复议和行政诉讼中不得干扰证人作证、伪造证据或者串供；不得逃避、拒绝或者阻碍处罚的执行。(2) 发现被担保人伪造证据、串供或者逃跑的，及时向公安机关报告。

条文注释

第131条 【执法原则】

依法，是指依照法律、法规、规章规定的条件、标准、程序办案。

公正，是指公安机关及其人民警察在办理治安案件时，应当做到大公无私，对各方当事人不偏不倚，办事公道。

严格，是指公安机关及其人民警察在办理治安案件时，必须严格依法办事，既要严格按照法律规定的处罚条件、处罚种类、处罚幅度等办理治安案件，又要严格按照法律规定的程序办理治安案件。

高效，是指公安机关及其人民警察在办理治安案件时，必须做到工作效率高、处理问题迅速。《治安管理处罚法》对治安管理处罚中的调查、决定、执行等规定了包括时间在内的具体要求，公安机关及其人民警察应当严格遵守，尽可能节省时间，缩短办案期限，而不要故意拖延，要提高依法履行治安管理职责的效率。

文明，是指人民警察在办理治安案件时，着装要规范，语言要规范，举止要端庄，精神面貌要良好，要体现执法机关和人民警察的面貌和风范。文明执法，内涵十分丰富，包括热情对人、礼貌待人、尊重人民群众的风俗习惯、秉公执法等，是严格执法、依法办案的要求和体现。

徇私舞弊，是指由于徇私情，故意颠倒黑白，作出错误的治安管理处罚决定，或者故意作出偏轻、偏重的治安管理处罚决定。公安机关及其人民警察负有维护社会公共秩序、保障公共安全、保护人民群众合法权益的治安管理职责，必须严格秉公执法，绝对不能徇私枉法。

玩忽职守，是指人民警察在履行职责时，由于疏忽大意、懈怠怠慢或失职，未能尽到应有的职责，导致职责范围内的工作未能依法进行，造成社会治安、人民安全或者国家利益等方面的损失和不良后果。公安机关及其人民警察不法行使职务上的权限的行为，即以行使职权的外观，实施实质的、具体的违法、不当的行为。

> 相关规定

1.《刑法》

第 397 条 【滥用职权罪】【玩忽职守罪】国家机关工作人员滥用职权或者玩忽职守，致使公共财产、国家和人民利益遭受重大损失的，处三年以下有期徒刑或者拘役；情节特别严重的，处三年以上七年以下有期徒刑。本法另有规定的，依照规定。

国家机关工作人员徇私舞弊，犯前款罪的，处五年以下有期徒刑或者拘役；情节特别严重的，处五年以上十年以下有期徒刑。本法另有规定的，依照规定。

2.《户口登记条例》

第 6 条 公民应当在经常居住的地方登记为常住人口，一个公民只能在一个地方登记为常住人口。

3.《公安机关办理行政案件程序规定》

第 227 条 暂缓执行行政拘留的担保人应当符合下列条件：

（一）与本案无牵连；

（二）享有政治权利，人身自由未受到限制或者剥夺；

（三）在当地有常住户口和固定住所；

（四）有能力履行担保义务。

第 229 条 暂缓执行行政拘留的担保人应当履行下列义务：

（一）保证被担保人遵守本规定第二百二十六条的规定；

（二）发现被担保人伪造证据、串供或者逃跑的，及时向公安机关报告。

暂缓执行行政拘留的担保人不履行担保义务，致使被担保人逃避行政拘留处罚执行的，公安机关可以对担保人处以三千元以下罚款,并对被担保人恢复执行行政拘留。

暂缓执行行政拘留的担保人履行了担保义务,但被担保人仍逃避行政拘留处罚执行的,或者被处罚人逃跑后,担保人积极帮助公安机关抓获被处罚人的,可以从轻或者不予行政处罚。

第230条 暂缓执行行政拘留的担保人在暂缓执行行政拘留期间,不愿继续担保或者丧失担保条件的,行政拘留的决定机关应当责令被处罚人重新提出担保人或者交纳保证金。不提出担保人又不交纳保证金的,行政拘留的决定机关应当将被处罚人送拘留所执行。

第232条 行政拘留处罚被撤销或者开始执行时,公安机关应当将保证金退还交纳人。

被决定行政拘留的人逃避行政拘留处罚执行的,由决定行政拘留的公安机关作出没收或者部分没收保证金的决定,行政拘留的决定机关应当将被处罚人送拘留所执行。

> **案例指引**
>
> 潘某等与广州市公安局海珠区分局行政行为违法及行政赔偿纠纷上诉案[①]
>
> 在未成年人无任何亲属照顾的情况下，将其随父母一并带到派出所安置符合实际情况，但将其随父母一同安置在羁押场所，则属于限制了未成年人的人身自由，是违法行为。

---

① 参见王聪颖、苗玉红：《将未成年人随父母一同安置在羁押场所是违法行为》，载《人民司法·案例》2015年第8期。

第 132 条　禁止性规定

公安机关及其人民警察办理治安案件，禁止对违反治安管理行为人打骂、虐待或者侮辱。

第 133 条　社会监督

❶公安机关及其人民警察办理治安案件，应当自觉接受社会和公民的监督。

❷公安机关及其人民警察办理治安案件，不严格执法或者有违法违纪行为的，任何单位和个人都有权向公安机关或者人民检察院、监察机关检举、控告；收到检举、控告的机关，应当依据职责及时处理。

第 134 条　治安处罚与政务处分衔接

公安机关作出治安管理处罚决定，发现被处罚人是公职人员，依照《中华人民共和国公职人员政务处分法》的规定需要给予政务处分的，应当依照有关规定及时通报监察机关等有关单位。

第 135 条　罚款决定与罚款收缴分离

公安机关依法实施罚款处罚，应当依照有关法律、行政法规的规定，实行罚款决定与罚款收缴分离；收缴的罚款应当全部上缴国库，不得返还、变相返还，不得与经费保障挂钩。

打骂：是指殴打、辱骂。打骂违反治安管理行为人，是指公安机关及其人民警察在办理治安案件的过程中，对当事人一方或者双方，即对违反治安管理行为人，实施殴打、辱骂的行为。

虐待：是指以打骂、冻饿、捆绑、强迫超体力劳动、限制自由、凌辱人格等各种方法，从肉体、精神上进行迫害、折磨、摧残的行为。

侮辱：是指以暴力或者其他方法公然侮辱他人的行为。侮辱的方法，既可以是暴力如殴打，也可以是暴力以外的其他方法。

公职人员：(1) 中国共产党机关、人民代表大会及其常务委员会机关、人民政府、监察委员会、人民法院、人民检察院、中国人民政治协商会议各级委员会机关、民主党派机关和工商业联合会机关的公务员，以及参照《公务员法》管理的人员；(2) 法律、法规授权或者受国家机关依法委托管理公共事务的组织中从事公务的人员；(3) 国有企业管理人员；(4) 公办的教育、科研、文化、医疗卫生、体育等单位中从事管理的人员；(5) 基层群众性自治组织中从事管理的人员；(6) 其他依法履行公职的人员。

相关规定

1.《人民警察法》

第 22 条 人民警察不得有下列行为：

（一）散布有损国家声誉的言论，参加非法组织，参加旨在反对国家的集会、游行、示威等活动，参加罢工；

（二）泄露国家秘密、警务工作秘密；

（三）弄虚作假，隐瞒案情，包庇、纵容违法犯罪活动；

（四）刑讯逼供或者体罚、虐待人犯；

（五）非法剥夺、限制他人人身自由，非法搜查他人的身体、物品、住所或者场所；

（六）敲诈勒索或者索取、收受贿赂；

（七）殴打他人或者唆使他人打人；

（八）违法实施处罚或者收取费用；

（九）接受当事人及其代理人的请客送礼；

（十）从事营利性的经营活动或者受雇于任何个人或者组织；

（十一）玩忽职守，不履行法定义务；

（十二）其他违法乱纪的行为。

第 44 条 人民警察执行职务，必须自觉地接受社会和公民的监督。人民警察机关作出的与公众利益直接有关的规定，应当向公众公布。

2.《刑法》

第 232 条 【故意杀人罪】故意杀人的，处死刑、无期徒刑或者十年以上有期徒刑；情节较轻的，处三年以上十年以下有期徒刑。

第 234 条 【故意伤害罪】故意伤害他人身体的，处三年以下有期徒刑、拘役或者管制。

犯前款罪，致人重伤的，处三年以上十年以下有期徒刑；致人死亡或者以特别残忍手段致人重伤造成严重残疾的，处十年以上有期徒刑、无期徒刑或者死刑。本法另有规定的，依照规定。

第246条 【侮辱罪】【诽谤罪】以暴力或者其他方法公然侮辱他人或者捏造事实诽谤他人，情节严重的，处三年以下有期徒刑、拘役、管制或者剥夺政治权利。

前款罪，告诉的才处理，但是严重危害社会秩序和国家利益的除外。

通过信息网络实施第一款规定的行为，被害人向人民法院告诉，但提供证据确有困难的，人民法院可以要求公安机关提供协助。

第248条 【虐待被监管人罪】监狱、拘留所、看守所等监管机构的监管人员对被监管人进行殴打或者体罚虐待，情节严重的，处三年以下有期徒刑或者拘役；情节特别严重的，处三年以上十年以下有期徒刑。致人伤残、死亡的，依照本法第二百三十四条、第二百三十二条的规定定罪从重处罚。

监管人员指使被监管人殴打或者体罚虐待其他被监管人的，依照前款的规定处罚。

3.《行政复议法》

第86条 行政复议机关在办理行政复议案件过程中，发现公职人员涉嫌贪污贿赂、失职渎职等职务违法或者职务犯罪的问题线索，应当依照有关规定移送监察机关，由监察机关依法调查处置。

4.《公职人员政务处分法》

第40条 有下列行为之一的，予以警告、记过或者记大过；情节较重的，予以降级或者撤职；情节严重的，予以开除：

（一）违背社会公序良俗，在公共场所有不当行为，造成不良影响的；

（二）参与或者支持迷信活动，造成不良影响的；

（三）参与赌博的；

（四）拒不承担赡养、抚养、扶养义务的；

（五）实施家庭暴力，虐待、遗弃家庭成员的；

（六）其他严重违反家庭美德、社会公德的行为。

吸食、注射毒品，组织赌博，组织、支持、参与卖淫、嫖娼、色情淫乱活动的，予以撤职或者开除。

5.《罚款决定与罚款收缴分离实施办法》

第1条 为了实施罚款决定与罚款收缴分离，加强对罚款收缴活动的监督，保证罚款及时上缴国库，根据《中华人民共和国行政处罚法》（以下简称行政处罚法）的规定，制定本办法。

第2条 罚款的收取、缴纳及相关活动，适用本办法。

第3条 作出罚款决定的行政机关应当与收缴罚款的机构分离；但是，依照行政处罚法的规定可以当场收缴罚款的除外。

第4条 罚款必须全部上缴国库，任何行政机关、组织或者个人不得以任何形式截留、私分或者变相私分。

行政机关执法所需经费的拨付，按照国家有关规定执行。

第5条 经中国人民银行批准有代理收付款项业务的商业银行、信用合作社（以下简称代收机构），可以开办代收罚款的业务。

具体代收机构由县级以上地方人民政府组织本级财政部门、中国人民银行当地分支机构和依法具有行政处罚权的行政机关共同研究，统一确定。海关、外汇管理等实行垂直领导的依法具有行政处罚权的行政机关作出罚款决定的，具体代收机构由财政部、中国人民银行会同国务院有关部门确定。依法具有行政处罚权的国务院有关部门作出罚款决定的,具体代收机构由财政部、中国人民银行确定。

代收机构应当具备足够的代收网点,以方便当事人缴纳罚款。

第6条 行政机关应当依照本办法和国家有关规定,同代收机构签订代收罚款协议。

代收罚款协议应当包括下列事项:

(一) 行政机关、代收机构名称;

(二) 具体代收网点;

(三) 代收机构上缴罚款的预算科目、预算级次;

(四) 代收机构告知行政机关代收罚款情况的方式、期限;

(五) 需要明确的其他事项。

自代收罚款协议签订之日起15日内,行政机关应当将代收罚款协议报上一级行政机关和同级财政部门备案;代收机构应当将代收罚款协议报中国人民银行或者其当地分支机构备案。

第7条 行政机关作出罚款决定的行政处罚决定书应当载明代收机构的名称、地址和当事人应当缴纳罚款的数额、期限等,并明确对当事人逾期缴纳罚款是否加处罚款。

当事人应当按照行政处罚决定书确定的罚款数额、期限,到指定的代收机构缴纳罚款。

第8条 代收机构代收罚款,应当向当事人出具罚款收据。

罚款收据的格式和印制,由财政部规定。

第9条 当事人逾期缴纳罚款,行政处罚决定书明确需要加处罚款的,代收机构应当按照行政处罚决定书加收罚款。

当事人对加收罚款有异议的,应当先缴纳罚款和加收的罚款,再依法向作出行政处罚决定的行政机关申请复议。

第 10 条　代收机构应当按照代收罚款协议规定的方式、期限，将当事人的姓名或者名称、缴纳罚款的数额、时间等情况书面告知作出行政处罚决定的行政机关。

第 11 条　代收机构应当按照行政处罚法和国家有关规定，将代收的罚款直接上缴国库。

第 12 条　国库应当按照《中华人民共和国国家金库条例》的规定，定期同财政部门和行政机关对账，以保证收受的罚款和上缴国库的罚款数额一致。

第 13 条　代收机构应当在代收网点、营业时间、服务设施、缴款手续等方面为当事人缴纳罚款提供方便。

第 14 条　财政部门应当向代收机构支付手续费，具体标准由财政部制定。

第 15 条　法律、法规授权的具有管理公共事务职能的组织和依法受委托的组织依法作出的罚款决定与罚款收缴，适用本办法。

第 16 条　本办法由财政部会同中国人民银行组织实施。

第 17 条　本办法自 1998 年 1 月 1 日起施行。

6.《公安机关执法公开规定》

第 12 条　公安机关应当逐步向社会公开行政处罚决定、行政复议结果的生效法律文书。适用简易程序作出的行政处罚决定生效法律文书可以不向社会公开。

案例指引

宋某某与天津市公安局东丽分局万新派出所治安行政强制纠纷再审案[①]

罚缴分离原则是法律确定的一项基本原则,属于强行性规定,不符合当场收缴的条件,执法人员不得收缴罚款。罚缴分离原则主要维护的是执法的廉洁、公正及政府形象,但为了兼顾便民和处罚的有效执行,法律也规定了几种当场收缴罚款的情形。也就是说,符合当场收缴罚款的情形,法律更倾向于执法便民和保障处罚的有效执行;而必须罚缴分离的情形,法律更倾向于廉洁、公正及政府形象。本案涉案罚款决定不符合当场收缴罚款的条件,被申请人当场收缴罚款后转缴至银行,表面上是执法为民,但深层次违背了罚缴分离制度的设计初衷,有可能影响执法公正。行政处罚中应严格贯彻罚缴分离原则,严格限制当场收缴罚款的适用范围,随意扩大的,即构成程序违法。即使被处罚人请求执法人员代为缴纳,执法人员也应当予以拒绝。

---

① 参见寇秉辉:《罚缴分离原则的适用》,载《人民司法·案例》2019年第8期。

第136条　治安违法记录封存

违反治安管理的记录应当予以封存，不得向任何单位和个人提供或者公开，但有关国家机关为办案需要或者有关单位根据国家规定进行查询的除外。依法进行查询的单位，应当对被封存的违法记录的情况予以保密。

第137条　同步录音录像运行安全管理

公安机关应当履行同步录音录像运行安全管理职责，完善技术措施，定期维护设施设备，保障录音录像设备运行连续、稳定、安全。

第138条　个人信息保护

公安机关及其人民警察不得将在办理治安案件过程中获得的个人信息，依法提取、采集的相关信息、样本用于与治安管理、查处犯罪无关的用途，不得出售、提供给其他单位或者个人。

第139条　公安机关、人民警察违法行为及其处罚

❶人民警察办理治安案件，有下列行为之一的，依法给予处分；构成犯罪的，依法追究刑事责任：

（一）刑讯逼供、体罚、打骂、虐待、侮辱他人的；

（二）超过询问查证的时间限制人身自由的；

（三）不执行罚款决定与罚款收缴分离制度或者不按规定将罚没的财物上缴国库或者依法处理的；

(四)私分、侵占、挪用、故意损毁所收缴、追缴、扣押的财物的;

(五)违反规定使用或者不及时返还被侵害人财物的;

(六)违反规定不及时退还保证金的;

(七)利用职务上的便利收受他人财物或者谋取其他利益的;

(八)当场收缴罚款不出具专用票据或者不如实填写罚款数额的;

(九)接到要求制止违反治安管理行为的报警后,不及时出警的;

(十)在查处违反治安管理活动时,为违法犯罪行为人通风报信的;

(十一)泄露办理治安案件过程中的工作秘密或者其他依法应当保密的信息的;

(十二)将在办理治安案件过程中获得的个人信息,依法提取、采集的相关信息、样本用于与治安管理、查处犯罪无关的用途,或者出售、提供给其他单位或者个人的;

(十三)剪接、删改、损毁、丢失办理治安案件的同步录音录像资料的;

(十四)有徇私舞弊、玩忽职守、滥用职权,不依法履行法定职责的其他情形的。

❷办理治安案件的公安机关有前款所列行为的,对负有责任的领导人员和直接责任人员,依法给予处分。

条文注释

第 136 条　【治安违法记录封存】

治安违法记录封存制度是此次《治安管理处罚法》修订的亮点，旨在营造一个更和谐的社会环境，让当事人不为一时冲动犯下的错终生背负治安违法记录。"一个人的一生可能不会跟《刑法》打交道，但他难免会跟《治安管理处罚法》打交道"。例如，在生活中可能会发生邻里纠纷、一些争吵，而现在档案系统比较完备，只要被治安处罚过，记录就会留存在数据库里，就会有留档的问题。治安违法记录应当由公安机关自动予以封存，只向有权查询的单位开放，同时也要提醒查询单位有保密义务。

本条明确能够查询违法记录的有两种情况：(1) 有关国家机关在办案时查询要有依据，即"法无授权不可为"，不能简单说借口办案就能查询。国家机关在办案中获取的信息也要保密，不能用于办案之外的目的或向与本案无关的人员和单位泄露这个信息。(2) 有关单位根据国家规定可以查询，如有些特殊的行业、岗位是需要在治安上不存在违法记录的。值得注意的是，有关单位按照国家规定查询知悉目的信息之后，也不能向外任意泄密。

> **相关规定**

1.《刑事诉讼法》

第 277 条 对犯罪的未成年人实行教育、感化、挽救的方针,坚持教育为主、惩罚为辅的原则。

人民法院、人民检察院和公安机关办理未成年人刑事案件,应当保障未成年人行使其诉讼权利,保障未成年人得到法律帮助,并由熟悉未成年人身心特点的审判人员、检察人员、侦查人员承办。

2.《人民警察法》

第 48 条 人民警察有本法第二十二条所列行为之一的,应当给予行政处分;构成犯罪的,依法追究刑事责任。

行政处分分为:警告、记过、记大过、降级、撤职、开除。对受行政处分的人民警察,按照国家有关规定,可以降低警衔、取消警衔。

对违反纪律的人民警察,必要时可以对其采取停止执行职务、禁闭的措施。

3.《公务员法》

第 64 条 公务员在受处分期间不得晋升职务、职级和级别,其中受记过、记大过、降级、撤职处分的,不得晋升工资档次。

受处分的期间为:警告,六个月;记过,十二个月;记大过,十八个月;降级、撤职,二十四个月。

受撤职处分的,按照规定降低级别。

4.《最高人民法院、最高人民检察院、公安部、司法部关于未成年人犯罪记录封存的实施办法》

第 2 条 本办法所称未成年人犯罪记录,是指国家专门机关对未成年犯罪人员情况的客观记载。应当封存的未成年人犯罪记录，包括侦查、起诉、审判及刑事执行过程中形成的有关未成年人犯罪或者涉嫌犯罪的全部案卷材料与电子档案信息。

第3条 不予刑事处罚、不追究刑事责任、不起诉、采取刑事强制措施的记录，以及对涉罪未成年人进行社会调查、帮教考察、心理疏导、司法救助等工作的记录，按照本办法规定的内容和程序进行封存。

> **案例指引**
>
> 马某涛、于某、路某岢、李某等敲诈勒索案[①]
>
> 行为人以非法占有为目的，在查处卖淫嫖娼过程中利用治安行政管理权，以威胁恫吓方式多次向嫖娼人员索要财物，数额较大的，应当以敲诈勒索罪定罪处罚。

---

① 参见钱岩：《利用职务便利敲诈勒索的认定》，载《人民司法·案例》2021 年第 11 期。

> 违法行使职权：是指公安机关及其人民警察在履行治安管理职责的过程中，没有按照法律规定的条件、程序行使职权。公安机关及其人民警察在行使职权时，必须遵守法律规定的条件和程序，公安机关违法行使职权，要承担相应的法律责任。
>
> 赔礼道歉：是指公安机关及其人民警察向受害人公开承认错误，表示歉意。赔礼道歉是公安机关及其人民警察承担侵权责任的一种方式，而非一般意义上的赔礼道歉，其具有一定的强制性。赔礼道歉是对精神损害用精神补救办法解决的一种有效方式。

第140条　赔偿责任

公安机关及其人民警察违法行使职权，侵犯公民、法人和其他组织合法权益的，应当赔礼道歉；造成损害的，应当依法承担赔偿责任。

第六章　附　则

第141条　法律的衔接适用

❶其他法律中规定由公安机关给予行政拘留处罚的，其处罚程序适用本法规定。

❷公安机关依照《中华人民共和国枪支管理法》、《民用爆炸物品安全管理条例》等直接关系公共安全和社会治安秩序的法律、行政法规实施处罚的，其处罚程序适用本法规定。

❸本法第三十二条、第三十四条、第四十六条、第五十六条规定给予行政拘留处罚，其他法律、行政法规同时规定给予罚款、没收违法所得、没收非法财物等其他行政处罚的行为，由相关主管部门依照相应规定处罚；需要给予行政拘留处罚的，由公安机关依照本法规定处理。

第142条　海上治安管理

海警机构履行海上治安管理职责，行使本法规定的公安机关的职权，但是法律另有规定的除外。

相关规定

《国家赔偿法》

第6条 受害的公民、法人和其他组织有权要求赔偿。

受害的公民死亡,其继承人和其他有扶养关系的亲属有权要求赔偿。

受害的法人或者其他组织终止的,其权利承受人有权要求赔偿。

第7条 行政机关及其工作人员行使行政职权侵犯公民、法人和其他组织的合法权益造成损害的,该行政机关为赔偿义务机关。

两个以上行政机关共同行使行政职权时侵犯公民、法人和其他组织的合法权益造成损害的,共同行使行政职权的行政机关为共同赔偿义务机关。

法律、法规授权的组织在行使授予的行政权力时侵犯公民、法人和其他组织的合法权益造成损害的,被授权的组织为赔偿义务机关。

受行政机关委托的组织或者个人在行使受委托的行政权力时侵犯公民、法人和其他组织的合法权益造成损害的,委托的行政机关为赔偿义务机关。

赔偿义务机关被撤销的,继续行使其职权的行政机关为赔偿义务机关;没有继续行使其职权的行政机关的,撤销该赔偿义务机关的行政机关为赔偿义务机关。

第8条 经复议机关复议的,最初造成侵权行为的行政机关为赔偿义务机关,但复议机关的复议决定加重损害的,复议机关对加重的部分履行赔偿义务。

第 9 条　赔偿义务机关有本法第三条、第四条规定情形之一的，应当给予赔偿。

赔偿请求人要求赔偿，应当先向赔偿义务机关提出，也可以在申请行政复议或者提起行政诉讼时一并提出。

第 10 条　赔偿请求人可以向共同赔偿义务机关中的任何一个赔偿义务机关要求赔偿，该赔偿义务机关应当先予赔偿。

第 11 条　赔偿请求人根据受到的不同损害，可以同时提出数项赔偿要求。

第 12 条　要求赔偿应当递交申请书，申请书应当载明下列事项：

（一）受害人的姓名、性别、年龄、工作单位和住所，法人或者其他组织的名称、住所和法定代表人或者主要负责人的姓名、职务；

（二）具体的要求、事实根据和理由；

（三）申请的年、月、日。

赔偿请求人书写申请书确有困难的，可以委托他人代书；也可以口头申请，由赔偿义务机关记入笔录。

赔偿请求人不是受害人本人的，应当说明与受害人的关系，并提供相应证明。

赔偿请求人当面递交申请书的，赔偿义务机关应当当场出具加盖本行政机关专用印章并注明收讫日期的书面凭证。申请材料不齐全的，赔偿义务机关应当当场或者在五日内一次性告知赔偿请求人需要补正的全部内容。

第 13 条　赔偿义务机关应当自收到申请之日起两个月内，作出是否赔偿的决定。赔偿义务机关作出赔偿决定，应当充分听取赔偿请求人的意见，并可以与赔偿请求人就赔偿方式、赔偿项目和赔偿数额依照本法第四章的规定进行协商。

赔偿义务机关决定赔偿的,应当制作赔偿决定书,并自作出决定之日起十日内送达赔偿请求人。

赔偿义务机关决定不予赔偿的,应当自作出决定之日起十日内书面通知赔偿请求人,并说明不予赔偿的理由。

第14条 赔偿义务机关在规定期限内未作出是否赔偿的决定,赔偿请求人可以自期限届满之日起三个月内,向人民法院提起诉讼。

赔偿请求人对赔偿的方式、项目、数额有异议的,或者赔偿义务机关作出不予赔偿决定的,赔偿请求人可以自赔偿义务机关作出赔偿或者不予赔偿决定之日起三个月内,向人民法院提起诉讼。

第15条 人民法院审理行政赔偿案件,赔偿请求人和赔偿义务机关对自己提出的主张,应当提供证据。

赔偿义务机关采取行政拘留或者限制人身自由的强制措施期间,被限制人身自由的人死亡或者丧失行为能力的,赔偿义务机关的行为与被限制人身自由的人的死亡或者丧失行为能力是否存在因果关系,赔偿义务机关应当提供证据。

第16条 赔偿义务机关赔偿损失后,应当责令有故意或者重大过失的工作人员或者受委托的组织或者个人承担部分或者全部赔偿费用。

对有故意或者重大过失的责任人员,有关机关应当依法给予处分;构成犯罪的,应当依法追究刑事责任。

第32条 国家赔偿以支付赔偿金为主要方式。

能够返还财产或者恢复原状的,予以返还财产或者恢复原状。

第33条 侵犯公民人身自由的,每日赔偿金按照国家上年度职工日平均工资计算。

第 34 条　侵犯公民生命健康权的，赔偿金按照下列规定计算：

（一）造成身体伤害的，应当支付医疗费、护理费，以及赔偿因误工减少的收入。减少的收入每日的赔偿金按照国家上年度职工日平均工资计算，最高额为国家上年度职工年平均工资的五倍；

（二）造成部分或者全部丧失劳动能力的，应当支付医疗费、护理费、残疾生活辅助具费、康复费等因残疾而增加的必要支出和继续治疗所必需的费用，以及残疾赔偿金。残疾赔偿金根据丧失劳动能力的程度，按照国家规定的伤残等级确定，最高不超过国家上年度职工年平均工资的二十倍。造成全部丧失劳动能力的，对其扶养的无劳动能力的人，还应当支付生活费；

（三）造成死亡的，应当支付死亡赔偿金、丧葬费，总额为国家上年度职工年平均工资的二十倍。对死者生前扶养的无劳动能力的人，还应当支付生活费。

前款第二项、第三项规定的生活费的发放标准，参照当地最低生活保障标准执行。被扶养的人是未成年人的，生活费给付至十八周岁止；其他无劳动能力的人，生活费给付至死亡时止。

第 35 条　有本法第三条或者第十七条规定情形之一，致人精神损害的，应当在侵权行为影响的范围内，为受害人消除影响，恢复名誉，赔礼道歉；造成严重后果的，应当支付相应的精神损害抚慰金。

第 36 条　侵犯公民、法人和其他组织的财产权造成损害的，按照下列规定处理：

（一）处罚款、罚金、追缴、没收财产或者违法征收、征用财产的，返还财产；

（二）查封、扣押、冻结财产的，解除对财产的查封、扣押、冻结，造成财产损坏或者灭失的，依照本条第三项、第四项的规定赔偿；

（三）应当返还的财产损坏的，能够恢复原状的恢复原状，不能恢复原状的，按照损害程度给付相应的赔偿金；

（四）应当返还的财产灭失的，给付相应的赔偿金；

（五）财产已经拍卖或者变卖的，给付拍卖或者变卖所得的价款；变卖的价款明显低于财产价值的，应当支付相应的赔偿金；

（六）吊销许可证和执照、责令停产停业的，赔偿停产停业期间必要的经常性费用开支；

（七）返还执行的罚款或者罚金、追缴或者没收的金钱，解除冻结的存款或者汇款的，应当支付银行同期存款利息；

（八）对财产权造成其他损害的，按照直接损失给予赔偿。

第37条　赔偿费用列入各级财政预算。

赔偿请求人凭生效的判决书、复议决定书、赔偿决定书或者调解书，向赔偿义务机关申请支付赔偿金。

赔偿义务机关应当自收到支付赔偿金申请之日起七日内，依照预算管理权限向有关的财政部门提出支付申请。财政部门应当自收到支付申请之日起十五日内支付赔偿金。

赔偿费用预算与支付管理的具体办法由国务院规定。

第38条　人民法院在民事诉讼、行政诉讼过程中，违法采取对妨害诉讼的强制措施、保全措施或者对判决、裁定及其他生效法律文书执行错误，造成损害的，赔偿请求人要求赔偿的程序，适用本法刑事赔偿程序的规定。

第39条　赔偿请求人请求国家赔偿的时效为两年，自其知道或者应当知道国家机关及其工作人员行使职权时的行为侵犯其人身权、财产权之日起计算,但被羁押等限制人身自由期间不计算在内。在申请行政复议或者提起行政诉讼时一并提出赔偿请求的,适用行政复议法、行政诉讼法有关时效的规定。

赔偿请求人在赔偿请求时效的最后六个月内,因不可抗力或者其他障碍不能行使请求权的,时效中止。从中止时效的原因消除之日起,赔偿请求时效期间继续计算。

第40条 外国人、外国企业和组织在中华人民共和国领域内要求中华人民共和国国家赔偿的,适用本法。

外国人、外国企业和组织的所属国对中华人民共和国公民、法人和其他组织要求该国国家赔偿的权利不予保护或者限制的,中华人民共和国与该外国人、外国企业和组织的所属国实行对等原则。

第 143 条　"以上、以下、以内"的含义

本法所称以上、以下、以内,包括本数。

第 144 条　生效日期

本法自 2026 年 1 月 1 日起施行。

图书在版编目（CIP）数据

中华人民共和国治安管理处罚法：精读本／张润编著． -- 北京：中国法治出版社，2025. 8. -- ISBN 978-7-5216-5429-5

Ⅰ. D922. 14

中国国家版本馆 CIP 数据核字第 2025LR0108 号

责任编辑：黄丹丹　　　　　　　　　　　　　　封面设计：杨泽江

中华人民共和国治安管理处罚法：精读本
ZHONGHUA RENMIN GONGHEGUO ZHI'AN GUANLI CHUFAFA：JINGDUBEN

编著／张润

经销／新华书店

印刷／保定市中画美凯印刷有限公司

开本／880 毫米×1230 毫米　32 开　　　　　印张／13.5　字数／308 千

版次／2025 年 8 月第 1 版　　　　　　　　　2025 年 8 月第 1 次印刷

中国法治出版社出版

书号 ISBN 978-7-5216-5429-5　　　　　　　　　　　　定价：48.00 元

北京市西城区西便门西里甲 16 号西便门办公区

邮政编码：100053　　　　　　　　　　　　　传真：010-63141600

网址：http://www.zgfzs.com　　　　　　　　编辑部电话：010-63141812

市场营销部电话：010-63141612　　　　　　　印务部电话：010-63141606

（如有印装质量问题，请与本社印务部联系。）